安徽财经大学服务安徽经济社会发展系列研究报告

安徽投资发展研究报告 2017

周泽炯　任志安　汤新云　等著

合肥工业大学出版社

图书在版编目(CIP)数据

安徽投资发展研究报告 2017/周泽炯,任志安,汤新云等著.—合肥:合肥工业大学出版社,2017.5

ISBN 978-7-5650-3344-5

Ⅰ.①安… Ⅱ.①周…②任…③汤… Ⅲ.①投资—研究报告—安徽—2017 Ⅳ.①F832.754

中国版本图书馆 CIP 数据核字(2017)第 081375 号

安徽投资发展研究报告 2017

周泽炯 任志安 汤新云 等著　　责任编辑 陆向军 何恩情

出 版	合肥工业大学出版社	**版 次**	2017 年 5 月第 1 版
地 址	合肥市屯溪路 193 号	**印 次**	2017 年 5 月第 1 次印刷
邮 编	230009	**开 本**	710 毫米×1010 毫米 1/16
电 话	综合编辑部:0551-62903028	**印 张**	14
	市场营销部:0551-62903198	**字 数**	195 千字
网 址	www.hfutpress.com.cn	**印 刷**	合肥现代印务有限公司
E-mail	hfutpress@163.com	**发 行**	全国新华书店

ISBN 978-7-5650-3344-5　　定价:39.80 元

安徽财经大学科研工作始终坚持立足安徽做学问、服务安徽出成果，特别重视立足地方和行业需求构建多层次智库平台。2009 年，为了更好地服务合芜蚌综合配套改革试验区的建设，我校成立了合芜蚌自主创新与区域经济发展研究中心；2010 年，为了更好地服务安徽省委、省政府的重大决策，更多更快地获取政策信息，成立了合肥研究院；2011 年，为了服务“振兴皖北”的发展战略，成立了皖北发展研究院；2012 年，为了服务安徽宏观运行和发展战略，成立了校级安徽经济预警运行与发展战略协同创新中心，2014 年，该中心被批准为省级协同创新中心；2013 年底，为增强科研与社会服务能力，主动服务安徽经济社会发展，我校成立了安徽经济发展研究院；2014 年，成立了现代服务业研究中心和徽商研究中心等智库建设平台；2015 年，我校依托安徽经济社会发展研究院申报的“安徽经济社会发展研究中心”项目获准安徽省教育厅智库项目立项建设。这些平台优化了资源配置，聚合了科研力量，鼓励和引导教师围绕安徽省委、省政府的重大发展战略选题，深入研究安徽经济社会发展中的重点、热点和难点问题，着力破解制约安徽经济社会发展的重大理论和现实问题，为学校建设特色鲜明的地方高水平财经大学提供了有益的智力支持，并取得了较为丰硕的成果，积累了丰富的经验。

近年来，安徽经济发展研究院围绕安徽经济社会发展中的重大理论与实践问题以及相关学科发展前沿问题，采取专兼职结合的方式吸纳各方专家和学者组成研究团队，通过拓展成果转化的渠道，为安徽省政府部门及企业提供政策建议和决策咨询服务。研究院在安徽经济运行与发展战略、发展规划与政策评价、淮河流域资源与环境等方面已形成系列研究成果和一定影响，力争成为安徽重要的财经智库。

一是安徽经济发展研究院成功入选安徽省十大重点智库。为加快推进安徽省新型智库建设，着力打造一批党政急需、特色鲜明、制度创新、引领发展的专业化高端智库，根据中共安徽省委办公厅、安徽省人民政府办公厅《关于加强安徽新型智库建设的实施意见》精神，安徽省委宣传部开展了安徽省重点智库和重点培育智库评选工作。经过单位申报、专家评审，评选出省重点智库 10 家，省重点培育智库 5 家，我校安徽经济发展研究院被评为安徽省重点智库。该智库重点围绕安徽省经济社会发展的重大问题和重要决策，聚焦安徽区域经济、产业发展、财政金融、精准扶贫、生态环境、公共管理、创新创业及民营经济、对外开放等重点研究领域，为安徽省委、省政府和相关政府部门科学决策提供咨询服务。

二是安徽经济发展研究院成功入围中国智库索引首批来源智库，并获大学智库指数排名普通高校第一名。中国智库索引（CTTI）来源智库名录是从全国 2000 多家智库机构评审出 489 家，包含党政部门智库、社科院智库、党校行政学院智库、高校智库、军队智库、科研院所智库、企业智库、社会智库、传媒智库九大类。其中，CTTI 大学智库指数分“985”高校、“211”高校和普通高校三类，我校在普通高校排名中位居首位。此次评比结果既肯定了我校智库建设的成绩，也为今后的智库建设指明了方向，将会对我校的学术声誉和服务社会能力起到积极的促进作用。

三是安徽经济发展研究院精准扶贫研究取得系列成果。安徽省政协邀请我校智库派4人参加安徽省委、省政府、省政协重点协商课题“坚决打赢脱贫攻坚战”课题组。为此，我校选派和组织师生组成17个调研组对安徽省部分县区脱贫攻坚工作进行了专题调研；应省扶贫办的委托，我校组织有关老师和学生承担了全省脱贫攻坚第三方评估皖北15个县市的评估任务，评估报告受到省扶贫办的充分肯定；首次接受省扶贫开发工作领导小组的安排，我校组织850余名师生完成脱贫监测评估工作；此外，四篇扶贫政策建议获得省领导批示；特别是因在精准扶贫研究上取得系列成果，在省政协“坚决打赢脱贫攻坚战”专题协商会上，我校3篇政策建议在大会上作了交流。

安徽经济发展研究院公开出版发行的我校服务地方经济社会发展的研究报告——《安徽经济发展报告》已连续发布12年，每年在合肥举办系列研究报告新闻发布会，安徽省委、省政府相关部门及部分省属高校的领导专家出席，40多家国家、省、市媒体进行了跟踪报道。通过十多年连续发布，系列研究报告在省内外已形成一定影响，成为安徽省委、省政府相关部门决策的参考依据。

特别是2016年，举办两次研究成果新闻发布会，媒体影响力实现新的突破；同时，政策影响力实现突破，在系列研究报告基础之上形成的政策建议多次引起政府部门的关注；多篇政策建议被安徽省经济发展研究中心主办的《决策》杂志，《安徽日报》，安徽省环保厅主办的《绿色视野》杂志，安徽省委教育工委、省教育厅主办的高校智库专刊《高校专家建言》选用。

2017年，在安徽经济预警运行与战略协同创新中心给予经费的支持下，安徽经济社会发展研究院策划组织研究力量编写的系列报告又如期出版。2017年新增《安徽农村普惠金融发展研究报告》。

纵观这些报告可以看出，报告的组织者与撰写者都付出了辛勤的劳动和不懈的努力。当然，我们也清醒地认识到，报告也还存在这样或那样的缺点，与政府部门领导和社会各界对我们的期望还有相当大的差距，我校应当也有可能在智库建设方面做得更多、更好。我们坚信，只要坚持走下去，在社会各界的关心和帮助下，系列研究报告一定会越做越好！我校的智库建设也将结出更多的硕果！

安徽财经大学校长　丁忠明

2017年3月20日

当前我国经济发展进入新常态，经济下行压力较大，充分发挥投资对经济的拉动作用仍是经济增长的关键。对于安徽省而言，“新型工业化、信息化、城镇化、农业现代化”水平都相对较低，扩大投资规模和优化投资结构无疑是安徽省实现经济可持续发展的重要手段和基本途径。本报告采用定性分析和定量分析相结合的研究方法，对安徽省投资情况进行详细分析，揭示安徽省投资发展的基本特征与存在的主要问题，并提出对策建议，以期为政府部门的宏观调控和投资决策提供一些参考。

本报告内容主要包括：

第一章　安徽宏观经济运行和投资形势分析。2016 年，安徽宏观经济运行基本特征为：经济稳定增长，主要指标增长平稳；工业生产平稳运行，结构优化稳步推进；服务业增速不减，经济转型稳步推进；外贸形势严峻，外资增长放缓；消费品市场稳中向好，增速靠前；居民收入稳步增长，人民生活水平不断提高。

第二章　安徽现代农业投资分析。通过对 2016 年安徽省现代农业投资具体发展情况的分析，笔者发现，长期以来困扰安徽省农业经济发展尤其是安徽省现代农业投资发展的一些问题还没有得到根本解决。这些问题主要表现为：财政支农力度不够，结构不合理；农户投资积极性不高；金融机构对“三农”投资的支持力度不足等。

第三章　安徽工业投资分析。对工业经济运行总体情况分析发现，安徽省过去一年工业投资发展中存在工业投资增速持续回落、工业投资效率有待提高、资金受限且发展难度大、各市投资差距进一步拉大等问题。针对存在的问题，笔者提出促进安徽省工业投资持续快速增长的对策建议。

第四章 安徽房地产投资分析。对安徽省房地产投资的环境分析认为，2016 年虽然国内经济下行压力仍存，投资信心不足，但安徽省房地产投资环境相对较好，房地产整体回暖，去库存压力依旧存在。

第五章 安徽电子信息产业投资分析。对 2016 年安徽省电子信息产业投资状况分析认为，信息制造业投资增速回暖，扭转了前一年信息制造业固定资产投资负增长的态势；电信业的固定资产投资和软件业的固定资产投资均快速增长，软件业固定资产投资的增长占主导地位。

第六章 安徽科研与技术服务业投资分析。2016 年，安徽省科研与技术服务业投资总量增大、速度加快、结构优化，高新技术产业主导产业规模不断扩大，企业科技后劲显著增强，载体发展得到夯实，科技专利申请授权数量持续增加，登记科技成果数量明显增加，技术合同交易额度实现突破。

第七章 安徽教育与文化产业投资分析。对 2016 年安徽省教育现状分析得出，安徽省教育投资环境明显改善，教育投资人力资源使用效率较高，但安徽省教育投资规模仍处于较低的水平，投资结构和区域分布不均衡，投资来源渠道较为单一，教育投资地区分布仍然不均，教育经费的使用规制效果也不明显。

本报告由周泽炯、任志安、汤新云负责框架设计和总纂定稿。各章执笔人依次是：第一章，周泽炯，张伟佳，王颖；第二章，任志安，俞筝，马艳平；第三章，李勇刚，张小倩；第四章，周泽炯，杜兆艺，张亚男；第五章，叶安宁；第六章，汤新云；第七章，任志安，刘雨佳。

本报告在撰写过程中，得到了安徽财经大学领导和安徽经济社会发展研究院的关心与支持，并参阅了大量文献和借鉴吸收了一些作者的新观点，在此深表感谢。由于时间仓促和水平有限，本报告中可能存在不足，恳求读者批评指正。

作 者

2017 年 4 月

MU LU

第一章 安徽宏观经济运行和投资形势分析

2016年，安徽省人民在党中央、国务院和中共安徽省委的坚强领导下，全面贯彻党的十八大和十八届三中、四中、五中、六中全会精神，深入学习贯彻习近平总书记系列重要讲话精神，坚持稳中求进的工作总基调，牢固树立和践行新发展理念，以推进供给侧结构性改革为主线，启动实施五大发展行动计划，攻坚克难，开拓奋进，较好完成了省十二届人大六次会议确定的主要目标任务，保持了经济平稳健康较快发展和社会和谐稳定。2016年，安徽省GDP增长速度为8.7%，与上年增速持平，经济增速稳定。从全省进出口总额、城镇居民人均可支配收入等指标可以看出，安徽省经济发展处中部六省中上游水平，经济增长总体平稳，结构不断优化升级，城乡区域差距不断缩小，保持了经济平稳健康较快发展和社会和谐稳定。2016年以来，全省固定资产投资总体保持平稳增长，投资结构持续优化，投资质量不断提高，发展动力增强。安徽省经济的平稳增长为固定资产投资提供充足的资金来源，使投资规模不断扩大；同时，固定资产投资的不断增加也使得在经济下行压力不断加大的情形下，国民经济保持平稳健康较快的发展。

第一节 安徽宏观经济运行分析

2016年，全省经济保持平稳较快发展态势，总体经济发展稳步向好，结构调整优化，服务产业成为经济增长的主要动力之一，工业等传统行业继续带动全省经济发展。

一、经济稳定增长，主要指标增长平稳

2016 年全省经济稳中向好，主要经济指标稳步增长，结构调整步伐加快，运行质量稳中有升，民生持续改善，经济发展的活力、动力增强。

2016 年，全省实现地区生产总值 24117.87 亿元，按可比价格计算，比上年增长 8.7%，增幅比全国高 2 个百分点，居全国第 6、中部第 2 位。其中，第一产业增加值 2567.7 亿元，增长 2.7%；第二产业增加值 11666.6 亿元，增长 8.3%；第三产业增加值 9883.6 亿元，增长 10.9%。一、二、三次产业比例为 10.6∶48.4∶41，人均 GDP 为 39092 元。居民收入继续增加，就业和物价保持稳定。全年城镇常住居民人均可支配收入 29156 元，增长 8.2%，增幅比全国高 0.4 个百分点；农村常住居民人均可支配收入 11720 元，增长 8.3%，比全国高 0.1 个百分点。与全国的居民消费价格指数相同，居民消费价格基本稳定。全省社会消费品零售总额迈上万亿元台阶，达 10000.2 亿元，增长 12.3%，增幅比上年高 0.3 个百分点，比全国高 1.9 个百分点，居全国第 4、中部第 1 位。

全年固定资产投资 26758.1 亿元，增长 11.7%，增幅比全国高 3.6 个百分点，居全国第 12、中部第 5 位。分产业看，第一产业投资 813.6 亿元，增长 6.6%；第二产业投资 11742.1 亿元，增长 9.7%；第三产业投资 14202.4 亿元，增长 13.6%。新开工项目 34413 个，增长 20.7%；新开工项目计划总投资 22086 亿元，增长 27.3%。固定资产投资到位资金 26823.8 亿元，增长 11.7%。其中，国家预算资金增长 22.8%，国内贷款增长 39.3%，自筹资金增长 3.6%。全年房地产开发投资 4603.6 亿元，增长 4%。

由于受外部经济环境和国家政策环境影响，2016 年安徽省主要宏观经济指标在中部六省的排名中处于中等水平，虽然大部分指标总量有所上升，但增速大部分有所放缓，部分指标是中部六省中最慢的。

具体数据详见表 1-1、表 1-2 和表 1-3 所列。

表 1-1　2016 年安徽省主要经济发展指标

	指标数值	比上年同期增长（%）
GDP（亿元）	24117.87	8.7
固定资产投资（亿元）	26758.1	11.7
房地产投资（亿元）	4603.6	4
社会消费品零售总额（亿元）	10000.2	12.3
进出口总额（亿美元）	443.8	−7.2
出口（亿美元）	284.8	−11.7
城镇居民人均可支配收入（元）	29156	8.2
农村居民人均可支配收入（元）	11720	8.3

数据来源：根据安徽省统计局网站和国家统计局网站相关数据整理。

表 1-2　2016 年中部六省主要经济发展指标总量与安徽排名

主要指标	安徽	江西	河南	湖北	湖南	山西	安徽排名
GDP（亿元）	24117.87	18364.4	40160.01	32297.91	31244	12928.3	4
固定资产投资（亿元）	26758.1	19378.7	39753.93	29503.88	27688.4	13859.4	4
房地产投资（亿元）	4603.6	1770.94	6179.13	4296.38	2957.04	1597.4	2
社会消费品零售总额（亿元）	10000.2	6634.6	17618	15649.22	13436.5	6480.5	4
财政总收入（亿元）	4373	3143.0	4706.96	4974	4252.1	1557.0	3
进出口总额（亿元）	3048.02	2643.90	4714.7	2600.1	1782.2	1099.0	2
出口（亿元）	1956.01	1966.9	2835.3	1720.10	1205.3	655.3	3
城镇居民人均可支配收入（元）	29156	28673	27232.92	29386	31284	27352	3

数据来源：根据中部六省统计局网站和国家统计局网站相关数据整理。

表 1-3　2016 年中部六省主要经济发展指标增速（%）与安徽排名

主要指标	安徽	江西	河南	湖北	湖南	山西	安徽排名
GDP	8.7	9.0	8.1	8.1	7.9	4.5	2
固定资产投资	11.65	14.0	13.7	13.1	13.8	0.8	5
房地产投资	4	16.5	28.2	1.1	13.1	6.9	5

（续表）

主要指标	安徽	江西	河南	湖北	湖南	山西	安徽排名
社会消费品零售总额	12.3	12.0	11.9	11.8	11.7	7.4	1
财政总收入	9	4	8.0	5.7	6	−5.2	1
进出口总额	−7.2	0.6	2.6	−8.3	−2.1	20.5	5
出口	−11.7	−4.1	5.7	−5.3	1.5	25.2	6
城镇居民人均可支配收入	8.2	8.2	8.6	9.1	8.5	5.9	4

数据来源：根据中部六省统计局网站和国家统计局网站相关数据整理。

二、工业生产平稳运行，结构优化稳步推进

2016年以来，全省工业经济运行总体平稳，虽然增速比去年同期减缓，但仍保持了快于全国、居全国位次靠前的格局。

（一）工业生产稳中加快，效益明显改善

2016年，安徽规模以上工业增加值突破万亿元，达10081.2亿元，增长8.8%，增幅比上年高0.2个百分点，比全国高2.8个百分点，居全国第5、中部第2位。

分经济类型看，国有企业增长迅速，增速为23.7%，集体企业出现负增长，为−1.9%，股份制企业增长8.8%，外商及港澳台商投资企业增长6.4%。分行业看，40个工业大类行业中有36个增加值增长，其中14个增速超过10%。主要产品产量中，水泥、发电量分别增长2%和7.8%，汽车增长25.9%，智能手机增长9.1倍，工业机器人增长56.5%，家用洗衣机、家用电冰箱、彩色电视机分别增长16.3%、5.8%和9.1%，房间空调器下降0.3%。

2016年，优势行业生产稳步回升。计算机通信和其他电子设备制造业、电气机械和器材制造业、汽车制造业、有色金属冶炼和压延加工业、化学原料和化学制品制造业分别增长21.6%、9.1%、18%、20.8%和12%，增幅比全部规模以上工业高12.8、0.3、9.2、12和3.2个百分点，5个行业对全部规模上工业增长的贡献率由上半年的46.1%提高到52.4%。新企业、新产品加速涌现。截止2016年底，新建规模以上工业企业1046家，比上年增加212家，占全部规模以上

工业企业的 5.4%，拉动全部工业增幅 1.5 个百分点。具体数据见表 1－4所列。

表 1－4　2016 年安徽省不同经济类型规模以上工业企业增加值与增速

指标	累计值（亿元）	比上年同期增长（%）
总的工业增加值	10081.2	8.8
国有企业	264.5	23.7
集体企业	17.6	－1.9
股份合作企业	3.8	3.3
股份制企业	8437	8.8
外商及港澳台商投资企业	1236.1	6.4
大中型工业企业	5227.4	6
其他经济类型企业	122.3	5.9

数据来源：根据安徽省统计局网站相关数据整理。

（二）结构继续调整优化，民营企业贡献提升

2016 年，随着供给侧结构性改革的推进，以及促进实体经济发展政策举措的落实，安徽省工业生产在保持平稳较快增长的同时，经济效益逐步改善，但行业分化明显，在传统主导产业继续支撑经济增长的同时，新兴产业的作用日益凸显，产业效益逐步分化，产业增加值逐步由传统主导产业向拥有新技术、新管理经验的新兴产业转移。2016 年，全省规模以上高新技术产业增加值 4011.7 亿元，增长 16.8%，比全部规模以上工业高 8 个百分点；装备制造业增加值 1940.3 亿元，增长 13.3%，高 4.5 个百分点；六大主导产业增加值 7196.02 亿元，增长 9.6%，高 0.8 个百分点；战略性新兴产业产值 10161.3 亿元，增长 16.4%，比全部工业产值增速高 7.6 个百分点。高新技术产业、装备制造业及六大主导产业增加值分别增长 20.2%、14.7%和 10.93%，高于全部规模以上工业 11.4、5.9 和 2.13 个百分点；战略性新兴产业产值增长 19.4%，高于全部规模以上工业 10.6 个百分点。

2016 年安徽省民营工业企业实现增加值 7281.3 亿，增长 10.4%，比全部规模以上工业高 1.6 个百分点，对全部规模以上工业增长的贡

献率由上年的 82.6%提高到 83.8%，增加值占全部规模以上工业比重由上年的 70.4%提高到 72.2%。

（三）中小型企业支撑作用明显，优势行业增速加快

2016 年，全省中小型工业企业实现增加值为 6826.4 亿元，增长 11%，增幅比全部规模以上工业高 2.2 个百分点，对全部规模以上工业增长的贡献率由上年的 81.1%提高到 82.4%，增加值占全部规模以上工业比重由上年的 65.6%提高到 67.7%。

具体数据见表 1－5 所列。

表 1－5 2016 年安徽省不同工业大类行业的规模以上工业企业增加值与增速

	增加值（亿元）	比上年同期增长（%）
高新技术产业	4011.7	16.8
装备制造业	1940.3	13.3
六大主导产业	7196.02	9.6
战略新兴产业	10161.3	16.4
民营工业企业	7281.3	10.4
中小型企业	6826.4	11

数据来源：根据安徽省统计局网站相关数据整理。

2016 年，优势行业生产稳步回升，计算机通信和其他电子设备制造业、电气机械和器材制造业、汽车制造业、有色金属冶炼和压延加工业、化学原料和化学制品制造业的增加值增幅超过全省平均水平，5 个行业对全部规模上工业增长的贡献率由上半年的 46.1%提高到 52.4%。其中，汽车制造业增加值增长 18%，比全部规模以上工业高 9.2 个百分点，汽车产量增长 25.9%。全年新能源汽车增长 38.6%，运动型多用途乘用车（SUV）增长 19.0%。

三、服务业增速不减，经济转型稳步推进

2016 年，全省服务业充分发挥在调结构转方式促升级中的重要作用，发展速度持续加快，对经济增长的贡献明显提升，成为全省经济稳定增长的新引擎。

（一）内生动力增强，增幅中部继续靠前

2016 年，服务业增速加快，相对于第一、第二传统产业所占的比重不断提高。由于经济投资环境优化、居民生活水平提高带动服务业自身的发展，其中服务业投资在固定资产投资所占比重不断增加，社会消费品零售总额达到新增长水平；同时，随着整个服务行业蓬勃发展，相关从业企业数量的不断增长，为拉动经济增长提供新的契机，一定程度上反映出产业结构改革取得初步成效。2016 年，全省服务业实现增加值 9883.6 亿元，同比增长 10.9%，服务业增加值增幅比 2015 年提高 0.3 个百分点，高于 GDP 增速 2.2 个百分点，高于第二产业增速 2.6 个百分点。服务业增加值占生产总值比重由 39.1%提高到 41%，同比提高 1.9 个百分点。分季度看，服务业全年增幅分别较前三季度、上半年和一季度提高 0.1、0.6 和 0.9 个百分点。服务业对 GDP 增长的贡献率达 49.2%，比上年提高 8.1 个百分点，拉动 GDP 增长 4.3 个百分点。全省完成服务业固定资产投资 14202.4 亿元，比上年增长 13.6%，比全国平均水平高 2.7 个百分点。服务业占固定资产投资比重为 53.1%，比上年提高 0.9 个百分点，对投资增长的贡献率达 60.9%，高于第二产业 23.6 个百分点。实现社会消费品零售总额 10000.2 亿元，增长 12.3%，较上年提高 0.3 个百分点，比全国平均水平高 1.9 个百分点。年末全省服务业登记注册企业 57.1 万户，增长 27%，占企业总数的 69.9%，比上年提高 0.6 个百分点；全年净增服务业企业 12.1 万户，占净增企业总数（16.8 万户）的 72.3%。

2016 年，我省服务业占 GDP 的比重比全国（51.6%）低 10.6 个百分点；在中部地区排名第五位，分别比山西（55.8%）、河南（41.9%）、湖北（44.7%）和湖南（46.4%）低 14.8、0.9、3.7 和 5.4 个百分点，仅比江西（40.4%）高 0.6 个百分点；与苏浙沪相比，低于江苏（50.1%）9.1 个百分点，浙江（51.6%）10.6 个百分点，上海（70.5%）29.5 个百分点，分别比上年同期缩小 2.1、1.8 和 1 个百分点。服务业比重偏低，在一定程度上反映了产业结构尚需优化，转型升级步伐仍需加快。

从中部六省来看，安徽省服务业增加值增幅位居第 2 位，仅比江

西低 0.1 个百分点，分别比山西、湖南、河南、湖北高 3.9 个、0.4 个、1 个和 1.4 个百分点。增加值总量在中部列第 4 位，分别比河南、湖南、湖北少 6934.67 亿元、4601.7 亿元和 4539.88 亿元，比江西和山西分别多 2455.77 亿元和 2666.23 亿元。

具体数据见表 1－6 所列。

表 1－6　2016 年中部六省服务业增加值　　单位：亿元

	安徽	江西	河南	湖北	湖南	山西
服务业增加值	9883.6	7427.83	16818.27	14423.48	14485.3	7217.37
比上年同期增长（%）	10.9	11	9.9	9.5	10.5	7

数据来源：根据中部六省政府工作报告相关数据整理。

（二）新兴服务业增长较快，新增长点初步形成

2016 年，新兴服务业增长速度加快，营业收入已赶超规模以上服务业总体增速，特别是拥有高新技术、先进管理经验且具有战略发展眼光的新兴行业，“互联网＋”概念的提出，为新兴服务业如通信业、物流业、高新技术产业提供发展契机。2016 年，全省科技服务业实现营业收入 1155.49 亿元，增长 18.4%，快于规模以上服务业增速 1.5 个百分点；高技术服务业实现营业收入 845.8 亿元，增长 16.9%，战略性新兴服务业实现营业收入 526.6 亿元，增长 19.2%，快于规模以上服务业增速 3.3 个百分点。全省实现电信业务总量 1099.2 亿元，比上年增长 55.7%；实现电信业务收入 393.3 亿元，增长 5.4%。2016 年年末移动互联网用户 4179.9 万户，增长 13.8%；移动互联网接入流量 35794.5 万 G，增长 2.1 倍；移动数据及互联网业务收入 143.6 亿元，增长 25.5%。全省快递业务量完成 6.89 亿件，比上年增长 72.5%；业务收入完成 70.56 亿元，增长 53%。全省累计新增入库规模以上服务业企业 632 家，新增企业实现营业收入 190 亿元，拉动规上服务业增长 5.4 个百分点。

（三）旅游业持续增长，生产性服务业企业增速提升

2016 年，全省旅游经济活力进一步释放，全省旅游总收入 4932.4 亿元，增长 19.7%。其中，国内旅游收入 4763.6 亿元，规模以上旅

行社及相关服务业企业营业收入 43.1 亿元，比上年增长 12.8%。

2016 年，生产性服务业继续回升，全省生产性服务业实现营业收入 2331.1 亿元，增长 17.4%。服务业用电量 247.6 亿千瓦时，增长 15.8%。规模以上工业增长 8.8%，增幅比上年高 0.2 个百分点，比全国高 2.8 个百分点；社会消费品零售总额增长 12.3%，增幅比上年高 0.3 个百分点，比全国高 1.9 个百分点。

（四）金融业稳定增长，房地产业增幅居中部首位

2016 年末，全省金融机构人民币存款余额 40856.2 亿元，增长 18.5%，增幅比上年提高 4.3 个百分点，比全国高 7.5 个百分点。人民币贷款余额 30180.7 亿元，增长 18.4%，比上年提高 3 个百分点，比全国高 4.9 个百分点。全年证券交易额下降 31.5%，降幅较上半年、前三季度进一步收窄；保费收入增长 25.4%，比上年提高 2.8 个百分点。2016 年，全省金融业增加值 1447 亿元，增长 15.1%，增幅虽然比上年回落 4.6 个百分点，但仍保持了 2012 年以来连续两位数的高增长。金融业增加值占 GDP 的比重由上年的 5.6%提高到 6%，对全省经济增长的贡献率由 9.7%提高到 9.8%，拉动 GDP 增长 0.9 个百分点。

2016 年，全省商品房销售面积由上年的下降 0.5%转为增长 37.7%。房地产业增加值 1124.1 亿元，增长 12%，增幅比上年提高 6.6 个百分点，居中部六省第 1 位，对全省经济增长的贡献由上年的 2.1%提高到 5.4%。

具体数据见表 1－7 所列。

表 1－7　2016 年全省服务业主要经济发展指标

	指标数值（亿元）	同比增长（%）
规模以上服务业营业收入	9883.6	10.9
其他服务业增加值	4107.8	13
金融机构人民币存款余额	40856.2	18.5
限上批发零售业网上商品零售额	220.2	68.4
旅游总收入	4932.4	19.7
规模以上生产性服务业企业累计营业收入	2136.8	15.9

数据来源：根据安徽省统计局网站相关数据整理。

四、外贸形势严峻，外资增长放缓

2016年以来，受国际市场需求不振、国内经济下行压力加大等因素影响，安徽省开放型经济发展受阻，进出口额下降，利用外资增势趋缓。全年进出口总额443.8亿美元，比上年下降7.2%，降幅高于全国0.4个百分点。其中，出口284.8亿美元，下降11.7%，降幅高于全国4个百分点；进口159亿美元，增长2.1%（全国为下降5.5%）。在中部六省中，安徽省进出口总额比河南少267.9亿美元，居第二位；出口额比河南少143亿美元，比江西少13.9亿美元，居第三位。全省保税区仓储转口货物等其他贸易进出口30.3亿美元、下降17.7%、降幅高于全省进出口10.5个百分点，其中出口9亿美元、下降22%、降幅高于全省出口10.3个百分点，进口21.4亿美元、下降15.8%；一般贸易进出口317.1亿美元，下降6.8%，降幅低于全省进出口0.5个百分点，其中进口113.1亿美元，增长3.8%；全省与四大传统市场进出口178.8亿美元，下降0.6%，降幅低于全省进出口6.7个百分点；全年有进出口实绩企业6501家，比上年净增669家。

2016年，安徽合同利用外资41.1亿美元，比上年增长4.5%；实际利用外商直接投资147.7亿美元，增长8.4%，增幅高于全国4.3个百分点，比上年回落2个百分点；新批外商投资企业267家，下降7.6%。在中部六省中，安徽省实际利用外商直接投资额比河南少22.2亿美元，居第2位，增幅高于山西和河南，居第4位。第一，外资向制造业集中。全省制造业实际利用外商直接投资85.8亿美元，增长22.9%，占全省外资总量的58.1%，比上年提高6.8个百分点，其中冶金、金属制品、装备制造、非金属矿物制品业分别增长107.3%、90.6%、78.4%和61.6%；第二，跨国公司增资较为踊跃。全年德国博世、德国大陆、美国康宁、日本日立、中国台湾鸿海精密、中国香港华润等世界500强投资的6家企业增资4.8亿美元；第三，利用德国资金成倍增长。2016年全年实际到资超亿美元的国家（地区）有13个，合计到资139.7亿美元，增长13.4%，占全省外资总量的94.6%。其中超5亿美元的分别为：中国香港82.6亿美元，增长

7.9%；英属维尔京群岛10.3亿美元，增长12.9%；中国台湾8.9亿美元，增长18.4%；日本7.4亿美元，增长24.9%；德国7.3亿美元，增长2.2倍；美国5.9亿美元，下降26.4%；新加坡5.5亿美元，增长19.2%；第四，皖江八市引资领跑全省。皖江示范区八市实际利用外商直接投资102亿美元，增长9.1%，增幅高于全省0.7个百分点，总量占全省的69.1%，其中合肥（28.1亿美元，增长12%）、芜湖（25.1亿美元，增长9.2%）和马鞍山（21亿美元，增长8%）三市超20亿美元；皖北六市实际利用外商直接投资40.3亿美元，增长8.2%，占27.3%，其中蚌埠（15亿美元，增长8%）超10亿美元。

五、消费品市场稳中向好，增速靠前

2016年，安徽省积极推进供给侧结构性改革，着力扩大消费需求，消费品市场稳中向好。社会消费品零售总额首次突破万亿元大关，达10000.2亿元，比上年增长12.3%，增幅比全国高1.9个百分点，领先优势比上年扩大0.4个百分点，居全国位次由第6位前移到第4位，居中部位次由第4位前移到第1位。全省有352家限额以上批零企业开展网上零售业务，较上年增加174家，实现限额以上网上商品零售额220.2亿元，同比增长68.4%，上拉社会消费品零售额增长1个百分点，拉动作用比上年提高0.4个百分点。从城乡看，全年城镇社会消费品零售总额8064.7亿元，增长12.2%，增幅比上年提高0.3个百分点；乡村零售额1935.5亿元，增长12.6%，提高0.1个百分点，城乡增速差距由上年的0.6个百分点缩小为0.4个百分点。全年限上消费品零售额5040.9亿元，增长11.6%，拉动社会消费品零售总额增长7个百分点。全省限额以上批零业23个大类商品零售额中，19类有所增长，11类增速回升。全年基本生活类零售额1526.7亿元，增长14.5%，增幅比上年上升3.1个百分点。其中，粮油食品类、日用品类和服装鞋帽针纺织品类分别上升3.7个、10.6个和1.8个百分点，饮料类持平，烟酒类回落1.9个百分点。受房地产调控政策影响，建筑装饰材料、家具和五金等关联产品销售趋稳。全年居住类零售额230.9亿元，增长15.9%，增幅比上年上升0.1个百分点，其中建筑及装潢材料类、家具类分别增长 13.4%和 20.3%；受益于小排量汽车购置税优惠政策、国内油价回稳等因素，全年汽车类零售额 1244.6 亿元，增长 15.2%，增幅比上年同期、上半年分别上升 7 个和 3.7 个百分点，创近三年增幅新高；石油及制品类零售额 613.3 亿元，增长 6.6%，上升 7.7 个和 1 个百分点；全年家用电器及音像器材类、文化办公用品类、体育娱乐用品类分别实现零售额 365.1 亿元、72.7 亿元和 18 亿元，增长 11.9%、12.2%和 8.1%，分别上升 9.7 个、13.2 个和 3.2 个百分点。详见表 1－8 所列。

表 1－8　2016 年安徽省社会消费品零售额情况

按城乡分类		
指标	1—12 月累计（亿元）	比上年同期增长（%）
城镇	8064.7	12.2
乡村	1935.5	12.6
按消费形态分类		
指标	1—12 月累计（亿元）	比上年同期增长（%）
餐饮收入	1086.1	12.4
商品零售	8914.1	12.2
按商品类别分类		
指标	1—12 月累计（亿元）	比上年同期增长（%）
基本生活类	1526.7	14.5
居住类	230.9	15.9
家用电器和音像器材类	365.1	11.9
文化办公用品类	72.7	12.2
体育娱乐用品类	18	8.1
石油及制品类	613.3	6.6
汽车类	1244.6	15.2

数据来源：根据安徽省统计局网站相关数据整理。

六、居民收入稳步增长，人民生活水平不断提高

2016 年，居民收入继续增加，就业和物价保持稳定。全年城镇常

住居民人均可支配收入 29156 元，增长 8.2%，增幅比全国高 0.4 个百分点；农村常住居民人均可支配收入 11720 元，增长 8.3%，增幅比全国高 0.1 个百分点。在中部六省中，湖南省城镇人均可支配收入 31284 元，位居第一；湖北省城镇人均可支配收入 29386 元，位居第二；安徽省城镇居民人均可支配收入 29156 元，位居第三位，增速有所放慢，居第四；江西省、山西省、河南省分别位居第四、第五、第六位。全省全年城镇新增就业 66.8 万人，登记失业率 3.2%。政府实施积极的就业政策，帮助 6.3 万就业困难人员再就业，高校毕业生总体就业率达 96.2%。新建、改扩建公办幼儿园 457 所，完成 1007 所义务教育学校标准化建设，教育信息化水平进一步提升。建成各类保障性安居工程 30.2 万套，解决 312.7 万农村人口饮水安全问题，社会保障体系进一步完善。安徽省贯彻精准扶贫、精准脱贫方略，建立脱贫攻坚政策体系。突出产业脱贫，发展特色种养业贫困村 1073 个，建成村、户光伏电站 72808 个，启动省级乡村旅游扶贫重点村建设；加强就业脱贫，帮扶 30 万以上贫困劳动力实现就业；启动易地扶贫搬迁，完成 2.8 万贫困人口搬迁任务，完成贫困户危房改造 10.6 万户。

具体数据见表 1－9 所列。

表 1－9　2016 年中部六省城镇居民人均可支配收入及其增速

指标	安徽	江西	河南	湖北	湖南	山西	安徽排名
城镇居民人均可支配收入（元）	29156	28673	27232.92	29386	31284	27352	3
城镇居民人均可支配收入增速（%）	8.2	8.2	8.6	9.1	8.5	5.9	4

数据来源：根据安徽省统计局网站相关数据整理。

第二节　安徽总体投资分析

2016 年，全省固定资产投资总体保持平稳增长，投资结构持续优化，投资质量不断提高，发展动力增强，商品房待售面积减少。固定资产的平稳增长主要依赖于制造业和水利环境公共设施管理业的支撑，基础设施建设投资对全部投资的贡献率进一步提高，投资资金来源有所好转；行业结构出现积极变化，对基础行业的投资力度加大，而高能耗行业投资有所下降；投资主体结构有所变化，国有经济投资快速增长而民间投资增幅有所回落。

一、固定资产投资较快增长，增速全国靠前

2016 年，全省固定资产投资额为 26758.1 亿元，同比增长 11.7%，较 2015 年同期 12.7%的增速相比，回落了 1 个百分点，处于近几年的最低水平；不过与全国 8.1%的增速比较，则高出 3.6 个百分点。在全国范围内进行比较，安徽省固定资产投资总额在全国中的水平大致与 2015 年持平，增速位于全国第 12 位，较上年同期上升 2 位。

与中部地区其他五个省相比，全省投资总量位列第 4，与 2015 年相比下降 1 名，处于中等水平，比河南、湖北、湖南分别少 12995.8 亿元、2745.8 亿元和 930.4 亿元；2016 年安徽省的投资增速仅为 11.7%，仅高于山西省，排名第 5，与 2015 年相比上升 1 名，与第一名河南相比少了 6 个百分点（表 1－10），说明在全国整体固定资产投资增速放缓的情况下，安徽省固定资产投资也受到较大影响。尽管全省固定资产投资增速放缓，但是月累计平均增速除 1—2 月份外始终处于全国平均水平之上，并且与全国平均水平下降趋势相比，安徽省的变化趋势更为平缓（图 1－1）。

表 1－10　2016 年度全国及中部六省固定资产投资指标数值与排名

	固定资产投资（亿元）	位次	同比增幅（%）	位次	房地产资产投（亿元）	位次	同比增幅（%）	位次
全国	596501.0		8.1		102581.0		6.9	
安徽	26758.1	4	11.7	5	4603.6	2	4.0	5
江西	19378.7	5	14.0	1	2522.2	5	20.3	2
河南	39753.9	1	13.7	3	8949.1	1	17.7	3

（续表）

	固定资产投资（亿元）	位次	同比增幅（%）	位次	房地产资产投（亿元）	位次	同比增幅（%）	位次
湖北	29503.9	2	13.1	4	4296.4	4	1.1	6
湖南	27688.5	3	13.8	2	4369.5	3	21.9	1
山西	13859.4	6	0.8	6	1597.4	6	6.9	4

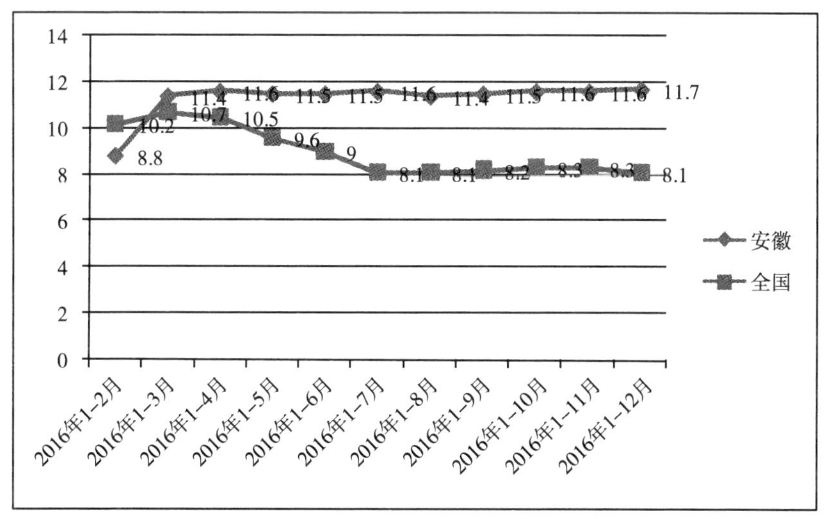

图 1－1　2016 年全国和安徽省固定资产投资分月累计增速变化趋势

二、产业投资增速明显，基础设施建设力度较大

2016 年，全省固定资产投资平稳增长，各产业投资增速明显。第一产业投资 813.6 亿元，增长 6.6%；第二产业投资 11742.1 亿元，增长 9.7%；第三产业投资 14202.4 亿元，增长 13.6%。第一、二、三产业固定资产投资构成为 3∶43.9∶53.1，与去年相比，第一产业和第二产业固定资产投资比重分别下降了 0.1 个和 0.9 个百分点，第三产业固定资产投资占比提高了 1 个百分点。2012 年以来，第二产业投资比重呈平稳下降趋势，第三产业投资比重稳步上升，但从投资增速分析来看，在房地产投资增速放缓等因素影响下，第

二、三产业投资增速的下降幅度较大，是全省投资增速下滑的主要原因。

具体数据见表 1-11 所列。

表 1-11 2013-2016 年安徽省各产业固定资产投资总额与投资比重

产业	投资总额（亿元）				投资比重（%）			
	2016	2015	2014	2013	2016	2015	2014	2013
合计	26758.1	23965.6	21256.3	18251.1	100.0	100.0	100.0	100.0
第一产业	813.6	763.3	542	389.3	3.0	3.2	2.6	2.1
第二产业	11742.1	10699.4	9417.8	8265.6	43.9	44.6	44.3	45.3
第三产业	14202.4	12502.9	11296.5	9596.2	53.1	52.2	53.1	52.6
其中：房地产	4603.6	4424.9	4339	3946.2	17.2	18.5	20.4	21.6

2016 年全省基础设施建设投资 5285.9 亿元，增长 26.0%，高于全部投资增幅 6.9 个百分点，比上年提高 6.4 个百分点，基础设施建设投资对全部投资的贡献率为 39.1%，比上年提高 13.8 个百分点。其中投资占比前 4 位的是制造业、房地产业、水利环境公共设施管理业和交通运输仓储邮政业，分别为 38.7%、21.5%、9.7%和 6.9%。2016 年投资占比提高前 4 位的行业是水利环境公共设施管理业、交通运输仓储邮政业、租赁商务服务业和电力热力燃气及水生产供应业，分别提高 1.2 个、0.7 个、0.6 个和 0.5 个百分点。基础设施建设投资占比 19.8%，比上年提高 2.3 个百分点。从总体来看，在全省经济增长速度放缓的情况下，固定资产投资增速仍居于合理较快增长区间，产业的投资结构优化明显。

三、皖北投资增速领先，皖江增速趋缓，各市投资增速差异明显

分地区来看，2016 年，在全国、全省投资增速持续下滑的态势下，皖北 6 市除淮北与淮南外投资均保持较快增长，阜阳、蚌埠、亳州与宿州 4 市增速明显高于全省平均水平。2016 年，皖北 6 市共完成固定资产投资 7017.8 亿元，同比增长 13.1%，增幅比全省高 1.4 个百

分点。除阜阳市固定资产投资增速小幅上升以外，其他5市增速均出现下降态势，并且淮北市固定资产投资额增速与2015年相比出现大幅下降。其中，阜阳市增速为28.6%，位居全省第1位；蚌埠市增速为14.3%，位居全省第3位；亳州市增速为14.0%，位居全省第4位。此外，得益于较快的增长速度，皖北地区的投资占全省比重有了小幅上涨，投资额占全省比重由去年同期25.9%增加到26.2%，如图1-2所示。

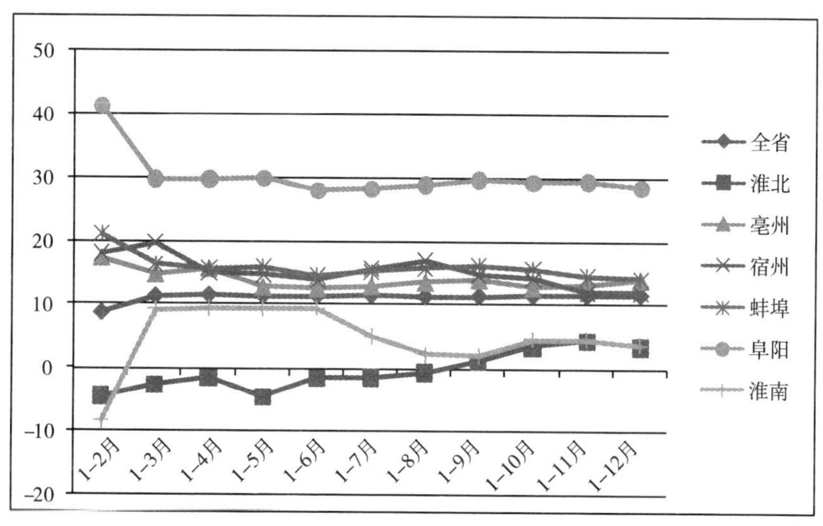

图1-2 2016年全省与皖北6市投资增速变化趋势

2016年，全省地区固定资产投资总量区域差距进一步拉大，地区分布不均。如表1-12和图1-3所示，合肥、芜湖、马鞍山位列全省固定资产投资额的第一、第二、第三位，占全省固定资产投资总额的43.2%以上的投资，个位数增长的有6个市，增速最快与最慢的市相差25个百分点。2016年，蚌埠市完成固定资产投资1666.4亿元，在皖北地区排在第一位，其投资规模在全省居第5位，与去年持平，其余5市完成投资总量5351.4亿元，比合肥市少1149.8亿元。而皖西南其余7市固定资产投资总量占比也仅为39.1%，与2015年相比有所上升。投资总额的分布不均衡可能直接导致全省经济全面发展速度的放缓，也抑制了皖北和皖西南经济快速崛起的进程。

表 1－12　2016 年 1－12 月安徽省各市固定资产累计完成额　　单位：亿元

	1－2 月	1－3 月	1－4 月	1－5 月	1－6 月	1－7 月	1－8 月	1－9 月	1－10 月	1－11 月	1－12 月
全省	2414.3	4904.7	7229.7	9823.2	12296.7	14564.5	17046.6	19706.5	21924.3	24066.0	26758.1
合肥	827.8	1452.5	2081.3	2667.9	3299.1	3908.2	4423.8	5025.3	5515.8	5923.2	6501.2
淮北	52.3	122.1	206.6	304.0	411.1	509.8	605.3	704.5	779.8	858.6	958.9
亳州	61.9	130.9	207.9	285.6	367.5	441.9	528.8	634.5	716.9	798.6	874.9
宿州	75.3	177.2	274.8	398.8	523.8	626.7	756.5	869.3	1009.0	1105.4	1270.0
蚌埠	131.9	317.5	426.4	615.8	847.4	958.8	1132.2	1282.1	1408.5	1531.4	1666.4
阜阳	102.9	222.6	345.0	473.8	578.3	664.0	787.2	941.7	1044.7	1147.2	1292.6
淮南	46.2	105.5	182.8	252.1	347.1	440.0	556.0	681.0	776.8	864.2	955.0
滁州	134.6	270.6	407.0	553.7	714.3	869.8	1041.3	1225.8	1384.0	1521.0	1699.2
六安	56.8	157.5	243.8	345.7	428.0	505.8	624.7	739.9	844.9	963.7	1075.0
马鞍山	195.9	450.9	668.8	874.4	1063.9	1277.5	1412.1	1583.9	1730.0	1883.7	2064.6
芜湖	364.0	663.2	934.8	1256.6	1505.4	1761.0	2009.9	2318.0	2535.4	2713.3	3006.9
宣城	74.1	161.6	252.0	360.5	479.3	588.0	727.9	899.0	1074.6	1240.3	1414.3
铜陵	91.6	209.3	306.6	466.0	572.1	686.7	815.6	911.3	964.7	1088.1	1196.9
池州	54.4	107.2	169.7	242.7	303.4	356.7	418.8	475.1	531.0	594.0	652.6
安庆	105.1	262.8	399.4	567.0	645.8	777.7	917.4	1076.3	1205.4	1329.0	1521.9
黄山	39.6	85.3	121.0	158.6	210.2	242.0	288.8	338.8	402.8	504.2	591.7

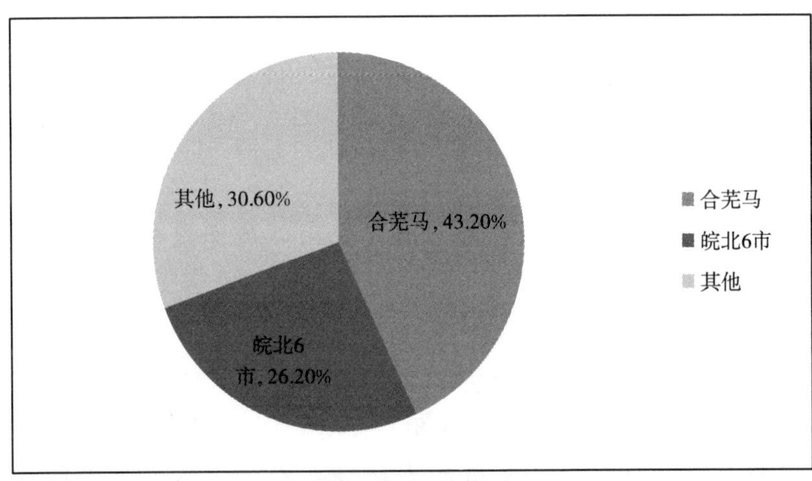

图 1－3　2016 年安徽省固定资产投资区域投资比重

四、民间投资增幅回落，工业投资增长放慢

2016年，全省民间投资18375.4亿元，同比增长6.5%，增幅比上年回落11.1个百分点，比全部投资低5.2个百分点，占全部投资的比重为68.7%，比上年回落3.3个百分点。投资增幅回落较多的行业有：教育、信息传输软件信息技术服务业、农林牧渔业、卫生社会工作，分别回落65.9个、53.9个、42.6个和37.9个百分点。从投向看，制造业和房地产业投资占大头，两者分别占民间投资的51.0%、21.7%。

2016年，全省工业固定资产投资11588.1亿元，增长9.6%，增幅比上年降低4.5个百分点，占全部投资的比重由上年的44.1%降至43.3%。其中，采矿业投资232.9亿元，下降28.1%，增幅回落29.6个百分点；制造业投资10361.9亿元，增长9.4%，增幅回落3.7个百分点；电力、热力、燃气及水生产和供应业投资993.2亿元，增长28.4%，增幅回落6.5个百分点。

具体数据见表1-13所列。

表1-13　2016年1—12月安徽各市固定资产投资累计增速 单位：亿元

	1—2月	1—3月	1—4月	1—5月	1—6月	1—7月	1—8月	1—9月	1—10月	1—11月	1—12月
全省	8.8	11.4	11.6	11.5	11.5	11.6	11.4	11.5	11.6	11.6	11.7
合肥	9.3	11.4	11.4	11.4	11.3	11.4	10.3	10.3	10.6	10.8	11.1
淮北	-4.3	-2.5	-1.4	-4.4	-1.5	-1.3	-0.5	1.3	3.6	4.5	3.6
亳州	17.4	14.8	15.7	12.8	12.6	13.0	13.6	14.0	12.8	13.3	14.0
宿州	18.1	19.8	15.0	14.8	14.0	15.8	17.0	14.8	14.2	12.1	12.1
蚌埠	21.2	16.4	15.8	16.0	14.7	15.3	15.9	16.3	15.8	14.6	14.3
阜阳	41.2	29.8	29.8	30.0	28.1	28.3	29.0	29.8	29.4	29.5	28.6
淮南	-8.3	9.3	9.4	9.4	9.5	5.1	2.3	2.1	4.7	4.7	3.8
滁州	8.8	13.1	14.4	14.8	14.4	14.9	14.8	15.0	16.3	16.2	16.6
六安	-18.3	1.1	2.2	6.4	7.5	8.0	8.9	6.8	5.5	8.1	8.2
马鞍山	2.9	7.5	8.7	9.2	9.7	10.0	10.5	11.1	11.2	11.0	11.0
芜湖	8.9	11.0	11.1	11.1	11.1	11.3	11.1	11.3	11.0	10.8	11.0
宣城	6.8	9.1	9.9	8.3	9.1	6.6	6.6	7.7	9.1	9.8	10.2

（续表）

	1－2 月	1－3 月	1－4 月	1－5 月	1－6 月	1－7 月	1－8 月	1－9 月	1－10 月	1－11 月	1－12 月
铜陵	8.1	11.1	11.3	11.7	11.6	11.9	11.9	12.4	12.2	12.6	12.6
池州	10.1	10.8	11.1	7.2	9.6	10.6	9.2	9.8	9.8	9.1	8.7
安庆	4.8	9.1	9.5	9.5	10.1	10.8	11.7	10.8	10.9	9.8	9.8
黄山	5.0	10.0	11.2	11.2	11.0	10.3	11.6	12.3	10.9	7.8	8.2

五、资金来源有所好转

2016 年，全省固定资产投资到位资金 26823.8 亿元，增长 11.7%，比一季度高 4.3 个百分点。国家预算资金 1497.1624 亿元，增长 22.8%；国内贷款 1723.0 亿元，增长 39.3%；利用外资 82.4 亿元，增长 31.7%，其中外商直接投资 32.7 亿元；自筹资金 18951.6 亿元，增长 3.6%；其他资金 4562.3 亿元，增长 42.9%，分别比一季度提高 15.4 个、12.6 个、27.4 个、－0.3 个和 16.1 个百分点。具体数据详见表 1－14 所列。

表 1－14　2016 年四季度安徽省固定资产投资资金来源

资金来源	自年初累计（亿元）				同比增幅（%）			
	一季度	二季度	三季度	四季度	一季度	二季度	三季度	四季度
合计	5953.3	13196.8	20100.2	26823.8	8.3	13.8	12.1	11.7
国家预算内资金	264.9	624.0	1044.9	1497.2	7.4	12.6	19.7	22.8
国内贷款	401.3	868.3	1260.3	1723.0	26.7	38.1	29.5	39.3
债券	1.3	4.9	5.9	7.4	148.5	887.2	370.7	－5.1
利用外资	15.8	44.1	61.6	82.4	4.6	60.2	46.6	31.7
其中：外资直接投资	2.7	15.5	21.9	32.7	－32.4	61.0	35.8	－0.2
自筹资金	4368.1	9607.7	14508.7	18951.6	3.9	8.0	5.6	3.6
其中：企事业单位	954.0	2154.5	3293.0	4411.1	0.4	11.3	10.9	13.3
其他资金	901.9	2047.6	3218.7	4562.3	26.8	37.1	39.7	42.9

从总体而言，安徽省的季度实际投资完成额略小于计划总投资额，资金到位率较低。从资金来源比重来看，国内预算资金高于全国平均水平 5.7 个百分点，其他资金高于全国平均水平 10.3 个百分点；国内贷款高于全国平均水平 29.4 个百分点；自筹资金是投资资金的主要来

源，比例达到70.7%，高于全国66.7%的平均水平。以上数据表明，投资资金主要来源于自筹资金。综合来看，全省融资渠道拓宽，各方面高于全国平均水平，降低了企业资金压力。2016年安徽省固定资产投资区域投资比重如图1-4所示，2016年全国固定资产投资区域投资比重如图1-5所示。

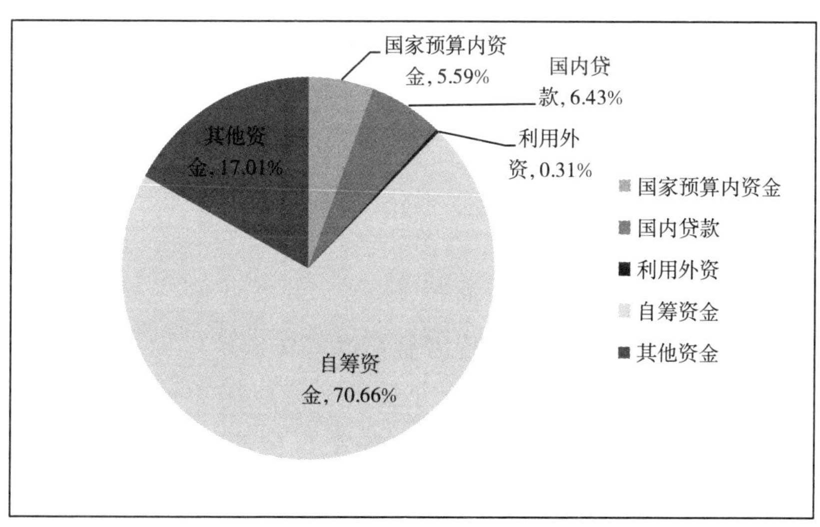

图1-4　2016年安徽省固定资产投资资金来源

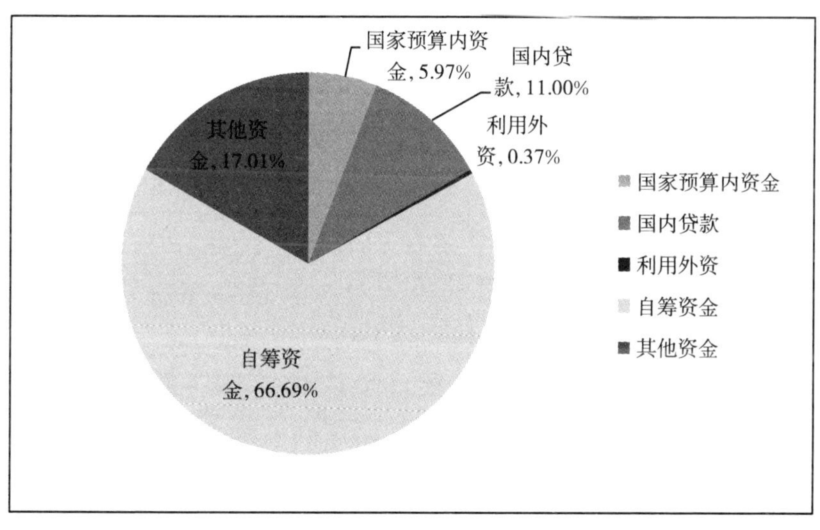

图1-5　2016年全国固定资产投资资金来源

六、新开工项目多、占比高，房地产投资小幅提升

全省新开工项目 34413 个，同比增长 20.7%，占全省开复工项目的 82.0%；固定资产投资到位资金 26823.8 亿元，增长 11.7%。全年共安排亿元以上重点项目 4796 个，当年完成投资 13025.3 亿元。开工建设引江济淮工程、江巷水库、合安高铁、郑阜高铁、合肥康宁 10.5 代玻璃基板等 2205 个项目，建成投产投运郑徐客专、望东长江公路大桥、青弋江分洪道、合肥轨道交通 1 号线、马鞍山圆融 LED 芯片、池州普洛康裕制药、芜湖奇瑞 1.0L 发动机、六安大别山旅游扶贫快速通道等 1529 个项目。

2016 年，全省房地产开发投资 4603.6 亿元，增长 4%，增幅比上年高 2 个百分点；商品房销售面积 8499.7 万平方米，增长 37.7%，比上年提高 38.2 个百分点；商品房销售额 5035.5 亿元，增长 49.4%，增幅比上年高 48.7 个百分点。全年房地产开发施工面积 35645.4 万平方米，增长 4.1%，增幅比上年高 1.8 个百分点。其中，新开工面积 8586.4 万平方米，增长 10.7%，增幅比上年提高 21.9 个百分点。年末商品房待售面积 2401.4 万平方米，下降 4.3%，比上年末减少 108 万平方米，建成各类保障性安居工程住房 30.2 万套。

第三节 安徽经济运行和总体投资健康发展的政策建议

2016 年，全省经济总体增速稳中有进、经济结构向好、活力增强，部分指标出现月度和季度性反弹，主要指标增速处于合理区间，实现了“十三五”良好开局。在经济出现下行压力、多种不确定性风险因素频发的条件下，安徽省发展环境依然复杂，面临的形势依然严峻，产业结构改革应进一步优化，新兴产业尚需继续扶持，投资结构和地区投资分布还需进一步调节和完善。下一阶段，安徽省要认真贯彻中央精神，更加侧重于从结构方面发力，扎实推进供给侧结构性改革，更加突出质量效益的发展导向，坚持以五大发展理念为指引，在

改革创新上持续发力，厚植长期发展新优势，在结构调整、效率升级中重塑竞争新优势，努力促进全省经济实现更高质量、更高效率、更可持续的发展。

一、深入推进供给侧结构性改革，加快培育形成新型供给结构

伴随城乡居民人均可支配收入的提高、城镇化进程的不断加快和总体消费环境的逐步改善，安徽省消费品市场保持平稳较快增长的有利因素不断强化。下一步要继续依据政策导向，通过积极发挥新消费引领作用，加快培育进程，形成新供给，在更高层次上促进供需矛盾的解决。

一是强化政策落实，推动消费升级。加强对国家和省里一系列稳增长、促消费政策落实情况的督导，确保各项措施不折不扣落实到位，最大限度地发挥政策的引导和撬动作用。在继续发挥主导产业支撑作用的同时，积极培育健康、养老、文化、信息、旅游等消费热点，提高服务业对生产总值的贡献率，提高服务业在地区生产总值中的比重，以服务消费的快速增长带动相关实物商品的增长，从而实现以第三产业的增长带动第一、第二产业产值的增长。

二是拓宽消费空间，优化供给结构。以产业为基础、以产品质量为中心，在提高产品自身质量的同时，顺应消费个性化需求，通过私人订制等方式为消费者提供个性化服务，不断加大居民消费产业的扶持力度，以消费需求的变化带动供给结构的变化，同时以产品促进消费增长和结构转型。针对新兴服务业产业的发展，传统商贸企业应不断加强与国内知名电商的合作，搭建网络销售平台，积极拓宽产品的销售渠道，通过电商的第三方网络平台，借助大数据系统，将数据的汇总分析，了解消费者的偏好和实际消费需求，实现“借船出海”。

三是增加居民收入，提高消费能力。收入是消费增长的基础和保障，要进一步加快收入分配制度改革和税收体制改革，以多渠道促进农民增收，分好收入蛋糕，协调城乡居民收入差距，努力实现城乡居民收入增长和经济的同步发展，进一步提高居民消费信心和消费能力，实现消费者消费意愿的增强，达到增加消费的目的。积极推进社会保

障体系建设，切实惠及广大人民群众，逐步改善“看病难、上学贵、买房贵”的现状，消除城镇居民及农民消费的后顾之忧。

四是完善基础设施，优化消费环境。加强农村水、电、路、通信等基础设施建设，扩大网络覆盖面，充分利用电商优势，积极发展以物流配送为主要内容的现代流通组织形式，全面实现城乡送货到户，提高消费便利性和居民消费的积极性。继续整顿市场秩序，强化市场管理和商品质量管控，严厉打击假冒产品、危害消费者生命安全的劣质产品，维护消费者合法权益，真正让消费者吃得放心、用得舒心，降低消费安全隐患。加大消费信贷推广力度，扩大消费信贷品种范围，放宽信贷条件，为居民消费提供金融支持。

二、保持总量政策的连续性和稳定性，促进经济平稳运行

经济增速平稳，依赖于宏观经济政策的正确引导，在今后的发展中，安徽省应保持政策的连续性，实施稳健的货币和财政政策，为产业发展提供有利依托。

一是继续实施积极的财政政策。预算安排要适应推进供给侧结构性改革、降低企业税费负担、保障民生兜底的需要。建议对企业采取一定的降税措施，适当扩大政府财政赤字率至适当水平。通过稳定扩大有效需求，加大政府投资补短板力度，增强民间投资发展信心和意愿。通过稳定传统消费，提升消费热点和亮点，拓展新兴消费，释放消费增长潜力。

二是重视民间投资，积极发挥税收职能。税收机关要广泛深入地开展有关鼓励和引导民间投资健康发展的税收政策宣传，通过税务网站、办税服务厅、纳税服务平台、自助查询器等各种渠道进行公开。要采取切实有效措施，将税收优惠政策不折不扣落实到位，确保纳税人用足用活用好。要优化纳税服务，主动加强税企联系，征询纳税服务需求，开展税收政策讲解，指派专人与重点企业开展“一对一”服务。要加强税收政策落实情况的跟踪问效，建立政策执行情况的定期反馈、报告的工作机制，开展税收政策效应分析、评估，及时纠正政策执行中的偏差。

三是深化金融体制改革。加快发展普惠金融，优化融资结构，提高资源配置效率，提升金融服务实体经济，以加大对中小微企业和“三农”的支持力度。鼓励民营银行的发展，完善政策性融资担保风险控制与补偿机制。加大去杠杆力度，进一步降低企业杠杆率，支持企业市场化发展。此外，还要继续加强对互联网金融的监管，确保不发生系统性金融风险。

三、加快生态文明建设，提升安徽省生态软实力

基于安徽省提出的生态强省发展战略，采用具体的对策措施，加快创新型生态强省建设，不断提升生态软实力。一是全面节约和高效地利用资源。要大力研发推广应用先进适用技术、建立长效机制，全面落实能耗、水资源消耗、建设用地总量和强度双控目标。实施煤电节能减排升级改造计划，严格遵守国家的标准，有针对性地制定安徽省的目标。优化用地结构和布局，推进闲置低效和批而未供土地的处置工作。加强各类资源节约集约利用，提高资源配置效率和产出率。二是发展绿色工业，围绕节能环保、新材料、新能源、装备制造等战略性新兴产业，推进重大新兴产业高端项目建设；同时，促进传统产业绿色转型升级，建设一批技术改造和结构调整重大项目。

四、加快培育经济增长新动力，实现新旧动力的有效接续

安徽要继续大力推进创新创业，着力改造提升传统产业，大力发展新兴产业，实现增长动能平稳接续，形成新旧混合动能协调拉动经济增长的良好格局。

一是继续推动传统产业转型升级。安徽省要以深入实施供给侧结构性改革为契机，大力去产能、去库存、去杠杆、降成本、补短板，对传统产业进行优化升级。继续采取去产能、降成本、加大技术改造力度以及内部挖潜等多种举措，深入推动机械化、自动化、信息化和智能化发展，提高煤炭企业生产效率，降低生产成本，同时要寻找新的利润增长点。

二是加快发展现代服务业。首先，要着力于交通、网络、信息等

基础设施建设，进一步规范现代服务业的发展，准确把握现代服务业市场化的发展方向，进一步放宽现代服务业的企业登记注册条件，切实降低市场准入门槛。其次，要进一步加强现代服务业与长三角地区的联系，充分利用安徽省所具有的区位、资源、劳动力等优势，有序承接长三角地区现代服务业的转移，着力引进一些大型服务业企业集团进入安徽，推动全省现代服务业加速发展。再次，要加大现代服务业从业人员培训力度，整体提高现代服务业从业人员的专业技术能力，提升现代服务业人才整体素质，建立产学研相结合的人才培养培训机制。

三是要大力发展旅游业。基于丰富的旅游资源，发展一批具有特色的旅游商品，树立安徽特色旅游商品品牌；培育一批旅游领军企业，制定重点旅游企业目录，研究制定支持旅行社等旅游企业做优做强做大的措施；优化旅游景点的服务，定期对服务人员进行培训，打造安徽品牌。

五、实施外贸激励政策，改善省内投资条件

受国际市场需求萎靡不振、国内经济下行压力加大等因素影响，安徽省开放型经济发展受阻，进出口额下降，利用外资增速放缓，同时民间投资增幅下滑。

一是抓紧落实外贸促进政策。加强对生产型企业和创新型中小微企业的扶持，引导企业用足、用好优惠政策，利用政策优惠，充分发挥自身优势，实现长足发展；优化出口退税机制，确保及时足额退税，提高企业资金周转率，避免出现企业流动资金不足的现象；加大对出口信用保险的补贴力度，由政府和企业共担，降低中小微企业保险费率，为中小微企业减负，降低其产品成本，扩大出口信用保险覆盖面。

二是加快推进签约项目落地。进一步梳理“2016 中国徽商大会”等重大经贸活动成果，加强对已签约外资项目的跟踪推进，确保签约项目尽快落地；用好境外机构、商协会渠道资源，充分引进外资，实现与跨国公司的战略合作，着力引进一批投资规模大、技术含量高、带动能力强的外资项目，在学习国外先进管理经验、技术的同时，真

正实现自身产品结构的创新，为经济结构升级带来新契机。

三是进一步放开民间投资市场准入，拓宽民间投资领域。全面落实民间投资平等市场主体待遇，鼓励和引导民间资本进入法律法规未明确禁止准入的行业和领域。建立公平开放透明的市场规则，营造权利平等、机会平等、规则平等的投资环境。政府要将投资资金只投向市场不能有效配置资源的社会公益服务、公共基础设施、生态环境保护等公共领域。

第二章 安徽现代农业投资分析

农业是国民经济的基础产业，对其他产业的快速发展起着重要的支撑作用。近年来，安徽省加快农业投资方式的创新，主动适应新常态，扎实推进供给侧结构性改革，增强产业持续增长动力，促进农业投资健康发展。随着农村电商建设推进，个体农户利润扩大，企业找到新的增长点，很好地解决了农产品滞销问题。虽然“互联网+”推动了农产品供需两方直接对接，沟通了生产者与消费者之间的共享纽带，改变了农业这个传统产业的面貌，但是目前安徽省农业发展仍面临总体水平偏低、农户投资积极性不高、金融机构对农业投资的支持力度不足等问题。本章从安徽省现代农业发展现状及其存在的问题、安徽省现代农业投资现状及其存在的问题等方面进行研究，并提出相应的对策建议。

第一节 安徽现代农业发展基本状况分析

安徽是中部地区的一个农业大省，是我国重要的商品粮基地，正确认识和分析安徽省现代农业发展的基本状况，对发现安徽农业存在的问题，制定改进措施，推动现代农业快速发展具有重要意义。当前，学术界对现代农业发展状况的判断标准主要是从现代农业经营模式和农业现代化水平的视角出发，开展相关研究。本节对现代农业建设模式、发展现状进行分析，以期全面认识安徽省现代农业发展的真实情况，找出存在的主要问题。

一、安徽省现代农业经营模式分析

当前，现代农业经营模式可分为生态农业产业化模式、休闲农业发展模式、外向型农业发展模式。日前这二种模式在安徽省都有不同程度的发展。这些农业经营模式改变了小农经营的农业生产低效率，带来了显著的经济增长效应，对于改革安徽省乃至我国传统的小农经济发展模式具有参考价值和借鉴意义。

（一）生态农业产业化建设模式

为了加快农业发展方式转变，安徽省于2016年出台了《安徽省现代生态农业产业化建设推进方案》，强调以市场为导向，通过品牌引领、循环利用和三产融合，探索构建产品生态圈、企业生态圈和产业生态圈三位一体的现代生态农业产业化发展模式。安徽省各地区因地制宜，实事求是，通过选择采用生态农业建设模式、畜牧绿色低碳循环模式、现代农业产业化联合体模式、复合式循环产业生态圈模式等发展模式，走出一条“产出高效、产品安全、资源节约、环境友好”的现代农业发展道路，既实现稳定粮食产量和产能，又实现农业增效、农民增收，显著提高了安徽省农业市场竞争力和可持续发展能力。

1. 生态农业建设模式。生态农业建设模式是以家庭农场为单元的生态小循环、以示范园区为单元的生态中循环、以县域为单元的生态大循环的生态农业建设模式。安徽省于2016年创建了15个绿色高产高效示范县，建立了300个绿色增产示范区、示范村和示范家庭农场，率先启动发展专用品牌粮食试点。这些示范区和示范农场，通过推进园艺作物标准园创建，发展水果、蔬菜、茶叶等特色农产品，推广粮经高效集约种植模式，丰富了农产品结构，促进了农产品量增价高和提质增效。

2. 畜牧绿色低碳循环模式。安徽省以调整优化农业结构、加快发展现代生态农业产业化为引领，以“低能耗、低污染、低排放、高品质、高效益”为主攻方向，以加快推进种养结合、秸秆综合利用、畜禽养殖废弃物综合处理循环利用和畜牧投入品科学使用为主线，整体构建农牧结合的绿色低碳循环体系，加快发展资源节约型、环境友好型和生态保育型的现代畜牧业。2016 年，安徽省积极推进畜禽业和草牧业发展，创建省部级畜禽标准化养殖示范场 59 家，人工种草面积 150 万亩。在江淮丘陵地区、大别山区和皖南山区，依托实施中央财政南方现代草地畜牧业推进行动项目，每年建设 4 个以上的示范基地，推进现代草地畜牧业产业化发展。

3. 现代农业产业化联合体模式。现代农业产业化联合体是以龙头企业为产业链的构建者，以农民合作社为产业链的服务纽带，以家庭农场为生产单位，形成集生产、加工和服务为一体的新型农业经营组织联盟，是农业产业化经营组织形式创新的有益探索。为一揽子解决规模经营、集约经营问题，三次产业经营主体脱节问题，专业化服务问题和农村金融服务问题等，2016 年安徽省坚持“三次产业联动，三大主体融合，政策项目支持，服务体系保障”的原则，积极探索构建“农业企业为龙头，家庭农场为基础，农民专业合作社为纽带”的现代农业产业化联合体，让各类生产要素按市场规则进行契约式衔接，把三大农业经营主体联结成利益共同体。

4. 复合式循环产业生态圈模式。近年来，安徽省通过植物生产、动物转化、微生物还原的循环生态系统，推进种养加、贸工农一体化，实现地域范围内的复合式循环，即构建以企业为单元的生态小循环、以示范园区为单元的生态中循环、以县域为单元的生态大循环，实现“一控两减三基本”的目标。

（二）休闲农业发展模式

休闲农业与乡村旅游作为农村一、二、三产业发展的融合体，近年来发展迅猛，已成为一种新型产业形态和消费业态，在促进农业提质增效、带动农民就业增收、拉动国内消费、传承中华农耕文明、推动城乡一体化发展等方面发挥了重要作用。近年来，安徽致力于建设城郊休闲观光采摘体验型、现代农业园区科普教育型、避暑山庄养生度假型、农家乐生活休闲体验型、民俗风情文化娱乐型、古村民居人文景观型等休闲农业发展模式，已取得不错的成绩。

目前，安徽省休闲农业较为典型的地区如下：一是裕安区农业示范园。六安市裕安区按照“四型产业”布局，围绕旅游景区、城郊休闲，大力发展农家乐、观光农业、山区土特产、休闲体验等休闲农业，努力打造“三产服务型”乡村。目前，裕安区辉隆现代农业示范园正全力冲刺5A级风景区，3年内投入1.5亿元发展坝上草原露营、亲子科普、水上乐园、农事体验、农家灶台、果树蔬菜领养、植物迷宫等项目，如今已吸引越来越多的游客观光体验。二是全椒县石沛镇农业示范园。安徽荣鸿农业开发股份有限公司在安徽省全椒县石沛镇投资了大型现代化农业示范产业园区——安徽荣鸿农业科技示范园。安徽荣鸿农业科技示范园区总体规划面积约12000亩，预计项目总投资5亿元，计划分三期开发建设。项目全部建设完成后，每年可以解决上千人的就业问题，每年利税近亿元；同时，通过成立林业合作社，走“公司＋农户”的模式，带动周边群众致富。

（三）外向型现代农业发展模式

外向型现代农业即创汇现代农业，是指按国际标准生产的、有竞争力和高辐射力的农业经济。它是农村商品经济发展到一定阶段的产物，对解决小生产和国际大市场之间的矛盾具有重要意义。

自农村改革以来，安徽省外向型现代农业得到了稳定持续发展，农业生产力得到大幅度提高，并逐渐形成了以农业国际化和现代化为目标，以国际市场为导向，以比较优势为基础，依靠科技进步全面提高出口农产品的品种和质量，提升外向型农业创新能力和国际竞争力的多层次、多元化、贸工农技一体的外向型农业发展模式。

安徽省外向型现代农业发展较为典型的地区是宿州市。宿州市作为安徽省离出海口最近的城市，充分利用靠近出海口的区位优势，在不断提升农业外向度水平中尝到了甜头。宿州市不断加大农业国际合作的力度，推进企业“走出去、请进来”战略，以建设中国酥梨、黄桃之乡、杨木板材加工示范区为抓手，加大投入，建设一批高质量的出口农产品生产基地；依靠科技进步，加快品种改良和专用品牌的培育，积极实施名牌战略，打造农产品名牌产业集群；通过建立和完善农业标准化体系，实现与国际接轨等有效措施，使该市现代农业外向度发展水平得到迅速提升。

二、安徽省现代农业发展状况分析

本节在对相关数据进行梳理和分析的基础上，从农业发展规模、农业发展结构、农业发展现代化水平等方面对安徽省现代农业发展状况进行探究。

（一）农业发展规模

近年来，安徽省现代农业得到了快速发展，农业发展规模不断扩大。从农业增加值来看，从 2000 年的 732.01 亿元增加到 2016 年的 2693.2 亿元，年均增长 8%，增长速度较快，增长幅度明显。从农业增加值占地区生产总值的比重来看，农业增加值占比由 2000 年的 25.22%下降到 2016 年的 11.17%。农业增加值所占比重下降的趋势比较明显，但农业对地区生产总值的贡献率却渐趋稳定，2010 年以后均保持在 4%以上，说明随着工业强省战略的实施和服务业的快速发展，安徽省经济得到快速发展，产业结构也不断优化。从农林牧渔业总产值来看，2016 年，全省农林牧渔业总产值 4655.5 亿元，按可比价格计算，增长 3.4%。其中，农业 2234.1 亿元，增长 2.5%；林业 291.1 亿元，增长 4.9%；牧业 1375.7 亿元，增长 2.0%；渔业 513.2 亿元，增长 3.1%；农林牧渔服务业 241.5 亿元，增长 22.8%。具体数据详见表 2-1 所列。

表 2-1 2000—2016 年安徽省农业产值发展状况 单位：亿元，%

年份	农业增加值	增长速度	农业增加值比重	农业贡献率
2000	732.01	1.66	25.22	3.24
2010	1729.02	4.46	13.99	4.22
2011	2015.31	3.95	13.17	4.17
2012	2178.73	5.57	12.66	5.88
2013	2348.09	3.41	12.21	4.08
2014	2481.89	4.59	11.90	5.44
2015	2550.29	4.20	11.59	4.09
2016	2693.20	3.40	11.17	4.36

注：数据来源于《安徽统计公报》和安徽省统计局网站，农业增加值比重为农业增加值占 GDP 总量的比重。农业贡献率指农业增加值增量与 GDP 增量之比。

（二）农业发展结构

广义上的农业包括农林牧渔业，下面将主要分析安徽省广义上的农业发展结构。2000—2016 年，安徽广义农业包含的部分构成较为稳定，其中农业（种植业）占到一半比例以上，林业增加值构成占比区间为 6%～8%，牧业增加值构成占比区间为 20%～27%，渔业增加值构成占比区间为 11%～13%。由此可以看出，安徽省农业是以种植业为主，牧业次之，再者渔业和林业，农林牧渔服务业最少。农业增加值构成比例近年来在 52%～53%之间波动，林业增加值构成呈现略微上升状态，牧业增加值构成呈现略微波动状态，渔业增加值构成呈现浮动上升状态，农林牧渔服务业呈现上升状态。安徽农业横向构成比例以农业为主，纵向发展倾向是林业、农林牧渔服务业持续增长状态，农业、牧业、渔业呈现上下波动状态。具体数据详见表 2-2 所列。

表 2-2　2000—2016 年安徽省农林牧渔业增加值构成　　单位：%

年份	农业	林业	牧业	渔业	农林牧渔服务业
2000	58.69	6.72	22.18	12.41	
2010	55.09	5.45	24.88	11.24	3.34
2011	52.48	6.29	26.62	11.32	3.29
2012	52.86	6.70	25.44	11.63	3.36
2013	52.61	6.91	24.70	12.33	3.45
2014	52.66	7.95	23.58	12.21	3.61
2015	52.28	7.86	23.92	12.27	3.67
2016	38.44	11.32	14.07	11.18	24.6

（三）农业发展现代化水平

近年来，随着工业和服务业的快速发展，安徽对现代农业发展的重视程度也不断加大。2016 年，安徽省政府办公厅出台《关于扎实推进现代农业建设的实施方案》，提出大力推进农业供给侧结构性改革，以农业现代化推进工程为主引擎，以现代生态农业产业化为总抓手，以发展多种形式的适度规模经营为核心，加快构建现代农业产业体系、生产体系、经营体系，着力提高农业质量效益和竞争力，努力在现代农业建设上闯出新路。2016年，安徽省政府出台了《安徽省“互联网+”现代农业行动实施方案》，强调利用互联网提升农业生产、经营、管理和服务水平，促进互联网与农业融合发展，开拓现代农业发展新模式。

在安徽省政府和各投资主体对农业投资力度不断加大的背景下，安徽省农业现代化水平逐步提高，农业机动力、机耕和机播面积以及农村的有效灌溉率、农村的总用电量、化肥的施用量等现代化指标总体上均呈上升的趋势，保证了安徽省农业综合生产能力的不断提升和农业产业的稳步发展。其中，农业机械总动力呈现逐年上升的趋势，由2000年的2875.87万千瓦增加到2016年的6867.5万千瓦，年均增长5.26%；机耕面积呈现螺旋式上升的趋势，由2000年的3601千公顷增加到2015年的4287.86千公顷，年均增长1.17%；机播面积呈现逐年上升的趋势，由2000年的1996千公顷增加到2015年的5003.90千公顷，年均增长6.32%；农村用电量呈现上升的趋势，由2000年的45.81亿千瓦时增加到2015年的156.75亿千瓦时，年均增长8.55%；农用化肥施用量呈现波动上升的趋势，由2000年的253.15万吨增加到2015年的338.6944万吨，年均增长1.96%；有效灌溉面积呈现持续上升的趋势，由2000年的3197千公顷增加到2016年的4463.7千公顷，年均增长2%；农村人均纯收入呈现持续增长趋势，由2000年的1934.57元增加到2016年的11720元，年均增长11.18%。具体数据详见表2-3所列。

表2-3 2000—2016年安徽省农业现代化指标

年份	农业机械总动力（万千瓦）	机耕面积（千公顷）	机播面积（千公顷）	农村用电量（亿千瓦时）	农用化肥施用量（万吨）	有效灌溉面积（千公顷）	农民人均纯收入（元）
2000	2875.87	3601	1996	45.81	253.15	3197	1934.57
2010	5409.78	4056	3607	107.41	319.77	3520	5285.17
2011	5657.08	4129	3909	117.28	329.67	3548	6232.21
2012	5902.77	4214	4133	128.8	333.53	3585	7160.46
2013	6140.28	4335	4356	138.39	338.4	4305	8097.86

（续表）

年份	农业机械总动力（万千瓦）	机耕面积（千公顷）	机播面积（千公顷）	农村用电量（亿千瓦时）	农用化肥施用量（万吨）	有效灌溉面积（千公顷）	农民人均纯收入（元）
2014	6365.83	4316	4687	147.53	341.39	4332	9916.42
2015	6580.99	4287.86	5003.90	156.75	338.6944	4400.34	10820.73
2016	6867.5	——	——	——	——	4463.7	11720

三、安徽省现代农业发展存在的问题

安徽作为我国一个重要的农业大省，一直以来非常重视农业的发展，但是，由于经济发展水平和现代化水平不高，造成现代农业发展尚不成熟，仍然面临很多问题。

（一）现代农业生产基础不够稳固

安徽虽然是一个农业大省，但其农业基础设施相对薄弱，很多基础设施陈旧甚至老化，没有得到及时维修，已经保障不了农业的快速发展，特别是农田、水利设施陈旧和不配套，导致农业抵御自然灾害的能力减弱，现代农业生产基础不牢靠。此外，安徽前沿科技农田物理设施建设不足，科技支撑能力不强，未能有效巩固现代农业生产基础。应改变传统农业对于农药化学的依赖，从根本上改善作物生长环境，使之具有可持续性。

（二）现代农业科技运用力度不足

目前，安徽存在农业科学技术落后、现代农业技术运用力度不足，并与新阶段农业生产不适应等问题。具体表现为：其一，农药使用量由 2000 年的 7.56 万吨增长到 2015 年的 11.10 万吨，近年有略微下降趋势，但是幅度不明显。其二，机耕面积、机播面积、机收面积三个过程中的每个过程逐年增长，三个过程占当年播种总面积的比重分别约为 48%、56%和 72%。由于数据分母值取为当年播种总面积，所以机耕面积比重偏小，机收面积比重偏大，三个过程大致可以看做是机器参与农作比重为 50%。由以上代表性的两点可以看出安徽省农业技术水平偏低，未能有效发挥农用土地经济效益最大化的目标。安徽省可以结合相关高校和科研机构，做到产、学、研相结合，用政策、资金等方面鼓励农民和技术人员合作，把研究成果产量化，推动现代农业的发展。

（三）现代农业产业化水平不高

现代农业产业化是以市场为导向，以农户为基础，以效益为中心，依靠龙头企业或专业合作经济组织带动和科技进步，对农业和农村经济实行区域化布局、专业化生产、一体化经营、社会化服务和企业化管理，形成“贸工农”一体化，“产加销”一条龙的农村经济经营方式和产业组织形式。

安徽省各个地区经济发展的不平衡使得各地农业经济的发展同样存在不平衡的问题，从而使得不同地区、不同农产品的产业化发展水平差异较大。在皖南沿江的经济比较发达的芜湖和马鞍山地区，许多乡镇农业产业化已初步完成了由产品初级加工向精深加工、由单一产品向系列产品、由内向型产业向外向型产业的转变。与此相对应，皖北、皖西地区经济发展滞后，小农经济思想根深蒂固，没有对农业进行横向和纵向的以及深度的扩展，使得观光农业、绿色农业等发展滞后，土地经营权的平均分配制度和生产要素市场化机制的缺乏，农业生产只能以家庭为单位，经营规模长期凝固化，形成了农业生产中每个农户分散式的小规模经营。农民的市场意识差，参与市场的积极性不高，参与农业产业化经营组织的数量也较少，导致农业产业化组织的规模小，竞争力弱。从全省层面上来看，安徽省农业产业化水平总体不高。

第二节　安徽现代农业投资基本状况分析

资金是经济运行的血液，农业投资决定农业产出，农业投资规模将影响着农业经济运行的质量和效果。本节在对安徽省农业投资现状分析的基础上，找出其农业投资存在的问题，并进一步探讨其形成的原因。

一、安徽省农业投资现状分析

按照投资主体的不同，农业投资可以分为政府农业投资、农户农业投资、农村集体组织农业投资等类型，下面将主要对安徽这三种农业投资进行分析，找出其存在的问题。

（一）政府农业投资

政府农业投资是指政府对农业发展的支出。近年来，安徽对农业的支出呈现不断上升的趋势。从财政支农来看，安徽财政支农资金由2000年的20.59亿元增加到2015年的577.74亿元，按当年价格计算，年均增长25.64%，增幅比较明显。从农业支出占财政支出比重来看，农业支出占财政支出比重总体呈上升趋势，由2000年的7.1%提高到2015年的11.03%。虽然2010年以后农业支出占财政支出的比重有下降趋势，但仍基本维持在10%以上，充分反映了安徽省政府对农业发展的高度重视。

具体数据详见表2-4所列。

表2-4　2000—2015年安徽省财政农业支出　　单位：亿元，%

年份	财政农业支出	农业支出增长率	农业支出占财政支出比重
2000	20.59	−3.5	7.1
2010	292.52	12.9	14.2
2011	351.87	20.3	13.2
2012	430.47	22.34	10.9
2013	478.17	11.08	11.0
2014	502.69	5.13	10.78
2015	577.74	14.93	11.03

注：数据来源于2016年《安徽统计年鉴》和安徽省统计局网站数据汇总。

（二）农户农业投资

农户对农业的投资主要体现在农户家庭经营费用支出和农户生产性固定资产支出方面。近年来，安徽农户人均家庭经营费用支出和生产性固定资产支出不断增加，农户人均家庭经营费用支出由2000年的395.44元增加到 2015 年的 2327.44 元，按当年价格计算年均增长 12.54%，扣除物价因素后实际年均增长 6.52%；农户人均生产性固定资产支出则由 53.66 元增加到 763.32 元，按当年价格计算年均增长 19.36%，扣除物价因素后实际年均增长 11.45%。家庭经营费用的支出远远超过农业生产固定资产支出，个体农户对农业生产投资的积极性不高。

具体数据详见表 2-5 所列。

表 2-5　2000—2015 年安徽省农户农业投资　　单位：元/人

指标＼年份	2000	2010	2011	2012	2013	2014	2015
农户家庭经营费用支出	395.44	1297.79	1763.94	1971.07	1482.17	1645.51	2327.44
生产性固定资产支出	53.66	150.57	174.76	250.54	321.3	363.94	763.32

数据来源：2016 年《安徽统计年鉴》和安徽省统计局网站数据汇总。

（三）农村集体组织农业投资

农村集体经济组织是指对土地拥有所有权的经济组织，是除国家以外对土地拥有所有权的唯一组织。自 2000 年以来，安徽省农村集体固定资产投资额总体上呈不断扩大的趋势，由 2000 年的 227.13 亿元增加到 2015 年的 1765.62 亿元，扣除物价因素后实际年均增长 9.54%；但农村集体固定资产投资占全社会固定资产投资总额的比重却不断下降，比重由 2000 年的 26.21%下降到 2015 年的 7.65%，远低于地区同期的 GDP 增速和固定资产投资增速。可见，安徽省农村基础设施建设投资仍相对薄弱，农村固定资产投资力度有待进一步加强。

具体数据详见表 2-6 所列。

表 2-6　2000—2016 年安徽省农村集体固定资产投资情况

单位：亿元，%

年份	全社会固定资产投资总额	农村集体固定资产投资额	农村集体固定资产投资比重
2000	866.67	227.13	26.21
2010	11849.43	921.01	7.77

（续表）

年份	全社会固定资产投资总额	农村集体固定资产投资额	农村集体固定资产投资比重
2011	12147.78	775.41	6.38
2012	15054.95	984.92	6.54
2013	18251.12	1406.74	7.7
2014	21256.29	1603.18	7.54
2015	23965.55	1765.62	7.65
2016	26758.1	——	——

数据来源：2016 年《安徽统计年鉴》和《安徽省统计公报》。

二、安徽现代农业投资存在的主要问题及其形成的原因

自 2000 年至今，安徽省现代农业投资力度相比较过去大大提升，投资规模进一步扩大，但是其中依旧存在一些问题，致使农业依然较其他产业发展相对滞后。主要表现在财政引导投资方向力度不足、农户投资积极性不高、金融机构对农业投资的支持力度不足三个方面。

（一）财政支农力度不够、结构不合理

近年来，安徽省财政支农资金数额逐年增长，尤其是自 2000 年以来，财政支农资金年均增长率都在 10%以上，但财政支农资金在总支出中所占比重增长缓慢，基本都在 15%以下。这表明安徽省财政对农业的支持力度需要进一步加强。从财政支农结构中可以看出，对农业科技三项费用的投入所占比重过低，在财政总支出资金中所占的比例更是微乎其微。显而易见，安徽省对农业科技三项费用的投入是严重缺乏的。科学技术是农业创新发展的灵魂，安徽省农业科技对经济发展的贡献份额与其他发达地区相比有一定差距，其中对农业科技投入的不足是主要原因之一。

（二）农户投资积极性不高

农户对农业投资主要集中在家庭经营费用部分，而生产性固定资产所占比重比较低，这表明农户更愿意进行短期投资，而长期投资的欲望并不强烈。

农户对农业投资积极性不高的原因主要在于：第一，农户承担家

庭费用过多，投资资金有限。安徽农民收入水平不高，家庭费用（尤其教育、医疗等）支出较多，加之收入预期和支出预期的不确定性增大，可用于扩大农业生产经营的资金有限。第二，农业与其他产业相比利益偏低。农业发展同时面临市场风险和自然风险，且附加值低，在市场经济条件下，农户往往愿意将有限的资金投向非农产业，以此来提高自己的经营收益和财产收益。第三，土地产权制度还不尽完善。目前农村土地的所有权归属尚不明确，土地使用权也存在不稳定现象，农民对土地的投入资金很难在短时间内得到回报，从而失去长期投资的耐心，最后会导致种地但不养地的状况。家庭承包责任制度多数农户人多地少，这种分散的土地经营方式限制了农户对农业的投入规模。

（三）金融机构对“三农”投资的支持力度不足

安徽省农业贷款在贷款总额中所占比重自 2000 年以来呈不断上升的趋势，但其所占比重水平一直低于 20%，显著低于工业贷款、商业贷款比重，金融机构对农业投资的支持力度明显不足。

造成这种状况的主要原因在于：第一，农业贷款回收风险大。农业发展在相当程度上受到自然因素的制约，相对非农产业而言农业收益具有较大的不确定性。第二，农村信用评估体系不够健全。由于农村面广、贷款对象经济实力和信用度差异大，金融机构很难或没有时间、精力对贷款对象的信用度进行客观评价。为了避免农村企业或者农户贷款后不还的风险，金融机构对于他们的贷款需求设置了相当高的门槛；加之农业企业或农户拥有让金融机构认可的有效抵押物较少，或者难于找到第三方作为担保人，因此，金融机构对农业贷款主观上缺乏积极性。第三，农业长期金融支持力度不够。金融机构应该深入各村、社、农场及田间地头，调查了解农业开发、春耕生产、农机购置等资金需求情况，做好放贷资金供应。在具体贷款发放上，要尽量简化手续，倾力支持，帮助农民发展“一优两高”农业及种养殖业。第四，金融机构应该理性分配资金投入，不搞农村放贷资金“农转非”，真正把农业所需的“首位”资金落到实处，确保农资、供销、种子等农业备耕春耕资金需求。同时一些农民要求在坚持不同贷款种类的利率档次前提下，根据贷款户的信用等级、经营状况、合作前景、贷款风险程度等多种因素实行差别利率，并予以公开，接受社会监督。金融机构应做到加息有理有据，优惠有因有由，让信用差的客户吸取教训，让信用好的客户得到实惠。第五，金融机构信贷工作人员要立足岗位，在存、取、贷及结算等方面，向农民提供更多、更方便快捷的服务。

第三节 优化安徽现代农业投资的政策建议

发挥现代农业在国民经济发展中的基础地位，对于增加农民收入，全面推进小康社会建设，保障粮食安全，提升农产品国际竞争力，持续推进工业化和城镇化，构建和谐社会具有重要作用。基于本章上述安徽现代农业投资状况与存在的问题，提出如下优化安徽现代农业投资的政策建议。

一、改革财政支农投入机制，优化财政投资结构

改革财政支农投入机制是要坚持把农业、农村作为财政支出优先保障的领域，确保对农业、农村投入的适度增加，着力优化投入结构，提升支农效能。为加快推进财政支农投入机制改革，优化财政投资结构，在财政支农投入方面，一方面固定资产投资要继续向农业农村倾斜，充分发挥规划统筹引领作用，多层次多形式推进涉农资金整合；另一方面要创新财政资金使用方式，推广政府和社会资本合作，积极探索以市场化方式筹集资金，用于农业农村建设。在金融保障方面，一方面要建立健全全国农业信贷担保体系，拓宽农业农村基础设施投融资渠道，支持社会资本以特许经营、参股控股等方式参与农林水利、农垦等项目建设运营；另一方面要鼓励地方政府和社会资本设立各类农业农村发展投资基金，加大地方政府债券支持农村基础设施建设的力度。

二、深化农村集体产权制度改革，提高农户投资积极性

深化农村集体产权制度改革，提高农户投资的积极性，对安徽现

代农业发展具有重要意义。为加快深化农村集体产权制度改革，首先，要切实落实农村土地集体所有权、农户承包权、土地经营权“三权分置”办法，加快推进农村承包地确权登记颁证，扩大整省试点范围。其次，要认真总结农村宅基地制度改革试点经验，在充分保障农户宅基地用益物权、防止外部资本侵占控制的前提下，落实宅基地集体所有权，维护农户依法取得的宅基地占有和使用权，探索农村集体组织以出租、合作等方式盘活利用空闲农房及宅基地，增加农民财产性收入。再次，要抓紧研究制定农村集体经济组织相关法律，赋予农村集体经济组织法人资格，允许地方多渠道筹集资金，按规定用于村集体对进城落户农民自愿退出承包地、宅基地的补偿，提高农户投资的积极性。最后，要全面开展农村集体资产清产核资，稳妥有序、由点及面推进农村集体经营性资产股份合作制改革，确认成员身份，量化经营性资产，保障农民集体资产权利。

三、加大农业基础设施建设力度，完善农村投资环境

当前，安徽农业基础设施相对薄弱，农业基础设施建设投资力度不够，为加大农业基础设施投资力度，完善农业基础设施投资环境。以水利工程为例，今后需要做到以下几点：一是深化水利工程管理体制改革，加快落实灌排工程运行维护经费财政补助政策；二是开展农田水利设施产权制度改革和创新运行管护机制试点，落实小型水利工程管护主体、责任和经费；二是通过以奖代补、先建后补等方式，探索农田水利基本建设新机制。

四、加快土地流转制度改革步伐，激发农业投资活力

土地是农业生产必不可少的要素之一，当前安徽省土地使用高度分散的现状，不利于农田水利建设、农业机械的利用、农业科技的推广和土地产出效率的提高。安徽省应该加快土地使用权流转，进行农业产业集约化、规模化经营，这是建立现代农业、提高农业综合效益的有效途径。为此，一方面要进一步完善土地流转制度，采取多种措施鼓励农民对土地经营权进行流转，使得农村土地集约化使用，为社

会资本等进入农村打好基础；另一方面，加强土地流转过程中的监督与管理，保证土地流转过程中的公开、公正和公平。县、乡、镇应建立土地流转服务平台，积极招募农村工作人员，扩大工作班子。按照有关法规和政策，制定合理的土地承包流转登记制度、合同管理制度、法律咨询制度、纠纷调解制度、档案管理制度等，明确流转的规定、程序、期限等，规范管理、积极引导；还可以培育中介机构，给投资者提供土地流转的需求信息等服务，使得资本更加便捷地进入农业产业。

五、加快涉农金融创新，强化金融机构服务“三农”职能

为加强激励约束机制建设，加快农村金融创新，强化金融机构服务“三农”职责，一方面要在鼓励和支持农村商业银行、农村合作银行、村镇银行等农村中小金融机构立足县域发展的同时，积极开展农民合作社内部信用合作试点，鼓励发展农业互助保险，支持国家开发银行创新信贷投放方式，完善农业发展银行风险补偿机制和资本金补充制度，加大对粮食多元市场主体入市收购的信贷支持力度；另一方面要鼓励金融机构积极利用互联网技术，为农业经营主体提供小额存贷款、支付结算和保险等金融服务，鼓励地方多渠道筹集资金，支持扩大农产品价格指数保险试点。此外，要稳步扩大农业银行三农金融事业部改革试点，鼓励邮政储蓄银行拓展农村金融业务，支持农业发展银行开展农业开发和农村基础设施建设中长期贷款业务，建立差别监管体制。

第三章 安徽工业投资分析

工业作为国民经济中生产效率最高、就业创造能力最强和决定国家产业安全的部门，是安徽经济平稳健康较快发展的主引擎。在新常态下进一步优化工业投资结构，增强工业经济发展活力，对于提升全省工业综合实力和竞争力，推动产业结构转型升级，努力实现更高质量、更有效率、更加公平、更可持续的发展具有重要的现实意义。

第一节 安徽省工业经济运行总体情况分析

2016 年以来，面对错综复杂的国内外经济发展环境及传统产业调整带来的压力，全省上下认真贯彻落实省委、省政府各项决策部署，扎实推进工业战线供给侧结构性改革，积极落实五大发展行动计划，大力实施《中国制造 2025 安徽篇》，加快推进“三重一创”、技术改造等项目建设，改造提升传统比较优势，着力培育新发展动能，积极扩大有效需求，全省工业经济呈现“总体平稳、稳中有进、进中向好”的发展态势，主要指标位居全国第一方阵前列，新兴工业大省的地位基本确立，为建设五大发展的美好安徽奠定坚实的工业基础。

一、工业总量持续扩大

2016 年，安徽省工业经济运行总体上稳中趋好，工业增速逐步提高，支撑指标出现好转，企业信心明显增强。从规模以上工业增加值来看，2016 年全省规模以上工业增加值总量持续扩大，实现历史性突破，首次突破万亿元，达 10081.2 亿元，增长 8.8%，比全国高 2.8 个百分点，增幅位居全国第 5 位、中部第 2 位。虽然全省规模以上工业增加值的增幅仍然低于10%，但从2014年以来已连续保持增长势头。

从工业企业发展情况来看，2016年末全省规模以上工业企业共19015家，比上年净增1046户，居全国第1位，拉动全部工业增长1.5个百分点。全年工业产值超过亿元的企业达7160户，较上年的统计数值净增了511户，超10亿元的企业约483户，净增加7户，超50亿元的企业约64户，超百亿元的约29户，工业企业整体实力不断壮大。其中民营企业数量达到16927户，净增加1581户。民营和中小型企业的贡献率有所提升，民营和中小型的工业企业全年实现的增加值分别为7281.3亿元和6826.4亿元，分别增长到了10.4%和11%，对全部规模以上工业增长的贡献率由上年的82.6%、81.1%，分别提高到83.8%和82.4%。

详见表3－1和图3－1。

表3－1　安徽省规模以上工业增加值与增速　　单位：亿元，%

年份	规模以上工业增加值	增速
2005	1483.76	8.03
2006	1885.64	27.09
2007	2562.70	35.91
2008	3259.71	27.20
2009	3980.55	22.11
2010	5290.62	32.91
2011	6776.02	28.08
2012	7614.11	12.37
2013	8646.00	13.55
2014	9302.81	7.60
2015	9817.10	8.60
2016	10081.20	8.80

资料来源：安徽省统计局网站。

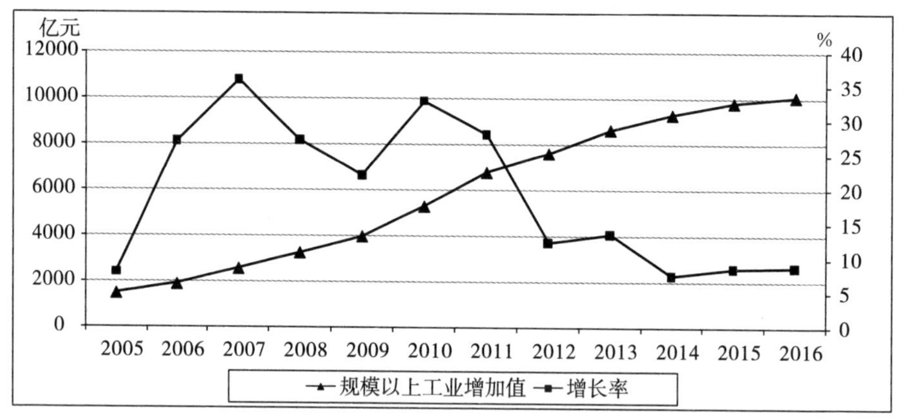

图 3-1 2005—2016 年安徽省规模以上工业增加值增速

二、结构调整取得积极进展

2016 年全省坚持进退并举，综合施策，通过改造传统产业、培育新兴产业、淘汰落后产业等措施，着力构建产业新体系，调整优化工业结构。全省战略性新兴产业总产值达 10161.3 亿元，同比增长 16.4%，增幅高于全部规模以上工业 7 个百分点；战略性新兴产业总产值占全部规模以上工业总产值的比重为 23.3%，比上年提高 1.4 个百分点，对规模以上工业产值增长的贡献率为 38.2%。

从规模以上工业增加值的构成来看，2016 年，股份制企业累计完成工业增加值 8437 亿元，占全省规模以上工业增加值的比重为 83.7%。外商及港澳台投资企业累计完成工业增加值 1236.1 亿元，占全省规模以上工业增加值的比重为 12.3%。国有企业、集体企业和其他类型企业贡献的工业增加值占全省规模以上工业增加值的比重仅为 4 个百分点。详见表 3-2 所列。

从工业细分行业结构来看，2016 年，规模以上工业中的装备制造业增加值增长了 12.9%，比上年高 1.8 个百分点，增加值的占比也由上年的 35.7%提高到 37.2%；高新技术产业增加值增长 16.7%、比上年高 4.9 个百分点，增加值占比由 36.9%提高到 39.8%；六大高耗能

表 3－2 2016 年安徽省规模以上工业增加值的构成 单位：亿元，%

指标	国有企业	集体企业	股份合作企业	股份制企业	外商及港澳台投资企业	其他经济类型企业
规模以上工业增加值	264.5	17.6	3.8	8437	1236.1	122.3
增长率	5.8	－7.1	1.6	8.8	6.2	－69.3
占比	2.6	0.2	0.04	83.7	12.3	1.2

资料来源：安徽省统计局网站。

行业增加值增长 8.1％，比上年低 0.5 个百分点，增加值占比由 26.2％下降到 25.9％。40 个工业大类行业中，有 36 个增加值增长，其中 14 个增速超过 10％。在主要产品的产量中，水泥和发电量分别增长了 2％和 7.8％，汽车增长 25.9％，智能手机增长了 9.1 倍，工业用途的机器人增长 56.5％，家用洗衣机、电冰箱以及彩色电视机等分别增长 16.3％、5.8％和 9.1％，房间空调器反而下降了 0.3％。

从贡献率来看，2016 年，装备制造业、电子信息产业等的贡献率均呈上升状态。其中计算机通信等的电子设备制造业、电气机械和器材制造业、汽车制造业、有色金属冶炼和压延加工业、化学原料及制品类的制造业分别增长 21.6％、9.1％、18％、20.8％和 12％，增幅比全部的规模以上工业分别高了 12.8、0.3、9.2、12 和 3.2 个百分点，五个行业对全部规模上工业增长的贡献率由上半年的 46.1％提高到 52.4％。

从民营企业和中小企业的发展情况来看，2016 年，全省规模以上的民营、中小型工业企业全年实现的工业增加值分别为 7281.3 和 6826.4 亿元，增长 10.4％和 11％，比全部规模以上工业增加值高 1.6 和 2.2 个百分点，对全部规模以上工业增长的贡献率由上年的 82.6％、81.1％提高到 83.8％和 82.4％，增加值占全部规模以上工业比重也均有所提高，分别为 72.2％和 67.7％。如图 3－2 所示。

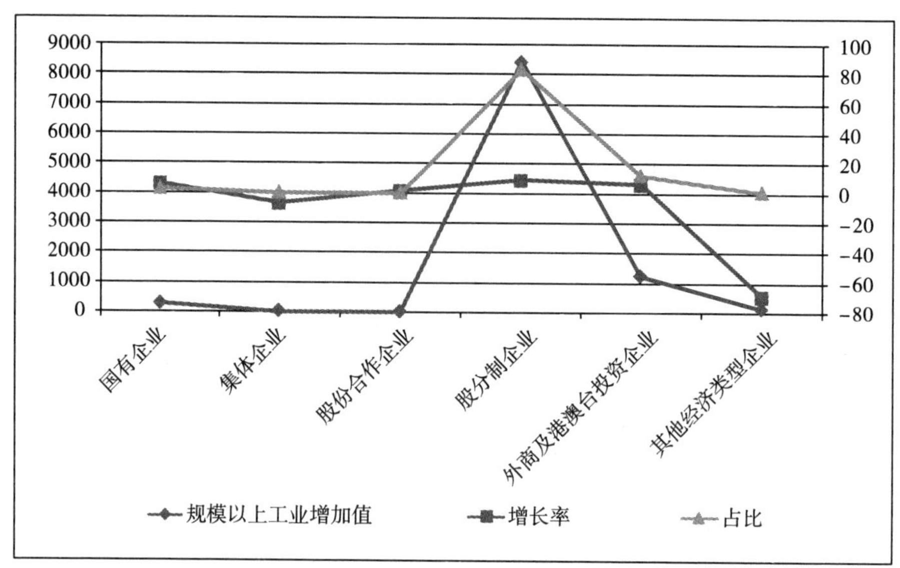

图 3-2 2016 年安徽省不同类型企业工业增加值的构成

三、发展质量不断提升

2016 年，安徽省坚持以质量和效益为中心，着力降低工业企业生产成本，提高企业生产效率、运营效率和盈利能力，促进了工业经济发展质量的不断提高。全省主营业务收入突破四万亿元，达到 4.16 万亿元，同比增长 8.3%，增速居全国第 7 位。虽然远远低于 2005—2012 年的增长率，但相比于 2015 年，增幅提高了 2.26 个百分点，表明 2015 年以来全省规模以上工业整体经济效益逐渐趋于好转。

2013 年以来，全省工业企业经营状况持续改善，规模以上工业企业利润总额连续实现 3 年正的增长。2016 年，规模以上工业企业实现利润突破两千亿元，达 2078.9 亿元，同比增长 12.3%，增幅比上年高 9.39 个百分点，比全国高 3.8 个百分点，位居全国第 8 位、中部地区第 1 位。具体来看，在 39 个大类工业行业中，有 2 个行业扭亏为盈、21 个行业利润实现增长，其中，增幅在 20%以上的有 5 个行业，50%以上的有 3 个行业。全省 19382 户规模以上工业企业中，亏损企业 1420 户，由上年增加 13.5%转为减少 2.7%，亏损面为由 8.5%下降到7.3%。详见表3-3所列。

表3-3　2005-2016年安徽省规模以上工业企业主要经济指标

单位：亿元,%

年份	主营业务收入	增长率	利润总额	增长率
2005	4523.27	25.47	218.2	24.50
2006	5863.07	29.62	253.93	16.37
2007	7868.85	34.21	359.94	41.75
2008	10980.44	39.54	606.73	68.56
2009	12787.17	16.45	819.04	34.99
2010	18164.6	42.05	1445.57	76.50
2011	24960.16	37.41	1663.16	15.05
2012	28905.07	15.80	1870.26	12.45
2013	33079.46	14.44	1758.77	-5.96
2014	36838.37	11.36	1943.62	10.51
2015	39064.41	6.04	2000.12	2.91
2016	41600	8.3	2078.9	12.30

资料来源：由2006-2016年《安徽统计年鉴》及安徽省统计局网站的数据整理所得。

经营状况的改善具体表现在四个方面：首先是工业品价格继续回升。全年工业生产者出厂价格（PPI）同比下降1.5%，其中12月份PPI环比上涨2.0%，连续六个月上涨，同比上涨7.8%，这表现了工业品市场需求进一步回暖。其次是工业生产销售增长加快。2016年，规模以上工业增加值增长8.8%，增速分别比上年、上半年加快0.2个和0.3个百分点；规模以上工业企业主营业务收入增长8.3%，分别加快3.6个和2个百分点。再次是利润率的持续上升。规模以上工业企业的主营业务收入利润率为4.99%，分别比上年上升了0.18个百分点。最后是财务费用继续下降。工业企业财务费用由上年的增长2.8%转为本年度的下降6.5%，降幅分别比一季度、上半年和前三季度扩大1.6个、2.2个和0.6个百分点，延续了年初以来的下降趋势。

如图 3－3 所示。

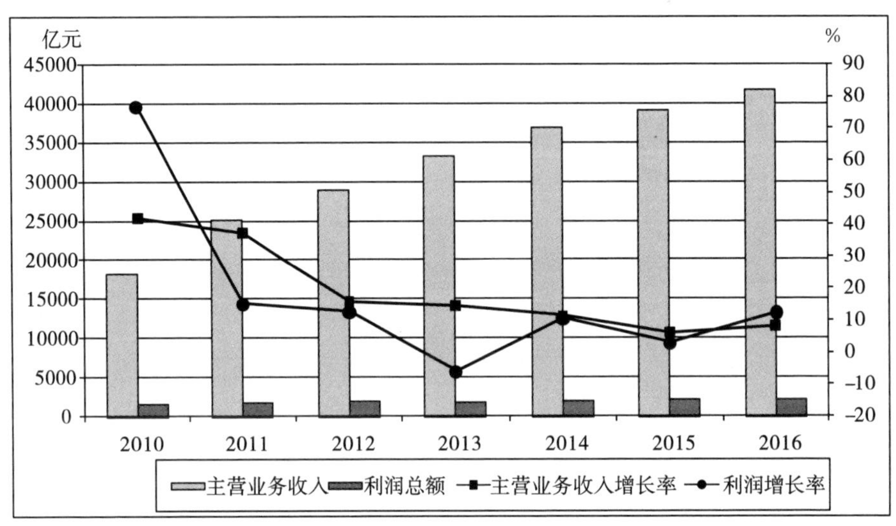

图 3－3　2005—2016 年安徽省规模以上工业企业主要经济指标

四、与中部地区其他省份比较

2016 年，安徽省围绕“调整存量、优化增量、做大总量、提升质量”，大力推进新兴产业重大基地、重大工程、重大专项和创新型现代产业体系建设，加快培育智能装备、节能和新能源汽车、智能家电、节能环保、新材料、生物医药和高端医疗器械等高端制造业，建成了一批产业创新引领基地，培育了一批龙头型创新型企业，实现全省工业经济总体平稳、稳中有进和进中向好的良好势头。与中部其他省份相比，安徽省在规模以上工业增加值、利润总额、主营业务收入等主要指标方面均位居全国第一方阵前列。2016 年，安徽省规模以上工业增加值 10081.20 亿元，位居中部第 4 位；同比增长 8.8%，比江西省低 0.2 个百分点，位居中部地区第 2 位，分别高于湖北省、河南省、湖南省和山西省 0.8、1.3、1.9、7.7 个百分点。这表明安徽省规模以上工业增加值的总量虽然在中部地区排名靠后，但近年来已逐渐缩小与中部地区其他省份的差距。

从利润总额来看，安徽省采取一系列措施大力推进“重大一创”

工程，带来工业企业质量和效益的大幅提升，利润总额不断增加。2016 年，全省规模以上工业企业实现利润总额达 2078.9 亿元，位居第 4 位；同比增长 12.3%，位居中部地区第 2 位，低于山西省，但分别高于湖北省、河南省、湖南省和江西省 2.7、5.9、7.8 和 0.4 个百分点，与河南、湖北和江西的差距进一步缩小。

从规模以上工业企业主营业务收入来看，2016 年全省规模以上工业企业主营业务收入达 41600 亿元，位居中部地区第 3 位；同比增长 8.3%，与江西省相差 0.3 个百分点，但分别高于湖北省、河南省、湖南省和山西省 1.5、0.4、0.7 和 12 个百分点，在缩小了与河南省和湖北省差距的同时，继续保持对中部其他省份的领先。

详见表 3－4 和表 3－5 所列。

表 3－4　2016 年中部地区工业经济指标　　单位：亿元

地区	规模以上工业增加值	利润	主营业务收入
山西	5224.26	208	13957
安徽	10081.2	2078.9	41600
江西	7803.6	2399.4	35518.7
河南	16830.74	5174.14	79195.7
湖北	12255.46	2441.35	45169.9
湖南	11177.3	1620.5	37686.5

资料来源：由各省统计公报及统计局网站的数据整理所得。

表 3－5　2016 年中部地区工业经济指标增速　　单位：%

地区	规模以上工业增加值	利润	主营业务收入
山西	1.1	457	－3.7
安徽	8.8	12.3	8.3
江西	9.0	11.9	8.6
河南	7.5	6.4	7.9
湖北	8.0	9.6	6.8
湖南	6.9	4.5	7.6

资料来源：由各省统计公报及统计局网站的数据整理所得。

第二节　安徽工业投资基本情况分析

当前，我国经济发展新常态特征更加明显，长期积累的矛盾和风险进一步显现，经济增速换挡、结构调整阵痛、新旧动能转换相互交织，面对如此错综复杂的发展环境，安徽省围绕发展目标、改革方向、高端引领，大力推进稳增长、强供给、调结构、增效益、去产能、增活力、转方式、促融合“八大行动”，着力推动建设项目提质提效，加快推进一批影响全局的重大工业项目建设，保持了工业投资平稳增长的良好势头，为全省工业经济持续健康发展提供了强劲支撑。

一、工业投资总体平稳

2016 年，全省工业投资呈现低位平稳运行的态势，累计完成工业投资总额 11588.1 亿元，同比增长 9.6%，低于全社会固定资产投资 2.1 个百分点。与 2015 年相比，工业投资增幅降低了 4.4 个百分点，但仍然高于全国（3.6%）6 个百分点。自从经济发展进入新常态后，安徽省经济进入中高速增长阶段，主要经济指标的增长率开始稳步下降，其中，工业投资的增幅下降较为明显。2011 年工业投资呈现断崖式下跌，同比增长 10.6%，此后，2012 年和 2013 年虽有一定程度提高，且仍高于全国增幅，分别达到 19.2%和 18.6%，但整体上仍然呈现出稳步下降趋势，到 2016 年，受经济下行压力加大的不利因素影响，全省工业投资增幅首次低于 10%的增幅。详见表 3 - 6 和图 3 - 4。

全省工业投资对全社会固定资产投资的贡献率保持在一个较为稳定的水平。2005 年以来，工业投资占固定资产投资的比重先由 36.31%快速提升到了 2011 年的 45.88%，此后，工业投资占固定资产投资的比重呈现稳步下降的趋势，2016 年工业投资占比为 43.31%。2016 年，工业投资对全社会固定资产投资的贡献率为 42.97%，与 2015 年相比，下降了 8.96 个百分点，原因主要是 2016 年工业投资的增幅较之 2015 年大幅下降，且低于固定资产投资的增幅，从而造成固定资产投资增长中工业投资的贡献份额大幅下降。详见表 3 - 7 和图 3 - 6。

表 3-6　安徽省和全国工业投资额和增长率　　单位：亿元，%

年份	安徽省工业投资额	增长率	全国工业投资额	增长率
2005	916.79	46.11	37283.74	35.79
2006	1397.03	48.04	46890.21	25.55
2007	2149.21	53.17	59388.38	26.39
2008	2792.94	29.97	74761.38	25.99
2009	3656.21	33.11	93406.39	25.00
2010	5012.15	41.04	114437.17	22.32
2011	5714.22	10.6	128264.76	11.99
2012	6898.92	19.2	153592.48	19.67
2013	8134.8	18.6	181026.11	17.78
2014	9265.16	13.23	204515	12.45
2015	10568.76	14.1	219957	8
2016	11588.1	9.6	227892	3.61

资料来源：安徽省统计局网站和中华人民共和国统计局网站。

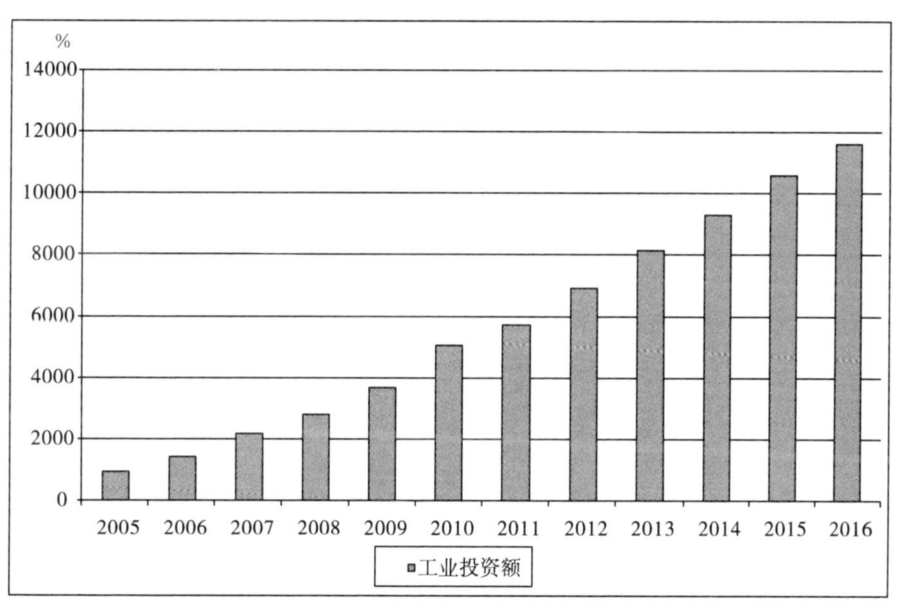

图 3-4　2005—2016 年安徽省工业投资额

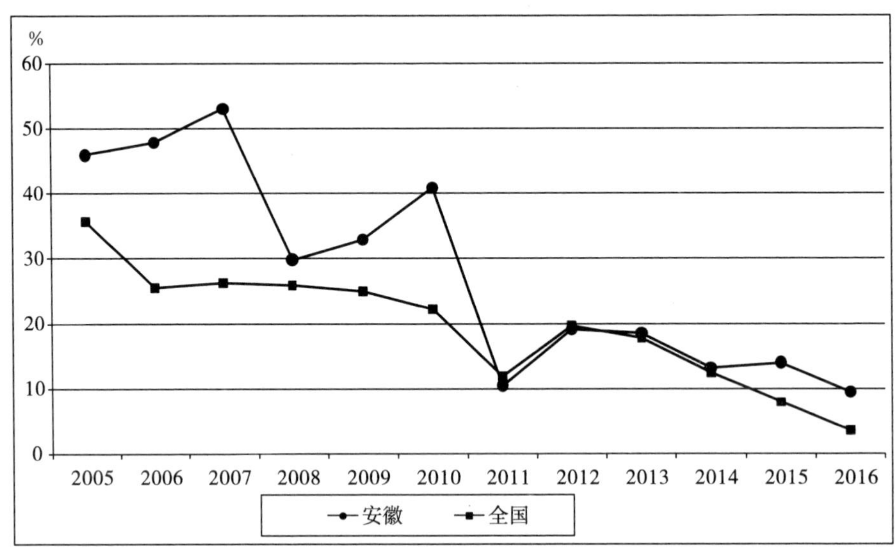

图 3－5 2005—2016 年全国和安徽省工业投资增长率

表 3－7 安徽省工业投资占全省固定资产比重和贡献率 单位：%

年份	占比	贡献率
2005	36.31	48.44
2006	39.54	45.14
2007	42.24	48.00
2008	41.40	38.81
2009	40.67	41.21
2010	43.42	59.77
2011	45.88	60.89
2012	44.72	36.98
2013	43.68	40.21
2014	42.35	33.28
2015	43.32	51.93
2016	43.31	42.97

资料来源：2006—2016 年《安徽统计年鉴》和安徽省统计局网站数据整理而得。

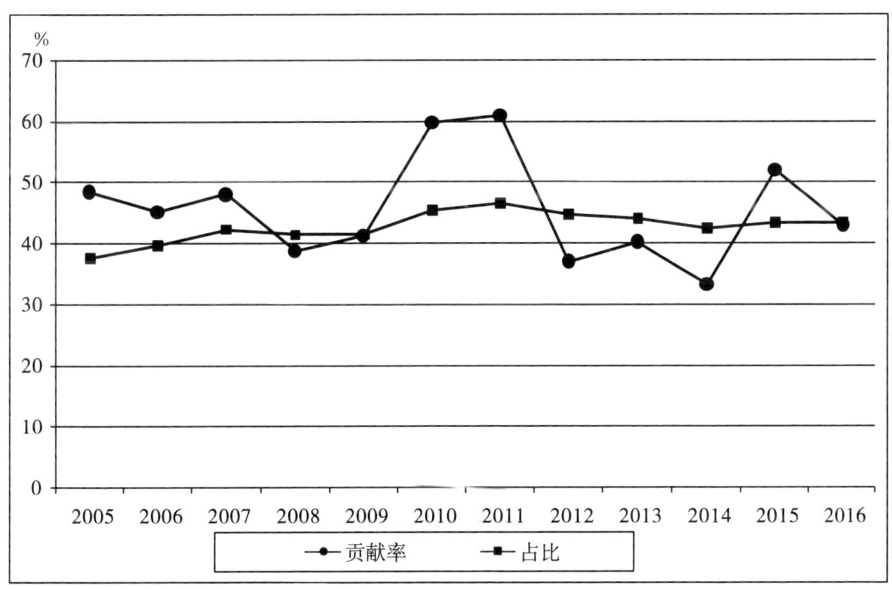

图 3－6　2005—2016 年安徽省工业投资占固定资产投资的比重及其贡献率

二、投资结构不断优化

2016 年以来，安徽省大力推进创新驱动发展战略实施，工业投资结构总体呈现出较为明显的优化趋势，工业转型升级稳步推进，制造业对工业投资的贡献率持续提升，高耗能行业持续走低，为全省供给侧结构性改革、加快调转促步伐发挥了重要的支撑作用。

2016 年，采矿业、制造业和电力、热力、燃气及水生产和供应业完成的投资额分别为 232.90 亿元、10361.90 亿元和 993.20 亿元，同比增长率分别为－28.12％、9.4％和 28.43％，占全省工业投资的比重分别为 2.01％、89.42％和 8.57％。与上年同期相比，电力、热力、燃气及水生产和供应业的增幅均有所下降，而且采矿业投资额同比增幅出现了自 2011 年以来的首次负增幅。制造业增幅相比上一年降低了 3.72 个百分点。在制造业的细分行业投资中，优势制造业的投资增长相对较快。其中，电子信息、电力、家电、农副食品加工、汽车制造业分别增长 44.8％、28.4％、26.1％、18.6％、15.9％，五大行业合计完成投资 4137.7 亿元，增长 26.4％，占制造业投资的 39.9％，对制造业投资的贡献率达到97%。详见表3-8、图3-7和图3-8。

表3-8 2005-2016年安徽省不同工业门类投资总额 单位：亿元

年份	采矿业	制造业	电力、热力、燃气及水生产和供应业
2005	130.97	593.09	192.73
2006	203.56	966.99	226.48
2007	265.63	1531.02	352.57
2008	304.21	2115.03	373.43
2009	352.00	3050.23	315.16
2010	407.49	4448.83	386.58
2011	387.42	5078.66	332.60
2012	389.71	6072.62	434.81
2013	341.19	7309.39	531.81
2014	319.20	8372.92	573.04
2015	324.00	9471.44	773.32
2016	232.90	10361.90	993.20

资料来源：《中国统计年鉴（2006-2016）》和《安徽统计年鉴（2006-2016）》。

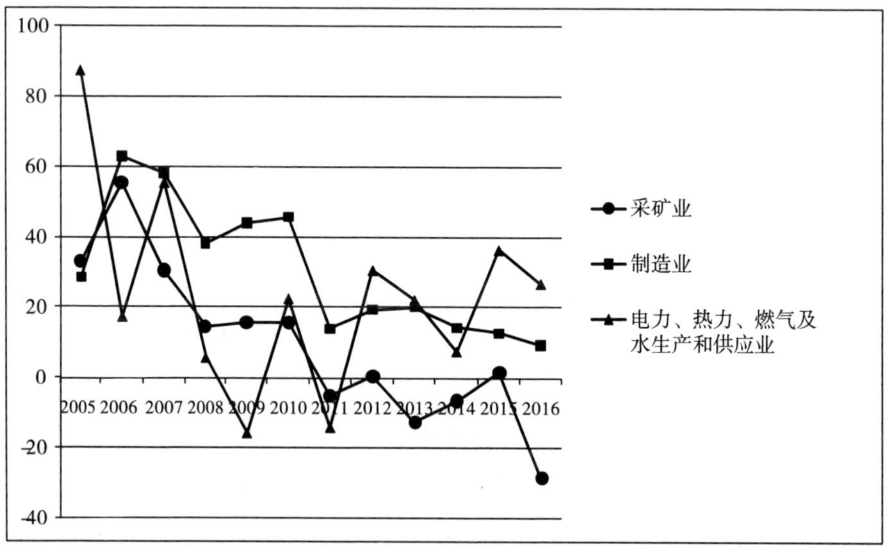

图3-7 2005-2016年安徽省不同工业门类投资额增长率变动趋势

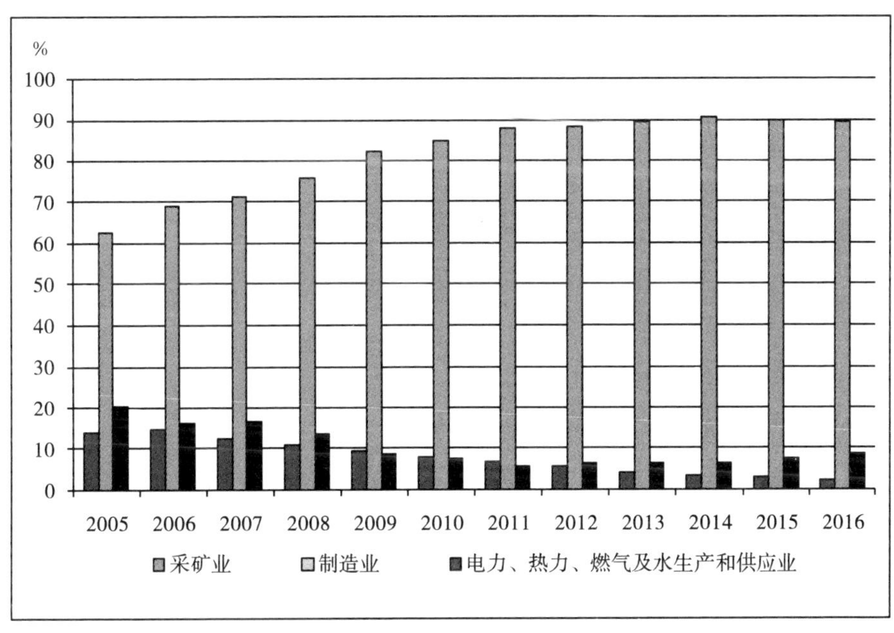

图 3-8　2005—2016 年安徽省不同工业门类投资占工业投资比重变动趋势

从贡献率来看，制造业的贡献率稳步提升。2016 年，不同工业门类的投资对工业投资的贡献率呈现出较为显著的差异，其中，采矿业对工业投资的贡献率下降了 9.31 个百分点[①]，制造业的贡献率提高了 3.1 个百分点，电力、热力、燃气及水生产和供应业的贡献率上升幅度较大，提高了 6.21 个百分点。自 2005 年以来，采矿业对工业投资的贡献率呈现下降趋势，由 2005 年的 12.78%下降到 2016 年的－8.94%，而制造业对工业投资的贡献率则由 2005 年的 51.91%提高到 2016 年的 87.37%，且在近 10 年里处于先上升后下降的波动趋势，但变化幅度较小，总的来说有上升趋势。而电力、热力、燃气及水生产和供应业的投资贡献率则处于先下降后上升的趋势，近 6 年间处于上升趋势，到 2016 年达到 21.57%。详见表 3-9 所列。

① 贡献率（%）＝某个因素的增长程度/总量增长程度×100%。

表 3-9 安徽省不同工业门类投资对工业投资的贡献率

单位：亿元，%

年份	采矿业	制造业	电力、热力、燃气及水生产和供应业
2005	12.78	51.91	35.31
2006	15.12	77.86	7.03
2007	8.25	74.99	16.76
2008	5.99	90.76	3.24
2009	5.17	101.13	−6.3
2010	3.64	91.68	4.68
2011	−3.61	113.33	−9.71
2012	0.21	90.49	9.3
2013	−3.78	96.23	7.55
2014	−2.03	98.22	3.81
2015	0.37	84.27	15.36
2016	−8.94	87.37	21.57

资料来源：《安徽统计年鉴（2005—2016）》及安徽省统计局网站数据整理。

从技术改造投资来看，工业技改投资稳步提升。2016 年，面对产能过剩、企业投资意愿下降、民间投资下降等多重压力，全省沉着应对，积极进取，着力提升工业基础能力、强化重大技术装备保障、推进智能化自动化改造、提高有效供给、推进绿色发展，全省技术改造投资总体呈现“总量提升、增长平稳、后劲增强”的发展态势。技术改造投资完成 6363.2 亿元，同比增长 10.5%，占工业投资的比重达 54.91%，比上年提高 0.4 个百分点。其中，汽车、医药、装备制造、电子信息等行业技改投资增长较快，同比分别增长 26.8%、15.5%、20%、28.2%。受近年来产业结构调整、市场需求萎缩等不利因素的影响，钢铁、煤炭等资源性行业的技改投资持续下滑，同比分别下降 10.3%、51%。从重点项目看，全省列入调度的亿元以上技术改造项目正在推进实施的有 1095 项，其中 226 个项目竣工投产，402 个计划新开工项目开工建设，这将极大地增强工业发展后劲。详见表 3-10 和图 3-9。

表 3-10　安徽省工业技改投资额及其增幅　　单位：亿元，%

	工业技改投资	增长率
2006	851.82	22.7
2007	1078.4	26.6
2008	1408.7	30.6
2009	1802.8	35.7
2010	2472.3	37.1
2011	2947	41.8
2012	3836.4	26.3
2013	4316.6	12.5
2014	5031	16.5
2015	5757.7	14.4
2016	6363.2	10.5

资料来源：2006—2016 年《安徽省国民经济和社会发展统计公报》。

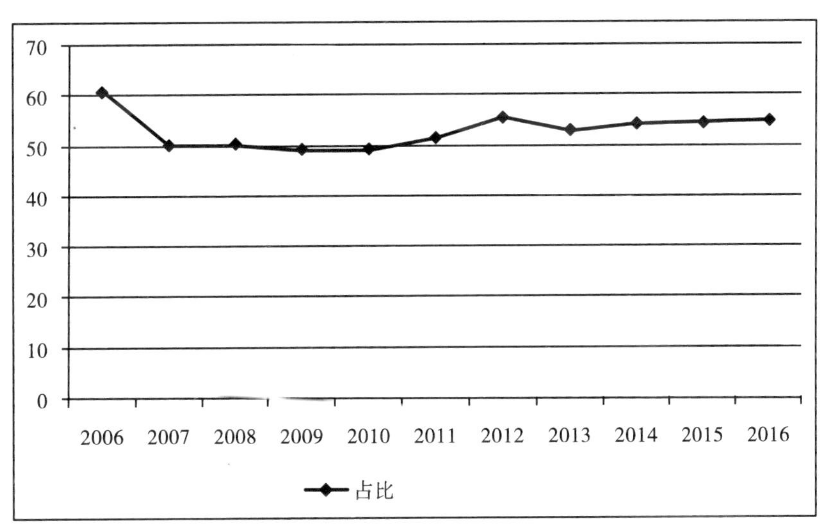

图 3-9　2006—2016 年安徽省工业技改投资占工业投资比重的变动趋势

从高耗能行业投资来看，高耗能行业投资占比持续下降。安徽省进一步践行绿色发展理念，大力推广科技含量高、资源消耗低、环境污染少的生产方式，高耗能行业完成投资占工业投资的比重持续下降。

2016 年，全省高耗能行业完成投资 2619.4 亿元，同比增长 8.1%，占工业投资的比重较上年下降 0.3 个百分点。在制造业中，非金属矿物制品业、金属制品业、有色金属冶炼压延加工业和黑色金属冶炼压延加工业分别下降 0.5、0.3、0.3 和 0.2 个百分点，高耗能行业“减法”效果进一步显现。

三、项目带动效应日趋明显

项目是资金、技术、人才等发展要素集聚的载体，促进工业经济发展必须坚定不移抓项目。2016 年，安徽省围绕工业企业的发展目标、改革方向，高端引领布局重点项目，全面对接调转促“4105”的行动计划，积极谋划一批关系国计民生、结构调整和增添后劲的重点项目，重点推进先进装备制造、新能源汽车、新材料等项目，改造提升传统项目，优化项目结构布局，进一步夯实工业经济持续健康发展的基础。

2016 年，全省亿元以上重点项目投资安排项目 4796 个，年度投资 10098.7 亿元，续建项目 2770 个，年度投资 6513.1 亿元。全省工业施工项目 20644 个，新开工项目 17290 个，全部建成投产项目 17198 个，分别较上年增加 2818、3106 和 3049 个，同比分别增长 15.80%、21.90%和 21.55%。其中，制造业施工和投产的项目占工业施工和投产的项目的主体，施工项目 18506 个，新开工项目 15715 个，全部建成投产项目 15696 个，占工业投资总项目的比重分别为 89.64%、90.89%和 91.0%。详见表 3-11 和表 3-12 所列。

2016 年以来，全省制造业重点项目建设力度进一步加快，重点实施了一批影响全局的重大项目，包括滁州霸气的全地形车项目、芜湖轨道交通装备制造及综合试验基地、芜湖年产 6 万辆铝车身骨架纯电动乘用车项目、合肥年产 10 万辆纯电动汽车建设项目等一批传统产业升级改造项目相继开工建设。同时，全省为大力培育发展战略性新兴产业，相继实施了一批重大重点项目，总投资达 857.57 亿元，包括霍山县应流航空发动机高温合金部件产业化提升项目、太和县锦海新建手术机器人等高端医疗器械生产线项目等共计 21 个项目，将极大地助推全省战略性新兴产业的快速发展。

表 3-11　2016 年安徽省各行业施工、投产项目个数　单位：个，%

	采矿业	制造业	电力、热力、燃气及水生产和供应业
施工项目	673	18506	1285
其中，新开工项目	538	15715	1037
全部建成投产项目	529	15696	973
项目建成投产率	78.6	84.82	75.72

资料来源：安徽省统计局数据整理所得。

表 3-12　2016 年安徽省各行业施工、投产项目占比　单位：%

	采矿业	制造业	电力、热力、燃气及水生产和供应业
施工项目	3.26	89.64	6.22
其中，新开工项目	3.11	90.89	6
全部建成投产项目	3	91	6

资料来源：安徽省统计局数据整理所得。

四、区域投资差距进一步拉大

由于经济基础、外部经济发展环境等存在较大差异，而且在转型升级过程中面临的挑战和问题不一样，导致不同城市的工业投资变动情况呈现出一定区域异质性，合肥、芜湖和马鞍山等经济发达城市与黄山、宿州和淮南等城市的差距进一步拉大。

从不同城市工业投资规模来看，全省大部分城市的工业投资总额呈现上升趋势，2016 年，合肥市、芜湖市、马鞍山市、安庆市和滁州市的工业投资总额位居前五位，分别为 2195.01 亿元、1568.06 亿元、1084.19 亿元、890.03 亿元和 795.3 亿元，占全省工业投资的比重分别为 18.94%、13.53%、9.36%、7.68%和 6.86%。池州市、淮南市和黄山市工业投资占比位居全省后三位，其中，黄山市工业投资总额仅为 71.228 亿元，占全省工业投资的比重为 0.61%，淮南市仅为 299 亿元，占全省工业投资的比重仅为 2.58%。相比于 2005 年，合肥市、芜湖市和宿州市的工业投资占比提高幅度最大，分别提高 8.72、4.02 和 3.08 个百分点，而淮南市、马鞍山市和淮北市的工业投资占比下降幅度最大，分别降低了 7.67、4.46 和 2.24 个百分点。由以上分析可知，安徽省工业投资的绝大部分集中于以合肥、芜湖和马鞍山等城市为核心的皖江城市带，这也与皖江城市带经济实力较强有关。详见表 3 -13 所列。

表 3－13　2016 年安徽省各市工业投资额　　　单位：亿元，%

地区	投资额	增速	占全省比重
全省	11588	9.6	100
合肥	2195.01	13.73	18.94
淮北	486.9	－13.69	4.2
亳州	329.12	4.57	2.84
宿州	700.8	7.41	6.05
蚌埠	730.2	18.04	6.3
阜阳	401.6	17.92	3.47
淮南	299	－19.37	2.58
滁州	795.3	11.99	6.86
六安	397.2	－1.76	3.43
马鞍山	1084.19	14.32	9.36
芜湖	1568.06	16.89	13.53
宣城	685.87	10.78	5.92
铜陵	603.6	18.01	5.21
池州	349.9	1.99	3.02
安庆	890.03	9.23	7.68
黄山	71.22	－15.7	0.61

资料来源：安徽省统计局和各市统计局数据整理所得。

从工业投资增幅来看，2016 年，蚌埠市、铜陵市、阜阳市、芜湖市和马鞍山市位居全省前五位，增长率分别为 18.04%、18.01%、17.92%、16.89%和 14.32%。增长率最低的为黄山市、淮南市和淮北市，同比分别下降了 15.7 个、19.37 个和 13.69 个百分点。2016 年，蚌埠市启动建设合芜蚌国家自主创新示范区，大力推进“调转促”行动计划和“三重一创”建设，启动第二批 10 个战略性新兴产业集聚发展基地和首批 7 个重大工程、重大专项建设，实施大建设项目 290 个，完成投资 400 亿元，带动了工业投资的大幅增加。详见表 3－14 所列。

表 3-14　2005 年和 2016 年各市工业投资额占全省比重变动表　单位：%

地区	2005	2016	变动
合肥	10.22	18.94	8.72
淮北	6.44	4.2	−2.24
亳州	2.09	2.84	0.75
宿州	2.97	6.05	3.08
蚌埠	4.83	6.3	1.47
阜阳	5.39	3.47	−1.92
淮南	10.25	2.58	−7.67
滁州	4.6	6.86	2.26
六安	2.93	3.43	0.5
马鞍山	13.82	9.36	−4.46
芜湖	9.51	13.53	4.02
宣城	6.93	5.92	−1.01
铜陵	5.16	5.21	0.05
池州	2.49	3.02	0.53
安庆	5.54	7.68	2.14
黄山	1.72	0.61	−1.11

资料来源：安徽省统计局和各市统计局数据整理所得。

从不同区域看，2016 年，合肥都市圈工业投资总额占全省的比重由 2015 年的 39.93%提高到 41.83%，占比提高了 2 个百分点；皖江城市带工业投资总额占全省比重由 68.3%稳步提高到 70.52%，占比提高了 2.22 个百分点；而皖北地区投资虽然也保持了较快增幅，但从占比来看则出现了少量下降。2016 年，皖北六市完成工业投资 2947.62 亿元，增长 3.01%，低于全省 6.59 个百分点，同比上年下降了 20.22 个百分点，占全省工业投资的比重由上年的 27.07%降低到 25.44%。虽然蚌埠和阜阳的工业投资保持了较快增幅，分别达到 18.04%和 17.92%，然而，淮南和淮北由于经济总量较小，产业结构单一，实体经济困难较大，经济下行压力加大，其中淮北市的 GDP 和固定资产投资的增长率仅为 5%和 4%，淮南市的 GDP 和固定资产投资的增长率仅为 2.8%和 3.5%，使得工业投资出现了大幅下降，降幅分别达 13.7 个和 19.4 个百分点，加之宿州和亳州的工业投资增幅均低于

8%，从而拉低了整个皖北地区工业投资增速。这也表明，尽管安徽省大力推进淮河生态经济带建设，实施新一轮南北结对帮扶和园区合作共建，但由于皖北地区工业基础较弱，传统产业改造升级压力较大，战略性新兴产业尚待培育，所以工业投资增幅低于全省平均水平，占全省工业投资的比重出现小幅下降，如图 3-10、图 3-11 所示。

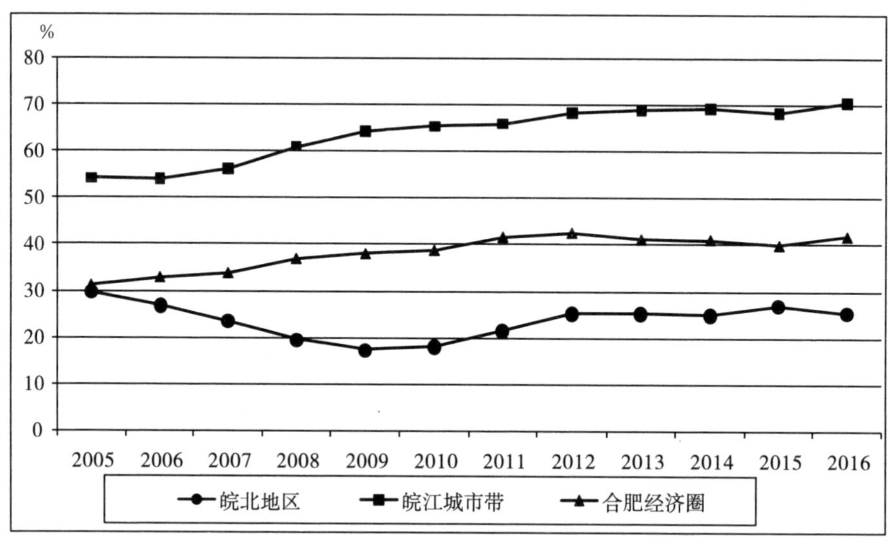

图 3-10 2005—2016 年安徽省不同区域工业投资占全省比重变动趋势

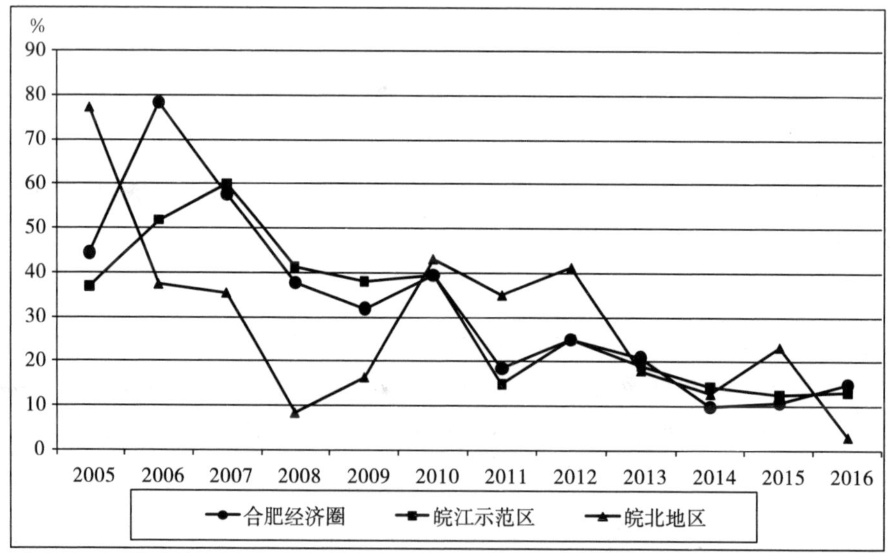

图 3-11 2005—2016 年安徽省不同区域工业投资变动趋势

五、在中部地区排名稳步提升

2016年，安徽省大力实施工业强省战略，通过全力推进首批14个基地建设，实施813个重大项目，以加快战略性新兴产业集聚发展；实施新一轮技术改造升级工程，加快高耗能行业绿色节能改造，推进亿元以上技改项目1000项，着力推进传统产业的升级，工业投资规模快速扩张，顺利进入全国第一方阵，在中部地区的排名稳步提升。2005年以来，安徽省工业投资总额在中部六省中的位次在波动中上升。2005年安徽省工业投资在中部省份中位居第5位，2012年至2014年则稳居第3位，虽然2015年有所下降，但2016年上升到了第2位，与排名第1位的河南省的差距正在缩小，同时进一步拉开了与山西省、江西省、湖北省等省份的差距。

从增长速度来看，2005年、2008年、2009年、2011年至2015安徽省工业投资增长率低于中部平均水平，其他年份则高于中部地区平均水平，2016年达到9.64%，高于平均水平8.32个百分点，排名提高1位，位居中部地区第2位。江西省增长率则从2015年的第4位提高到第1位，湖北省和湖南省因2016年工业投资增长率出现负增长，其排名分别下降了4位和3位，这也说明中部地区各省份的工业投资增长率变动较大。详见表3-15和表3-16所列。

表3-15 中部地区工业投资总额 单位：亿元

年份	山西	安徽	江西	河南	湖北	湖南
2005	1115.18（2）	916.799（5）	791.70（6）	1944.28（1）	1065.49（3）	920.80（4）
2006	1334.55（3）	1397.03（2）	1039.72（6）	2737.20（1）	1289.07（4）	1130.77（5）
2007	1605.75（4）	2149.21（2）	1488.67（6）	4087.29（1）	1676.87（3）	1599.16（5）
2008	1851.13（6）	2792.94（2）	2564.64（3）	5392.69（1）	2321.18（4）	2209.03（5）
2009	2128.05（6）	3656.21（2）	3633.35（3）	6959.02（1）	3054.12（4）	3022.08（5）
2010	2610.89（6）	5012.15（2）	5003.04（3）	8228.16（1）	4088.23（4）	3955.24（5）
2011	3339.01（6）	5714.22（2）	5149.99（4）	9113.41（1）	5390.36（3）	4842.89（5）
2012	4129.71（6）	6898.92（3）	5922.90（5）	11029.00（1）	6936.68（2）	5938.25（4）

（续表）

年份	山西	安徽	江西	河南	湖北	湖南
2013	4700.74（6）	8134.80（3）	7139.47（5）	13139.01（1）	8852.79（2）	7441.48（4）
2014	5052.76（6）	9265.16（3）	7907.5（5）	15388.9（1）	10010.7（2）	8508.33（4）
2015	5283.1（6）	10568.76（4）	8918.31（5）	17023.35（1）	12146.51（2）	10631.87（3）
2016	4908.5（6）	11588（2）	10321.97（3）	18536.63（1）	10217.02（5）	10274.71（4）

资料来源：2006—2016 年《中国统计年鉴》及各省统计局网站的数据整理所得，括号中数字为位次，下表同。

表 3-16　中部地区工业投资增长率　　单位：%

年份	平均	山西	安徽	江西	河南	湖北	湖南
2005	76.75	74.30（3）	63.96（6）	69.89（5）	91.05（1）	76.17（2）	72.48（4）
2006	32.19	19.67（6）	52.38（1）	31.32（3）	40.78（2）	20.98（5）	22.79（4）
2007	41.2	20.32（6）	53.84（1）	43.18（3）	49.32（2）	30.08（5）	41.42（4）
2008	35.89	15.28（6）	29.95（5）	72.28（1）	31.94（4）	38.42（2）	38.14（3）
2009	31.06	14.96（6）	30.91（4）	41.67（1）	29.05（5）	31.58（3）	36.81（2）
2010	28.7	22.69（5）	37.09（2）	37.69（1）	18.24（6）	33.86（3）	30.88（4）
2011	16.09	27.89（2）	14.01（4）	2.94（6）	10.76（5）	31.85（1）	22.44（3）
2012	21.78	23.69（2）	20.73（4）	15.01（6）	21.02（5）	28.69（1）	22.62（3）
2013	20.93	13.83（6）	18.60（5）	20.54（3）	19.13（4）	27.62（1）	25.31（2）
2014	13.61	7.49（6）	13.23（3）	10.76（5）	17.12（1）	13.08（4）	14.34（2）
2015	14.72	4.56（6）	14.07（3）	12.78（4）	10.62（5）	21.34（2）	24.96（1）
2016	1.32	−7.09（5）	9.64（2）	15.74（1）	8.89（3）	−15.89（6）	−3.36（4）

第三节　安徽工业投资中存在的问题

受外部环境复杂多变、内部传统增长动力持续减弱等不利因素的影响，全省工业投资取得较大成绩，但也存在一些亟待解决的问题。

一、工业投资增速持续回落

由于国内外宏观环境整体低迷，市场需求的不足，全省经济增长速度进一步放缓，企业经济效益下滑，导致部分企业投资更趋于保守，投资意愿减弱。到2016年，全省工业投资额增长9.6%，增幅比上年降低4.5个百分点，占全社会固定资产投资的比重也有所下降，对固定资产投资的支撑作用下降。其中，采矿业和制造业完成投资额增速也持续下落，且下降幅度较大。而电力、热力、燃气及水生产和供应业完成投资额仅出现很小幅度的提升。同时，制造业投资增长乏力。2016年，全省制造业投资增长9.4%，占全省投资的比重为38.7%，比上年下降0.1个百分点。

二、工业投资效率有待提高

2005年以来，安徽省工业投资效率持续下降。2016年，全省规模以上工业增加值的增量为264.1亿元，工业投资额为10568.76亿元，工业投资效果系数为0.023[①]，低于2015年的0.049，也远远低于2005年的工业投资效果系数（0.32），即每一亿元工业固定资产投资，工业增加值净增量仅为0.023亿元。产生这一情况的原因是近几年工业投资总量虽然保持较快增长，新建项目对新增规上工业企业的贡献度较低，同时，增加值率提高的行业投资反而出现减少，而一些增加值率较低甚至持续下降的行业投资却明显过度，进而导致工业投资效率的持续下降，如图3-12所示。

三、资金受限且发展难度大

资金是产业持续稳定发展的重要保障。作为欠发达地区，安徽省工业投资发展以自筹资金为主，仍然面临着突出的资金制约矛盾。2016年末，本外币工业贷款余额增长2.2%，比上年低1个百分点，新增贷款同比减少50.9亿元。11月末，规模以上工业应收账款增长

---

① 工业投资效果系数＝工业增加值增量/工业投资。

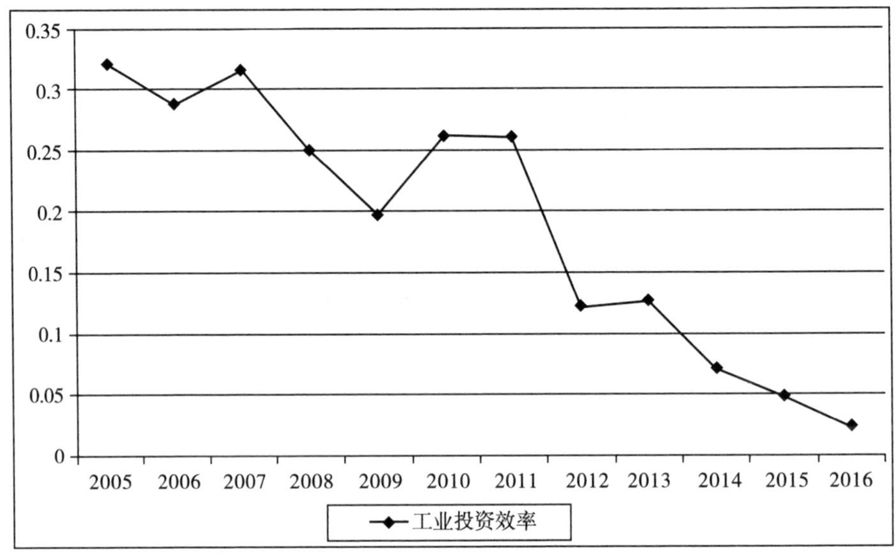

图 3-12 2005—2016 年安徽省工业投资效率变动趋势

13.6%，比上年末高 3.6 个百分点，比全国高 4.6 个百分点，占流动资产的比重由上年同期的 29.2%上升到 30.1%；应收账款平均回收期同比增加 1.4 天。其次，生产成本居高不下将抑制工业企业利润的增加。2016 年规模以上工业企业主营业务成本占收入的比重达 88%，比全国高 2.2 个百分点，位居全国第 3 位。此外，工业企业盈利能力较弱。1—11月扣除钢铁、煤炭行业对工业利润增长的贡献率达到 65.4%，但全省工业利润仅增长 5%，同比回落了 5.3 个百分点，烟草、有色金属矿采选、电力等行业利润均下降 20%以上，利润率的下降将对工业企业资金积累产生不利影响。

四、各市投资差距进一步拉大

从投资总量来看，合肥市、芜湖市和马鞍山市均超过 1000 亿元，共完成投资 4847.26 亿元，占全省工业投资总额的 41.83%，相比于 2015 年，三市工业投资占比提高了 1.9 个百分点，这表明全省工业经济最发达城市与其他城市的差距进一步拉大。从增速来看，各市工业投资增速不均衡，其中，蚌埠市、铜陵市和阜阳市的工业投资同比增幅最高，分别为18.04%、18.01%和17.92%，与此相对的是，淮南市、淮北市和黄山市工业投资则大幅下降，降幅均超过了13个百分点。此外，六安市工业投资也出现负增长，而池州市工业投资的增幅较小，仅为1.99%。

第四节　安徽工业投资发展的支撑条件、基本判断和重点方向

一、支撑条件

当前，随着稳态局面的形成，工业经济运行中的积极因素逐步积累并将在今后一段时间内陆续释放，这将对下一阶段工业投资的稳定增长起到积极正面的促进作用。

一是宏观经济平稳发展。2016年，安徽省地区生产总值增长8.7%，规模以上工业增加值比上年增长8.8%，固定资产投资增长11.7%，消费稳定增长、出口呈现积极变化，在供应、需求两个层面对工业投资起到正面作用。高新技术产业增加值增长19.7%、战略性新兴产业产值增长16.4%以及装备制造业增加值增长12.9%。规模以上工业中，40个工业大类行业有36个增加值保持增长，这将对全省工业投资保持稳步增长发挥重要作用。

二是政策效应陆续释放。近年来，结合国家产业政策，安徽省陆续出台《中国制造2025安徽篇》《加快调结构转方式促升级行动计划》《战略性新兴产业集聚发展工程》等政策，创新驱动和制造强国战略强力推进，“调转促”行动计划和“三重一创”建设大力推进，深度推进“互联网+”与工业融合，新技术、新业态、新模式的扩展，为工业投资新增长点培育带来契机。同时，“一带一路”和长江经济带战略等机遇，为全省工业投资新增长点培育发展提供了新的平台和空间。

三是微观层面出现积极变化。当前，各级政府对辖区工业企业发展的扶持力度加大，有助于改善工业企业发展的外部环境。随着企业融资、原材料等要素成本下降，资本市场融资渠道的畅通，中央银行

“降准降息”，工业企业获取资金的渠道进一步拓宽，将有助于降低企业的生产经营成本。此外，工业企业经营状况持续改善，连续 3 年保持总利润的正增长，且保持在较高水平，为工业企业发展提供有力支撑。

二、基本判断

2017—2018 年，全球经济面临的不确定和不稳定因素增多，经济贸易增长乏力，外部环境不稳定和不确定因素增多，国内也面临着诸多矛盾叠加、风险隐患增多的严峻挑战。受此不利因素的影响，全省工业经济下行压力仍将较大。值得关注的是，随着工业强省战略、调转促行动计划的全面实施，“三重一创”建设的大力推进，新一代信息技术、高端装备、新能源、新材料、智能制造、轨道交通装备、通用航空、节能环保等新兴产业投资快速增长的趋势将更加明显，全省工业投资出现大起大落的可能性不大，未来两年全省工业运行平稳和工业投资稳定增长的基本条件不会变化，但是需要密切关注运行过程中的约束条件，及时施策。综合判断，未来两年是全省战略性新兴产业发展大有作为的重要战略机遇期，传统产业改造升级的攻坚阶段，全省工业投资将继续处于中等增速区间运行，工业投资有望保持增长态势，但增速将会稳中有升，10％～15％的增速将成为工业投资的新常态。

三、发展重点

为促进工业投资稳步增加，应始终坚持把创新摆在发展全局的核心位置，以系统推进全面创新改革试验和合芜蚌自主创新示范区建设为载体，立足当前、谋划中期、布局长远，梯次展开“三重一创”建设，着力实施项目带动战略，发展一批产业创新引领基地和龙头型创新型企业，建成一批在国内外有重要影响力的千亿级战略性新兴产业集聚发展基地。具体而言，重点实施战略性新兴产业发展和大规模改造升级传统产业“两手抓”，加快构建创新型现代产业体系，确保未来两年安徽省工业投资保持稳步增长的势头。

一是大力发展战略性新兴产业。重点加大市场前景好、产业关联度高、带动能力强的新一代信息技术、智能装备、先进轨道交通装备、海洋工程装备和高端船舶、航空航天装备、节能和新能源汽车、新能源、新材料、节能环保、生物医药和高端医疗器械等新兴产业的投资。

二是加大传统产业改造提升力度。积极引导传统企业加大智能化和绿色化改造，促进钢铁、有色、化工、煤炭、电力、家电、工程机械、农业机械、绿色食品、轻纺鞋服、资源再生利用等传统产业投资，促进传统产业向价值链高端发展，提升产业整体素质和核心竞争力。全面实施《中国制造 2025 安徽篇》，重点增加高端制造、智能制造、绿色制造、精品制造、服务型制造等制造行业的投资，加快运用新技术、新业态、新模式，改造提升传统产业。

三是加强工业发展平台建设。深入开展“互联网＋”制造行动，积极创建智能制造示范区，建设 100 个数字化车间和智能工厂。加强 24 个战略性新兴产业集聚发展基地建设，抓好研发平台建设和产业链配套，实现产业基金支持全覆盖，夯实工业投资增加的平台基础。加强对首批 7 个重大工程、重大专项的政策支持，突破关键技术瓶颈，加快产业化进程。

第五节　促进安徽工业投资持续稳定增长的对策建议

工业投资是全社会固定资产投资的重要组成部分，在增强企业市场竞争力、提升完善整体产业水平、调整产业结构、培育新的经济增长点、加快工业化进程等方面，发挥着不可或缺的作用。为促进安徽省工业投资持续稳定增长，笔者针对全省工业投资面临的主要问题、未来发展的基本判断和重点方向提出如下建议。

一、以创新促发展，加大工业投资

创新是当今时代的重要特征，也是经济增长的主要动力。始终坚持创新驱动发展战略，进一步研究和认识工业经济进入新常态的新形势、新特点，深入分析和查找工业投资减缓的根源，找准工业供给侧结构性改革方向，相应加大工业投资力度，特别是加大对高新技术产业和先进装备制造业的指导和扶持力度，重点发展市场前景好、产业关联度高、带动能力强的新一代信息技术、智能装备、先进轨道交通装备、海洋工程装备和高端船舶、航空航天装备、节能和新能源汽车、新材料、新能源、节能环保、生物医药和高端医疗器械等战略性新兴产业，引导企业、资金、技术、人才等资源加速集聚，努力培育新的经济增长点和新的利润增长源。

二、以市场为导向，优化投资结构

坚持以市场需求为导向，要着眼市场变化情况，主动适应市场需求变化，满足多样化、个性化的市场需求，拓展工业经济发展空间。加快推进工业供给侧结构性改革，进一步优化工业投资结构，提高工业产品供给质量，增加有效供给。

各级政府应及时提供优良的投资环境和优惠的扶持政策，积极引导企业尽可能地将资金投向高增加值率、高回报的优势产业。同时，增强行业行情分析，为企业提供决策参考，避免盲目跟风投资，防止工业企业出现较大范围的高投入低产出、低效益的情况，优化工业投资结构。一方面，要重视大力发展新兴产业和战略性产业；另一方面，要通过技术创新、市场创新、管理创新改造传统产业，提升传统产业的内涵和生命力。

坚持以“去库存，调结构，强管理，降成本，提效益”为抓手，通过兼并联合，完善产业链，促进全省工业行业联合重组谋发展，提高产业集中度，增强核心竞争力，加快工业企业发展。引导具有较强综合实力和竞争优势的行业龙头企业，引入新的机制，借力发展。坚决淘汰落后产能及高耗能、高污染行业，积极推动和引导不符合产业发展方向、不适合发展要求的行业向其他符合产业发展条件的地区转移。

三、强化项目支持，提高投资质量

大力实施工业发展战略，加强与国家政策走向和规划重点的对接，围绕战略性新兴产业、高新技术产业等重点领域，突出安徽省汽车、电子信息、智能制造、新能源、新材料、轨道交通等新兴消费热点和投资热点，加快引进一批投入产出大、市场前景好、辐射带动强的龙头项目及关键配套项目。

紧扣转型升级的产业发展方向，深入实施创新驱动战略，进一步加大技术改造、创新研发等方面的投资力度，加快项目建设、形成更多实物投资量，是稳投资、促投资的落脚点。要不断完善重大项目分类分级分阶段管理体系，健全协调服务制、倒逼制等项目促进机制，明确时间节点和责任主体，积极帮助协调解决项目推进中的困难和问题，促进重大项目加快建设、投产、达产，进一步提升项目投资质量，夯实工业投资稳步增长的基础。

四、积极争取国家政策，扩大投资规模

抓住国家加大投资力度、扩大内需的机遇，积极争取国家财政补贴以及各种优惠政策，争取更多资金补贴，扩大投资规模，确保全省工业经济平稳快速增长。抓住国家信贷政策放宽的机遇，引导金融部门主动适应经济发展需要，合理扩大信贷规模，保证市场流动性的充分供应，缓解建设项目资金紧张的困难。加强和改进项目前期工作。抓住国家对项目审批管制放松的机遇，加大与国家的对接力度，争取“两防”期间从严控制的审批项目尽快获得立项与核准，加快推进已有规划项目的前期工作，加快在建和已批复项目的实施进度。加强重大项目的策划、筛选、组织和储备，抓住有利机会，争取更多项目获得国家批准。

五、优化投资环境，完善投资管理

提高政府的服务质量。充分发挥政府的主导作用，大力加强各级政府机关的作风建设，不断改进政府部门服务水平。制定并实行减少审批、简化程序的具体措施，着力提高办事效率，为投资和招商引资提供好行政服务。各级职能部门要强化服务意识，切实做好政府部门的服务功能，要确保把支持工业企业发展、项目建设的各项政策落

实好。

健全投资管理的工作机制。完善重大项目协调会和政府部门联系的项目制度，狠抓项目的推进落实。进一步完善对工业投资、重大项目完成情况的考核，更加注重对投资增速、投资结构、投资质量的综合考评，强化动态跟踪、公示通报和督察考核。加强对重点区域、重点项目情况的跟踪，准确判断形势，超前研究应对措施，确保全省工业投资任务的顺利完成。

第四章 安徽房地产投资分析

随着我国市场经济的稳步发展，房地产业已成为经济发展的支柱产业，房地产投资也日益活跃。在目前经济增速放缓之际，房地产行业仍被认为是经济发展的“稳定器”。2014 年，房地产行业一度出现了一定的低迷情况；2015 年 11 月，政府提出房地产去库存，房地产库存量明显减少。2016 年政府对房地产业采取了一系列激励措施，全面支持自住和改善型购房需求，从供应端、需求端和企业端三方面齐抓共管，全国房地产市场涨幅较大，去库存速度进一步加快。在政府积极的宏观调控下，2016 年安徽房地产市场开始回温，但房地产库存压力依旧较大。本章通过对安徽省房地产投资环境、房地产投资情况以及存在的问题进行分析，结合安徽省实际情况提出相应的解决对策，并对安徽省今后几年的房地产投资趋势作出预测。

第一节 安徽省房地产投资的环境分析

2016 年是“十三五”规划的开局之年，也是供给侧结构性改革的攻坚之年。面对复杂的国内外经济形势，在积极的财政政策、稳健的货币政策作用下，我国经济在持续筑底中企稳回升。2016 年，安徽省房地产投资环境整体稳中向好，在一系列利好政策的推动下，房地产市场量价齐升，商品房待售面积较年初明显减少，去库存效果明显。

一、房地产投资经济环境分析

2016 年以来，国内外环境依然复杂严峻，我国经济正处在新旧动能转换的进程中，经济增速趋稳，但下行压力仍存，内需对经济拉动作用增强，整体投资环境有所改善。安徽省各地各部门认真贯彻中央和省委、省政府决策部署，牢牢把握稳中求进的工作总基调，统筹做好各项工作，经济运行保持了总体平稳、稳中向好的势头。投资环境的改善促进了安徽省房地产市场的回暖，加快了房地产去库存的速度。

（一）全国经济形势分析

1. 国民经济总体平稳向好，结构转型取得一定成效

2016 年我国 GDP 规模达到 74.4 万亿元，实际 GDP 增长 6.7%，经济增速重新回到全球第一，充分展示了我国经济的韧性。2016 年 CPI 同比上涨 2.0%，涨幅比 2015 年扩大了 0.6 个百分点。PPI 同比下降 1.4%，跌幅比 2015 年收窄了 3.8 个百分点，更重要的是，自 9 月份起，PPI 同比由负转正，12 月份同比上涨 5.5%，说明工业摆脱了 50 多个月的低迷状态，发生了本质性变化。2016 年 GDP 平减指数全面转正，说明短期供求状况得到全面改善，经济正在摆脱通缩状态，供求关系步入新平衡状态。

2016 年第三产业增加值占国内生产总值的比重为 51.6%，比上年提高 1.4 个百分点，高于第二产业 11.8 个百分点。全年最终消费支出对国内生产总值增长的贡献率为 64.6%，需求结构继续改善；2016 年第三产业对 GDP 增长的贡献率达到 58.4%，比 2015 年提高 4.7 个百分点，为历史最高水平。相比之下，第二产业对 GDP 增长的贡献率下降到 37.2%，其中工业的贡献率下降到 30.7%，我国经济对第二产业的依赖度下降，产业转型升级效果明显。

全国宏观经济环境的转好，有利于房地产投资环境的整体回暖，同时经济结构的调整有利于安徽省房地产行业的健康转型发展。

2. 固定资产投资增速缓中趋稳，房地产总体投资环境回暖

2016 年，我国全年固定资产投资到位资金 606969 亿元，比上年增长 5.8%。新开工项目计划总投资 493295 亿元，增长 20.9%。其中，国有控股投资 213096 亿元，增长 18.7%；民间投资 365219 亿元，增长 3.2%。分产业看，第一产业投资 18838 亿元，增长 21.1%；第二产业投资 231826 亿元，增长 3.5%；第三产业投资 345837 亿元，增长 10.9%。增速较上一年有所降低，但是仍然保持稳定。

2016年，我国房地产开发投资102581亿元，比上年增长6.9%，增速比上年提高了5.9个百分点。房屋新开工面积166928万平方米，比上年增长8.1%；全国商品房销售面积157349万平方米，增长22.5%；全国商品房销售额117627亿元，增长34.8%。截至2016年12月末，全国商品房待售面积69539万平方米，比上年末下降3.2%。房地产行业持续稳定发展，全国房地产去库存效果显著。

固定资产投资增速的缓中趋稳有利于安徽省房地产投资环境整体的稳步回升，同时也体现了全国性房地产去库存的要求。

3. 消费品零售总额增速稳健增长，新型消费方式发展迅猛

2016年，社会消费品零售总额33.2万亿元，同比增长10.4%。初步测算，商贸流通业实现增加值9.6万亿元，增长6.8%。现代物流技术和流通方式加快普及，降低了流通成本，提高了流通效率。全年社会物流总费用占GDP的14.8%，同比下降1.2个百分点。网上零售额5.2万亿元，增长26.2%。消费品零售总额同比增速超过固定资产投资增速，保持稳健增长，对国民经济的贡献持续增大。

消费品零售总额的增加以及人们消费方式的改变，体现了总体经济更加健康地发展，对安徽省房地产市场而言，营造了健康良好的投资环境。

4. 国际收支保持稳定，国际投资显著增加

2016年，在全球复苏形势疲软和贸易下滑的情况下，我国经常账户仍保持顺差2104亿美元，占GDP的比例为1.9%，尤其是货物贸易顺差4852亿美元，显示我国制造业企业仍具有较强的国际竞争力。2016年，我国对外直接投资净增加2112亿美元，来华直接投资净流入1527亿美元，均保持历史较高水平。存贷款和贸易信贷等负债从2015年的净流出3515亿美元，转为净流入约400亿美元，表明我国经济仍然具有较强的吸引力，境内企业的融资需求已明显恢复。

全国国际收支保持相对稳定且持续吸引外资的形势对安徽省房地产行业的回暖有着积极的影响。

（二）安徽省经济形势分析

1. 经济运行稳中向好

2016年，安徽经济运行总体平稳、稳中有进、结构向好、活力增

强，实现了“十三五”良好开局。初步核算，全年全省生产总值24117.9亿元，按可比价格计算，比上年增长8.7%。其中，第一产业增加值2567.7亿元，增长2.7%；第二产业增加值11666.6亿元，增长8.3%；第三产业增加值9883.6亿元，增长10.9%。安徽省整体经济环境的平稳向好发展为房地产市场的逐步回暖奠定了良好的基础。

2. 固定资产投资稳定增长

2016年全年固定资产投资26758.1亿元，增长11.7%，增幅比全国高3.6个百分点，居全国第12、中部第5位。分产业看，第一产业投资813.6亿元，增长6.6%；第二产业投资11742.1亿元，增长9.7%；第三产业投资14202.4亿元，增长13.6%。新开工项目34413个，增长20.7%；新开工项目计划总投资22086亿元，增长27.3%。固定资产投资到位资金26823.8亿元，增长11.7%。其中，国家预算资金增长22.8%，国内贷款增长39.3%，自筹资金增长3.6%。安徽省固定投资的稳定增长为房地产市场注入了充裕的资金，这有利于房地产市场的稳步回升。

3. 市场销售平稳增长

2016年，安徽社会消费品零售总额迈上万元亿台阶，达10000.2亿元，增长12.3%，增幅比上年高0.3个百分点，比全国高1.9个百分点，居全国第4、中部第1位。分城乡看，城镇零售额8064.7亿元，增长12.2%；乡村零售额1935.5亿元，增长12.6%。分消费形态看，餐饮收入1086.1亿元，增长12.4%；商品零售8914.2亿元，增长12.2%。限额以上批发零售业中，家具、建筑及装潢材料等商品零售额分别增长20.3%和13.4%，粮油食品增长21.2%，家用电器和音像器材、汽车分别增长11.9%和15.2%；网上商品零售额220.2亿元，增长68.4%。安徽省全年社会消费品零售总额的快速增长体现了百姓收入的提高以及消费观念的改变，这同样有利于房地产行业的进一步发展。

4. 进出口下降，利用外资保持增长

2016年，安徽进出口总额443.8亿美元，下降7.2%。出口总额284.8亿美元，下降11.7%。其中，一般贸易出口同比下降11.5%，加工贸易出口同比下降 11.8%，其他贸易下降 5.6%。进口总额 159 亿美元，增长 2.1%。其中，国有企业出口同比下降 15.8%，外商投资企业同比下降 5.4%，民营企业同比下降 12.7%。全年实际利用外商直接投资 147.7 亿美元，增长 8.4%。在全球贸易下滑的背景下，2016 年安徽省的进出口也受到了一定的影响。安徽省的进出口总额在 2016 年出现了一定程度的下降但实际利用外资依旧保持增长，因此进出口总额的下降并未对房地产产生消极的影响。

二、房地产投资政策环境分析

2016 年从中央层面来看，一方面进行了政策宽松，先后经历了"非限购"城市首付比例下调、交易税费减免（区别对待一线城市）以及央行降准等多种措施促进房地产业的发展；另一方面也通过控制土地供应规模、优化土地供给结构来改善房地产市场环境。安徽省也积极跟进，采取各项房地产措施促进需求，活跃市场交易，加快商品房库存消化，并积极落实支持居民合理住房消费的各项措施。

（一）金融财税政策保持稳健

1. 央行降准，促进房地产消费

2016 年，央行采取相对稳健的货币政策，于 2016 年 3 月 1 日普遍下调金融机构人民币存款准备金率 0.5 个百分点，提高了资金的流动性，将百姓的存款有效转化为消费或者投资。总的来说，降准会使得房贷成本将趋于降低，但下降幅度仍存在不确定性。对楼市是一个利好，能影响购房者的预期，但房价的走势仍存在很多不确定性因素。降低的房贷成本将提升购房者的贷款积极性，从这个角度来说，有益于购房需求的释放。中央的货币政策调整促进了安徽省房地产销售的回暖，稳定了楼市消费信心。

2. 公积金新政力度加大，持续降低购房门槛

2016 年 2 月 2 日，央行及银监会发布《关于调整个人住房贷款政策有关问题的通知》，宣布不限购城市首套房首付比例最低可降至 20%，二套房首付比例降至 30%。这意味着从 2016 年开始，不限购城市购买首套房首付从 25%降至 20%，对于刚需买房的人来说，首付

压力又减小了。同年1月26日，安徽省出台1号文件，明确提出拥有一套住房并已结清购房贷款的家庭，为改善住房条件再次申请住房公积金贷款购买住房的，最低首付比例由30％降至20％。这进一步拉低购房门槛，对买二套房改善居住环境的人而言是一大利好消息。2016年，在一系列利好政策的推动下，安徽省房地产市场量价齐升，房地产开发企业资金来源较为充裕，商品房待售面积较年初明显减少，去库存效果明显。但非住宅类商品房库存高位，去化周期长，区域房地产分化加剧等问题仍然突出。

3. 财税政策积极调整，多管齐下活跃市场交易

财政部2016年2月19日发布《关于调整房地产交易环节契税、营业税优惠政策的通知》。对个人购买家庭唯一住房，面积为90平方米及以下的，减按1％的税率征收契税；面积为90平方米以上的，减按1.5％的税率征收契税。对个人购买家庭第二套改善性住房，面积为90平方米及以下的，减按1％的税率征收契税；面积为90平方米以上的，减按2％的税率征收契税。个人将购买不足2年的住房对外销售的，全额征收营业税。个人将购买2年以上（含2年）的住房对外销售的，免征营业税。同时在2016年3月23日，“营改增”正式实施。建筑业和房地产业适用11％税率，二手房税率仍按5％征收，实际税负负担减少。财税政策的调整减轻了购房者的购房成本，活跃了购房者的购房热情，特别是促进了改善型住房的销售。

（二）加强控制土地供应规模，城乡结构进一步优化

为了有效控制土地供应规模，2016年2月23日，财政部、国土部、央行、银监会发布《关于规范土地储备和资金管理等相关问题的通知》。通知称，相应减少或停止新增以后年度土地储备规模，要求自2016年1月1日起，各地不得再向银行业金融机构举借土地储备贷款。《通知》要求，土地储备机构新增土地储备项目所需资金，应当严格按照规定纳入政府性基金预算，从国有土地收益基金、土地出让收入和其他财政资金中统筹安排，不足部分在国家核定的债务限额内通过省级政府代发地方政府债券筹集资金解决。为了优化城乡规划结构，2016年3月11日安徽省人民政府办公厅下发《关于

加强城乡规划管理意见任务分解的通知》，要求在城乡规划管理中，落实最严格的土地政策，积极推进多规合一试点工作，加快建立省域—市域—县域全覆盖的空间规划体系，探索建立全域覆盖、体系完善、部门联动、动态更新的空间规划信息管理平台。《通知》要求，科学确定地块开发强度，严禁在城乡规划确定的建设用地范围以外，作出规划许可。严禁在城镇总体规划确定的建设用地范围以外，设立各类开发区和城市新区等。安徽省各项土地政策的相继出台，有效地控制了土地规模并且优化了城乡结构，对安徽省房地产整体意义重大，土地政策从根源上控制了房地产资源的扩张，能够有效控制房价的波动。

（三）棚户区改造深入，货币化安置普及

2016年政府工作报告提出：要推进城镇保障性安居工程建设，2016年棚户区住房改造600万套，提高棚改货币化安置比例。2016年3月25日，《关于进一步做好棚户区改造相关工作的通知》由财政部、住房城乡建设部联合发布。《通知》中提到，2016年，中央财政将继续加大对各地棚户区改造工作的支持力度，地方政府债券筹集资金要继续向棚户区改造倾斜，落实税费优惠政策，推进棚户区改造货币化安置。7月11日，《关于进一步做好棚改区改造工作有关问题的通知》发布。《通知》指出，棚户区改造是一项系统工程。它既包括棚户区征收拆迁和居民安置，还包括开发利用好腾空土地资源，实现腾空土地出让，及时偿还棚改贷款，实现在市域范围内棚改资金大体平衡。为贯彻落实全国棚改工作电视电话会议精神，进一步加快推进安徽省棚改货币化安置工作，根据省政府要求，4月14日，安徽省住建厅印发了《关于下达2016年棚户区改造货币化安置计划的通知》，对2016年全省棚改货币化安置工作进行了全面安排部署。2016年，全省计划通过货币化安置方式实施棚户区改造14.75万户，占棚户区改造目标任务的55.4%。棚改的持续推进，改善了原棚户区居民的居住环境，扩大了内需，带动了房地产行业以及相关产业的投资，改善民生的同时有效地促进了经济发展，对安徽省房地产市场的健康发展有着积极的影响。

第二节 安徽房地产市场投资情况分析

为了提振房地产行业信心，国家在近两年内连续出台了降准、放宽限购等一系列房地产方面的利好政策，在各种利好政策的持续刺激下，2016 年安徽省房地产市场逐渐回暖，但去库存的压力依旧存在。如何进一步释放房地产库存压力，加快安徽房地产市场的复苏，已经成为“十三五”时期安徽省政府面临的一道难题。下面将从地产市场供求情况、房地产价格、保障性住房及土地交易与土地购置情况等方面对安徽房地产市场进行分析，指出其中存在的问题。

一、安徽省房地产投资总体情况分析

（一）安徽省房地产投资情况概述

近十年来，安徽省房地产行业发展迅速，房地产投资和城镇固定资产投资整体上均呈上升态势。自 2014 年初，经济下行压力加大，安徽房地产市场相对低迷。但自 2016 年来，房地产行业回暖，房地产投资增速持续上涨，新开工面积增加，消费者信心提升，同时房地产库存量也降低明显。具体情况如下：

2007－2008 年，安徽房地产开发投资增速出现大幅上升，原因是 2008 年出现的金融危机，政府为挽救低迷的房地产市场，在政策上给予了一定的支持，促进了房地产开发投资的快速增长，使安徽房地产市场迅速回温。2009 年安徽房地产开发投资增速出现大幅下滑，主要因为受政府救市政策的影响，房价迅速飙升，为抑制房价过快上涨，安徽省政府加大了对房地产的调控力度。2010 年安徽房地产开发投资增速再次大幅上升，是由于年初房价飙升，房地产开发商投资热情增加。2011 年安徽房地产开发投资增速下降，主要原因是年内政府加强了宏观调控，加大限贷力度。2012－2013 年，安徽房地产开发投资增速小幅上升，主要是房地产市场回暖，房地产开发商投资意愿增强，房地产开发投资增速上升。2014－2015 年的增速降低，反映了国家对

于房地产去库存的要求。

2016年，安徽省房地产开发投资小幅增长，商品房销售持续升温，开发企业到位资金充裕，新开工面积增大，库存压力逐步减轻。究其原因，是因为安徽省政府在前几年房地产行业出现下滑的情况下出台了一系列房地产利好政策，这些政策的效果在2016年得以逐步显现出来。同时由于房地产去库存的要求，相当数量的刺激去库存的政策也有效地对房地产库存有着积极影响，使得2016年商品房库存量减少显著。

2007—2016年，安徽省城镇固定资产投资与房地产开发投资增长趋势基本一致。其中城镇固定资产投资的增长速度从2007年的45.72%波动下降至2016年的11.65%，房地产开发投资完成额由2007年的39.95%波动下降至2016年的4.04%。

2007—2016年安徽省城镇固定资产投资与房地产开发投资增长情况见表4-1所列。

表4-1 2007—2016年安徽省城镇固定资产投资与房地产开发投资增长情况

单位：亿元，%

年份	城镇固定资产投资	同比增长	房地产开发投资完成额	同比增长
2007	4444.58	45.72	892.07	39.95
2008	5948.61	33.84	1362.7	52.76
2009	7945.5	33.57	1669.83	22.54
2010	10281.78	29.4	2251.8	34.85
2011	12007.86	16.79	2611.54	15.98
2012	14943.81	24.45	3151.61	20.68
2013	18090.89	21.06	3946.2	25.2
2014	21069.24	16.5	4338.96	10.00
2015	21256.29	12.7	4424.86	1.98
2016	26758.11	11.65	4603.56	4.04

数据来源与说明：各年《安徽统计年鉴》《安徽统计月报》。

（二）企业投资资金来源分析

目前，我国房地产开发企业的资金来源主要是国内贷款、利用外资、自筹资金及其他资金（主要是定金及预付款）几个方面。房地产企业自有资金相对不足，还需依赖银行贷款等方式进行补充。银行信贷资金贯穿于土地储备、交易、房地产开发与销售的整个过程。安徽省房地产开发资金来源主要是自筹资金、国内贷款和其他资金三个方面，利用外资相对较少。

2007—2016 年，安徽省房地产开发企业资金来源情况如下：

1. 自筹资金占比幅度相对稳定且较高

近年来，安徽对房地产市场采取了力度较大的宏观调控政策，控制房地产市场过热，这些政策导致了房地产信贷门槛变高，信贷难度加大，资金缺口无法及时填充。因此，房地产企业纷纷投向自筹资金，导致自筹资金占比较高。具体分析如下：

2007—2010 年，安徽房地产开发资金来源中自筹资金占比波动较大，多数年份自筹资金占比都在 40%左右，自筹资金占比较高。其中，2008 年自筹资金占比最高，增长率也达到近十年的最大值，主要因为受金融危机的影响，银行信贷对房地产企业及个人购房贷款支持力度下降，开发商为得到所需资金只能依靠自己筹集资金；2010 年自筹资金占比最低，为 36.34%，原因是为了抑制房价的快速上涨，国务院及有关部委出台了“新国十条”“限购令”等政策，严厉打压了投资投机性购房需求的同时，降低了房地产开发企业的投资预期，开发商和购房者持观望的态度，房地产市场过热得到一定的抑制。2011—2015 年，安徽房地产开发企业自筹资金占比逐年回落，其因是在政府调控政策不放松的背景下，房地产开发企业的投资意愿降低。虽然在 2014 年安徽省政府取消了部分限购令以刺激房地产行业的发展，但短期之内并无明显的效果。

2016 年，自筹资金占比继续下滑至 32.42%，原因可能是在房地产高库存的压力下，政府放松了对房地产市场的调控，定向降准拓宽了房企融资渠道，自筹资金比重下降。未来几年，国家或将继续加强房地产市场调控不放松。安徽省应积极拓展资金融资渠道，激发民间投资的积极性，鼓励和支持民间资本投资建设经济适用住房、公共租赁住房等政策性住房。

2. 国内贷款比重略有下降，利用外资比重相对较低

近年来，由于安徽省的各项较为严格的房地产调控政策限制了房地产市场的过快发展，导致房地产企业获得资金的难度进一步增大。同时安徽省作为中部地区省份，相对于沿海发达地区，利用外资的能力相对较低，因此近十年来房地产开发企业利用外资的比例都相对较低。

2007－2016 年，安徽省房地产开发资金来源中国内贷款比重相对稳定，基本维持在 11%左右，其中 2010 和 2013 年有小幅下降，2015 年有小幅上升。原因是 2010 和 2013 年严格的宏观调控政策，提高了房企银行信贷门槛，开发商较难从银行等金融机构获得贷款，国内贷款比重下降；自 2015 年以来，在多轮降准降息等货币政策组合发力下，金融环境相对宽松，房地产开发商信贷难度减小，国内贷款比重上升。2016 年，房地产开发资金来源中国内贷款比例降低，同时涨幅也由正转负，同比增长－3.9%，原因可能是其他渠道的资金来源较为充裕，国内贷款比重相对较低，同时整体经济状况仍然刚从低迷中有所恢复，开发商从金融机构获得贷款相对困难。

近十年房地产开发资金来源中，利用外资比重较小，基本维持在 1.20%左右，可能是因为安徽省很多房地产开发企业规模较小，吸引外资的能力不足。2007－2008 年，利用外资占比小幅上升，其因是期间房价迅速上涨，吸引力大量的外资进入。2009－2015 年，利用外资占比总体呈现不断下降趋势，其原因主要是金融危机对房地产市场产生较大冲击和政府近年来的限购政策，抑制了投机性外资的积极性。

2016 年，房地产行业利用外资占比仍然较小，但是涨幅明显，同比增长 752.9%。安徽省作为中部地区省份，利用外资能力与沿海发达地区相比要薄弱很多，利用外资的数量与层次都相对较低。近年来随着涉外投资体制改革的深入推进，安徽省出台了外商投资项目核准和备案管理办法、安徽省境外投资项目核准和备案管理办法，涉外投资项目管理由核准制向“普遍备案，有限核准”转变。由此导致了安徽省房地产企业利用外资水平短时间内出现一定幅度的上涨。

3. 其他资金占比幅度较高

2007—2016 年，在安徽省房地产开发资金总来源中，其他资金占比相对较高，除 2008 年外，其余各年都超过 40%。其中，2008 年其他资金占比最低，其原因是受经济环境的影响，房地产开发商获得其他资金的途径受阻。2008 年以后，资金占比呈现小幅上升趋势，金融危机的影响逐渐减弱，房地产市场逐渐回暖。

2016 年，其他资金占比上升至 57.44%，同比增长 38.3%，占比与增长幅度均为历年最高，原因可能是前几年出台的多项房地产利好政策开始显现出其促进市场发展的作用，房地产投资意愿增强，其他资金投入房地产市场的比重有所增加。

具体数据详见表 4-2 所列。

表 4-2 2007—2016 年安徽省房地产资金来源构成情况

单位：亿元，%

		资金来源总计	国内贷款	利用外资	自筹资金	其他资金
2007 年	数额	1005.46	113.69	12.47	391.2	488.11
	占比	—	11.31	1.24	38.91	48.55
	同比增长	38.36	17.22	78.73	34.64	46.95
2008 年	数额	1479	176.64	19.64	752.58	530.13
	占比	—	11.94	1.33	50.88	35.84
	同比增长	47.1	55.37	57.54	92.38	8.61
2009 年	数额	2261.61	296.86	15.85	930.15	1018.75
	占比	—	13.13	0.7	41.13	45.05
	同比增长	52.92	68.06	−19.28	23.59	92.17
2010 年	数额	3292.62	323.25	6.18	1196.59	1324.11
	占比	—	9.82	0.19	36.34	40.21
	同比增长	45.59	8.89	−61	28.64	29.97
2011 年	数额	3399.81	342.4	3.44	1578.61	1475.36
	占比	—	10.07	0.1	46.43	43.4
	同比增长	3.26	5.92	−44.43	31.93	11.42

（续表）

		资金来源总计	国内贷款	利用外资	自筹资金	其他资金
2012 年	数额	3835.34	406.23	1.39	1686.8	1740.92
	占比	—	10.59	0.04	43.98	45.39
	同比增长	12.81	18.64	−59.66	6.85	18
2013 年	数额	5077.16	466.87	1	2143.66	2465.62
	占比	—	9.2	0.02	42.22	48.56
	同比增长	32.38	14.93	−28.06	27.08	41.63
2014 年	数额	5231.17	567.93	2.78	2203.85	2456.6
	占比	—	10.86	0.05	42.13	46.96
	同比增长	3.03	21.65	178	2.81	−0.37
2015 年	数额	4990.78	564.23	1.02	1860.13	2565.40
	占比	—	11.30	0.02	37.27	51.41
	同比增长	−4.60	−0.65	−63.31	−18.05	4.43
2016 年	数额	4434.1	441.2	8.7	1437.7	2546.5
	占比	—	9.95	0.19	32.42	57.44
	同比增长	18.1	−3.9	752.9	−1.0	38.3

数据来源与说明：各年《安徽统计年鉴》《安徽统计月报》。

（三）商品房建设规模分析

近十年来，安徽省商品房施工面积和新开工面积呈现逐步上升的趋势，且上升速度逐步趋缓；房屋竣工面积基本呈现上升趋势，仅 2016 年出现了小幅下跌，究其原因可能是商品房的库存量依旧较大，去库存压力尚存，因此竣工面积出现了下跌的趋势。

2007—2016 年，全省商品房施工面积总体呈现稳定增长的趋势，由 2007 年的 8969.6 万平方米增加到 2016 年的 35645.44 万平方米。但受近年来宏观政策调控的影响，商品房施工面积增长速度大幅下降，由 2007 年的 27.01%下降到 2016 年的 4.09%。因受国内、省内经济下行压力的影响，房地产市场投资性需求减弱，房地产市场低迷，房地产开发商投资意愿减弱，2016 年较上年增速稍有回升，但仍然处在较低水平，说明房地产市场虽有回温，但是仍然顶着较大的压力，短期内难以回到2014年前的高速增长水平。

2007—2016年，全省商品房新开工面积总体呈现波动上升的趋势，由2007年的3709.9万平方上升至2016年的8586.27万平方米。但商品房新开工面积增长速度却波动下降，由2007年的16.96%下降到2015年的－11.19%，下降幅度较大，在2016年回升至10.66%，其中新开工面积增长速度在2010年最高，原因是政府在2010年的前两年实行的激励政策，造成2010年房地产市场过热，新开工面积大增。新开工面积增长速度在2015年最低，主要是股市经济下行和股市震荡不定对房地产市场产生重大冲击，房地产市场低迷。2016年，商品房新开工面积小幅增长，增速由负转正，原因可能是去库存压力的减轻，导致购房者和开发商对房地产市场预期上升，商品房新开工面积的回升。

2007—2016年，房屋竣工面积总体上呈现先上升后小幅回落趋势，由2007年的2349.7万平方米增加到2015年的5537.7万平方米再小幅回落至2016年的5382.95万平方米。与此同时，商品房新开工面积增长速度却波动下降，由2007年的13.66%下降到2016年的－2.79%，下降幅度明显。其中房屋竣工面积增长速度在2013年最高，在2016年最低。究其原因，2012年政策微调，货币政策转向，房地产市场预期转好，市场回暖趋势明显，导致2013年房屋竣工面积大幅上升；而在2013年房地产继续火热的背景下，政府坚持调控不动摇，继续实行限购、限贷措施，消费者和房地产开发商观望情绪浓重，商品房施工面积和新开工面积明显下降，房屋竣工面积增长速度下降。2015年在降准降息和全面推行异地贷款业务等利好政策的刺激下，安徽房地产市场出现回暖趋势。而2016年，由于去库存压力仍然很大，安徽各地积极消化房地产库存量，导致房屋竣工面积有所下降，同比增长－2.79%。未来房地产库存压力将持续存在，短期内房屋竣工面积的上升空间不大。

2007—2016年安徽省商品房建设规模情况见表4－3所列。

表 4-3　2007—2016 年累计全省商品房施、竣工面积和同比增长情况

单位：万平方米，%

年份	房屋施工面积	同比增长	新开工面积	同比增长	房屋竣工面积	同比增长
2007	8969.6	27.01	3709.9	16.96	2349.7	13.66
2008	11729.4	30.77	4585.0	23.59	2541.1	8.15
2009	14169.6	20.80	5319.7	16.02	2861.3	12.60
2010	17541.9	23.80	7317.6	37.56	3020.6	5.57
2011	20785.8	18.49	8658.7	18.33	3628.7	20.13
2012	24836.1	19.49	7874.2	−9.06	3965.4	9.28
2013	30235.2	21.74	10077.71	27.98	5180.4	30.64
2014	33479.11	10.7	8736.77	−13.3	5196.37	0.3
2015	34244.7	2.29	7759.3	−11.19	5537.7	6.57
2016	35645.44	4.09	8586.37	10.66	5382.95	−2.79

数据来源与说明：各年《安徽统计年鉴》《安徽统计月报》。

二、安徽省房地产市场需求情况分析

（一）商品房销售情况分析

2007—2016 年，安徽商品房销售面积总体上呈波动上升态势，同比增长却主要呈现波动下降的趋势；商品房销售额变化趋势和变化速度与销售面积一致。安徽商品房销售面积由 2007 年的 3083.39 万平方米上升到 2016 年的 8499.65 万平方米；增长速度由 2007 年的 33.61% 降至 2015 年的−0.5%，又在 2016 年强势回升至 37.7%。商品房销售额由 2007 年的 821.62 亿元增长至 2016 年 5035.55 亿元；增长速度由 2007 年的 53.33%波动下降至 2015 年的 0.72%，又在 2016 年大幅回升至 49.4%。

具体来看，从 2007 到 2013 年，除了 2008 年由于金融危机的冲击下，经济下滑，消费者的预期降低，商品房需求受到抑制，全省商品房销售面积和销售额分别下降至 2756.96 万平方米、806.8 亿元，增长速度分别回跌至−10.6%、−1.8%，其他年份全省的商品房销售面积与销售额都在持续增加。全省商品房销售面积和销售额齐升的其因

是安徽省房地产需求旺盛，投资性和投机性需求大幅度上升，商品房销售面积和销售额保持高速增长。2014 年和 2015 年全省商品房销售面积稍微回落，销售额小幅上升；商品房销售面积和销售额增速继续大幅下降，可能是因为近几年政府对房地产严厉的调控，造成楼市乏力，去库存压力增大，加上经济形势不景气，消费者对房价继续下调的预期以及宏观经济的不确定性致使观望氛围依然浓郁。

2016 年商品房销售面积和销售额都有大幅回升，较上年的商品房销售情况有了明显的改观，销售面积增长速度由上年的－0.5％上升至 37.7％，上涨 38.2 个百分点；销售额增长速度由上年的 0.72％上升至 49.4％，上涨 48.68 个百分点，其中的原因可能是去库存压力得到了一定的释放，地方的金融、限购政策变得相对宽松，如对二套房的政策变化可能导致了商品房的销售面积和销售额的双重回升。

2007－2016 年安徽省商品房销售情况见表 4－4 所列。

表 4－4　2007－2016 年安徽省商品房销售情况

单位：万平方米，亿元，％

年份	商品房销售面积	同比增长	商品房销售额	同比增长
2007	3083.39	33.61	821.62	53.33
2008	2756.96	－10.6	806.84	－1.8
2009	4053.92	45.5	1378.39	67.79
2010	4113.88	2.1	1732.66	25.70
2011	4581.55	10.3	2183.1	25.0
2012	4828.8	4.8	2329.88	5.9
2013	6265.4	29.7	3182.9	36.6
2014	6202.18	－1	3345.19	5.1
2015	6174.09	－0.5	3369.42	0.72
2016	8499.65	37.7	5035.55	49.4

数据来源与说明：各年《安徽统计年鉴》《安徽统计月报》。

（二）库存情况分析

2007－2016 年，商品房的施工面积和销售面积均呈现波动上升的趋势，而竣工面积近两年来却波动下降。商品房施工面积由 2007 年的

8943.5 万平方米上升至 2016 年的 35645.4 万平方米；竣工面积由 2007 年的 2341.6 万平方米上升至 2016 年的 5383.0 万平方米；销售面积由 2007 年的 3083.4 万平方米增加到 2016 年的 8499.65 万平方米；商品房待售面积逐年增长，库存情况较为严重，商品房待售面积由 2007 年的 280.5 万平方米增加到 2016 年的 2401.4 万平方米。具体情况如下：

2007—2009 年，全省商品房竣工面积同比增长分别为 13.27%、8.52% 和 12.6%；商品房销售面积同比增长分别为 33.61%、−10.6% 和 45.5%；商品房待售面积同比增长分别为 −18%、30.05% 和 34.84%，商品房待售面积增长速度大幅上升。原因应当是 2008 年全球金融危机，使得国民经济下滑，消费者消费意愿降低，商品房需求减少，房地产市场销售遇冷，致使商品房待售面积大幅增加。2010—2012 年，全省商品房竣工面积同比增长分别为 5.78%、19.89% 和 9.3%；商品房销售面积同比增长分别为 2.1%、10.3% 和 4.8%；商品房待售面积同比增长分别为 5.98%、30.69% 和 38.68%，商品房待售面积增长速度不断上升，并于 2012 年接近 40%。究其原因，政府对房地产市场限购限贷等宏观政策调控，平抑了房地产需求，造成商品房库存压力不断增大。2013 年和 2014 年，全省商品房竣工、销售和待售面积持续增加，商品房库存压力继续增大。2015 年，全省商品房竣工、销售和待售面积增长率同期下降，商品房待售面积增速上升，库存压力进一步升级。

2016 年，房地产去库存初见成效，待售面积小幅下降至 2401.4 万平方米。同时商品房施工面积与竣工面积分别增长了 4.10% 和下降了 2.80%。商品房施工面积的增长可能是由于政府采取的放松限购限贷等一系列的救市措施开始出现成效，同时竣工面积的降低仍由于经济下行压力较大，房地产去库存任务艰巨。而待售面积的减少究其原因可能是降低首付比例以及契税政策的改革，有效地提高了百姓的购房热情，房地产去库存压力相对有所缓解。

2007—2016 年安徽省商品房施工、竣工和销售情况见表 4-5 所列。

表 4－5 2007－2016 年安徽省商品房施工、竣工和销售情况

单位：万平方米，%

年份	商品房施工面积	同比增长	商品房竣工面积	同比增长	商品房销售面积	同比增长	待售面积
2007	8943.5	26.64	2341.6	13.3	3083.4	33.6	280.5
2008	11729.4	31.15	2541.1	8.5	2757.0	－10.6	364.8
2009	14165.5	20.77	2861.3	12.6	4053.9	45.5	491.9
2010	17620.0	24.39	3026.7	5.8	4113.9	2.1	521.3
2011	20785.8	17.97	3628.7	19.9	4581.6	10.3	681.3
2012	24836.1	19.5	3965.4	9.3	4828.8	4.8	944.8
2013	30235.2	21.7	5180.3	30.6	6265.4	29.7	1342.2
2014	33479.1	10.7	5196.4	0.3	6202.2	－1	1636.7
2015	34244.7	2.29	5527.7	－0.45	6174.1	－0.45	2509.4
2016	35645.4	4.10	5383.0	－2.80	8499.65	37.7	2401.4

数据来源与说明：各年《安徽统计年鉴》《安徽统计月报》。

三、安徽省房地产市场价格分析

（一）销售价格指数变动情况

2007—2016 年，安徽省商品房平均销售价格指数波动幅度较大。具体分析如下：

2007－2008 年，全省商品房平均销售价格指数由 105.3 上涨至 108.8，上升了 3.5 个百分点，涨幅加大。其原因主要是房地产市场过热，大量投机性需求和刚性需求集中涌进房地产市场，使得房地产市场供求矛盾突出，推动了房价上涨。2008－2009 年，全省商品房平均销售价格指数从 108.8 下降到 101.3，降幅达 7.5 个百分点。其因主要受全球金融危机的影响，购房者对房地产发展前景预期下降，观望情绪浓厚，使得房地产需求大幅减少，导致商品房销售价格指数大幅下跌。2009－2013 年，全省商品房平均销售价格指数由 101.3 波动上涨至 104.3，上升了 3 个百分点。因在全球金融危机和我国经济低迷的

经济环境的影响下，政府对房地产的宏观调控没有起到抑制房价的目的，反而使得房地产市场再次活跃起来，房价大幅上升。2013年后涨幅回落说明政府的宏观调控对抑制房价起到一定的作用，但随着居民收入的提高和城镇化进程的加快，房地产需求不断增加，房地产价格继续上升。

2014—2016年，全省商品房销售价格指数从102.9下降99.8，降了3.1个百分点，降幅较大。2016年商品房平均销售价格指数出现一定幅度的下滑，究其原因，一方面是由于经济下行压力不减以及股市动荡不定，购房者和开发商对未来宏观经济形势比较悲观；另一方面由于房地产库存压力较大，房产去库存任务艰巨，购房者和开发商都逐渐认识到了房地产市场供需格局的结构性转变，造成商品房销售价格指数下降。2007—2016年安徽省商品房平均销售价格指数变动情况见表4-6所列。

表4-6 2007—2016年安徽省商品房平均销售价格指数变动情况 单位：%

年份	商品房平均销售价格指数	年份	商品房平均销售价格指数
2007	105.3	2012	100.1
2008	108.8	2013	103.9
2009	101.3	2014	102.9
2010	109.8	2015	101.0
2011	105.9	2016	99.8

数据来源与说明：各年《安徽统计年鉴》《安徽统计月报》。

（二）年均销售价格走势

2007—2016年，安徽商品房年均销售价格呈现持续增长的态势，由2007年的2664元每平方米增长到2016年的5924元每平方米，增长幅度达122.37%，主要原因是，一方面房地产市场需求旺盛，有效供给不足，供给结构不合理，土地资源稀缺；另一方面房地产市场存在过多的游资和投资者对房价进行炒作，加上房地产开发商共同哄抬房价等因素，使得房价一路飙升。但安徽商品房年均销售价格增长速度波动下降，由 2007 年的 14.73％下降到 2015 年的 1.17％，2016 年回升至 8.56％。销售价格增长速度的持续下滑，一方面是因近十年政府对房地产市场严厉的宏观调控，在一定程度上抑制了投机性需求的上升；另一方面是因近些年房地产市场的快速发展，房地产库存压力不断增大，房地产市场供求结构逐渐发生变化，房地产市场交易低迷，直到 2016 年房地产行业回暖，销售价格得以回升。具体情况如下：

2007 年，安徽商品房平均销售价格同比增长 14.73％，涨幅稳定。2008－2010 年，安徽商品房平均销售价格同比增长分别为 10.70％、15.97％和 22.95％，连续三年上升，究其原因可能是金融危机的影响逐渐减弱，政府在 2008 年和 2009 年上半年出台的有利于房地产发展的救市政策效果显现，造成房价大幅飙升。2011－2012 年，全省商品房平均销售价格同比增长分别为 13.58％、1.03％，增速下降幅度明显，究其原因，政府延续和深化了 2010 年的调控政策，加大了对房地产市场的调控力度，继续实行严厉的限购限贷政策，使得房价增速骤降。2013 年政府为抑制疯涨的楼市，出台了新“国五条”，但政策效果不明显，房价依然继续上升，居高不下。2014－2015 年，全省商品房平均销售价格同比增长 0.06％和 1.17％，房价上涨速度相对前几年大幅下降。主要是因为 2012 年和 2013 年暴涨的房价，刺激了开发商加大对房地产的开发投资力度，而这些新增的住房供给大部分于 2014 年集中进入房地产交易市场，出现了阶段性供给过剩的现象，致使 2014 年房价上涨速度下跌，同时在 2015 年房地产市场内部结构性过剩严重，库存较高、需求被透支，土地市场逐渐冷却，外部环境也趋于下行，致使房价增速不断下降。

2016 年，商品房平均销售价格同比增长 8.56％，达到 5924 元每平方米，房地产行业有所回暖，去库存压力尚存在，由于各项房地产政策的效果逐步显现，对房地产开发部门与购房者而言都是利好的，进一步增强了购房者的消费信心，推动价格逐步回升。预计在未来一年中，商品房市场将会继续回暖，价格将会继续稳步回升。

2007－2016 年安徽省商品房年均销售价格见表 4－7 所列。

表 4-7　2007—2016 年安徽省商品房年均销售价格　　单位：元/平方米，%

年份	平均销售价格	同比增长	年份	平均销售价格	同比增长
2007	2664	14.73	2012	4825	1.03
2008	2949	10.70	2013	5080	5.28
2009	3420	15.97	2014	5394	0.06
2010	4205	22.95	2015	5457	1.17
2011	4776	13.58	2016	5924	8.56

数据来源与说明：各年《安徽统计年鉴》《安徽统计月报》。

四、保障性安居工程建设情况

保障性安居工程是关乎国计民生的重大工程，对保障贫困家庭基本居住条件、维护社会稳定具有重要意义。其内容主要包括城镇保障性住房建设、棚户区改造以及农村危房改造。在 2016 年政府工作报告中，李克强总理提出要推进城镇保障性安居工程建设，2016 年完成棚户区住房改造 600 万套，提高棚改货币化安置比例。自 2008 年以来，安徽一直严格贯彻中央相关部署，大力支持和加强保障性安居工程建设，已连续 8 年将住房保障工作列入安徽省民生工程和对各市政府的年度目标考核内容，有力保障了各项工作顺利推进，取得了很好的成绩。2008—2014 年，安徽省已累计开工建设保障性安居工程 225.2 万套，其中保障性住房 93.8 万套、棚户区改造 131.4 万套，城镇保障性住房（含棚户区改造）覆盖面达 22%，提前一年实现“十二五”规划确定的 20%目标。

2016 年，安徽省保障性安居工程目标任务为新开工棚户区改造 26.63 万套，基本建成 16.9 万套（含公租房）。其中，《关于下达 2016 年棚改货币化安置计划的通知》中，明确全省棚改货币化安置目标 14.75 万套，货币化安置比例 55.4%。截至 2016 年 9 月底，全省保障性安居工程已开工 27.95 万套，占全年目标任务的 104.97%；基本建成 27.91 万套，完成率 164.58%，提前超额完成 9 月底前全面开工、10 月底前全面完成的目标任务。

安徽省住房城乡建设厅总结推广“政府搭桥”“房票安置”的经验做法，打通棚改和住房市场之间的通道，加快消化房地产库存。保障性工程建设的迅速发展一方面很大程度地改善了城镇中低收入家庭的住房条件，提高中低收入家庭的生活水平和质量；另一方面能够有效释放房地产市场的库存压力，促进经济和社会的稳定。

在看到保障性住房建设进步的同时，安徽也应该看到目前仍有很多的城镇贫困人口住房条件较差，安全隐患较多。安徽接下来几年仍需要继续严格贯彻安徽省《2013—2017 年棚户区改造规划》，力争实现 2016 年完成棚户区改造约 30 万户、2017 年完成棚户区改造约 20 万户的目标。

五、土地交易与土地购置情况分析

土地购置是房地产开发的前提，其费用是影响房价的重要因素。2007—2016 年，全省本年土地购置面积大致呈波动上升趋势，土地购置费和本年土地成交价款整体呈连年递增的趋势。具体情况如下：

2007 年安徽省土地购置面积为 2259.86 万平方米、同比增长 33.44%；本年土地成交款为 172.86 亿元，同比增长 63.21 个百分点。全省土地购置面积和本年土地成交价款增速大幅上涨，预示着房地产得到了快速发展。2008—2009 年，全省土地购置面积和土地成交价款增长率同期大幅回落，均呈现负增长状态。2009 年由于经济危机的影响还未完全消退，房地产市场需求仍然不足，土地市场仍不够活跃，本年土地购置面积增速继续放缓。2010—2011 年，全省本年土地购置面积分别为 2451 万平方米和 3294.99 万平方米，同比增长率分别为 27.75%和 34.4%；本年土地成交款也涨幅较大。这两年内全省经济形势好转，消费者预期增强，房地产市场逐渐回暖，土地交易频繁。2012—2013 年，全省本年土地购置面积分别为 2618.78 万平方米和 2760.18 万平方米，同比增长率为−20.5%和 5.4%,；本年土地成交款增长幅度也由正转负。政府近年来的宏观调控效果逐步显现，全省土地购置面积和土地成交价款大幅减少，增长速度迅速降低，但在 2013 年土地市场再次回暖。2014—2015 年，全省本年土地购置面积分别为3029.58万平方米和1805.93万平方米，同比增长率为9.8%和-40.39%，；本年土地成交款同比增长率分别为10.8%和-32.59%。土地购置面积、土地成交价款、土地购置费增长率均大幅下降。主要由于宏观经济下行，股市动荡以及购房者投资需求的降低导致的土地交易市场低迷。

2016年，全省土地购置面积回升至2142.70万平方米，同比增长18.60%，土地成交款为622.08亿元，同比增长-3.1%。在上年土地购置面积大跌的情况下，2016年的房地产市场顶住经济巨大的下行压力，同时国家和地方都出台了各项促使房地产市场回温的金融、行业调控新政，使得2016年的土地购置面积开始小幅上涨。

2007—2016年安徽省土地交易和土地购置情况见表4-8所列。

表4-8 2007—2016年安徽省土地交易和土地购置情况 单位：万平方米，亿元，%

年份	本年购置土地面积	同比增长	土地购置费	同比增长	本年土地成交价款	同比增长
2007	2259.86	33.44	170.70	61.19	172.86	63.21
2008	2248.47	-0.50	269.90	58.11	214.46	24.07
2009	1918.59	-14.67	292.00	8.19	235.62	9.87
2010	2451	27.75	517.20	77.12	359.97	52.77
2011	3294.99	34.4	567.35	9.70	602.70	67.43
2012	2618.78	-20.5	525.27	-7.42	473.96	-21.4
2013	2760.18	5.4	651.48	24	641.63	35.4
2014	3029.58	9.8	832.88	27.8	711.02	10.8
2015	1805.93	-40.39	641.99	-22.92	479.32	-32.59
2016	2142.70	18.60	622.08	-3.1	————	————

数据来源与说明：各年《安徽统计年鉴》《安徽统计月报》。

六、安徽省主要地区房地产投资情况

近十年，随着安徽经济的快速发展和城镇化的加速推进，安徽房地产市场取得了不错的发展。鉴于合肥是环湖经济带的主要代表城市，蚌埠是沿淮经济带的主要代表城市，芜湖是沿江经济带的主要代表城市，阜阳是安徽省人口最多的城市，也是皖北的重要城市，这四个地区的房地产发展具有一定的代表性，因此下面对合肥、芜湖、蚌埠和阜阳房地产市场的开发投资、供给和销售等房地产市场运行情况进行分析。

（一）合肥房地产市场运行分析

2007—2016 年，合肥房地产市场总体相对稳定，但近两年随着经济的下行，房地产市场相对低迷。具体情况如下：

1. 房地产总体开发投资情况

（1）房地产开发投资。2007—2016 年，合肥房地产市场整体发展良好，房地产开发投资逐年增长，由 2007 年的 385.01 亿元增长到 2016 年的 1352.6 亿元，但是投资增速却波动下降，由 2007 年的 37.2%下降到 2016 年 7.4%。其中，2007—2008 年合肥房地产开发投资增长率分别为 37.20%和 46.90%，房地产开发投资热情很高，主要是期间省内经济形势较好，房地产市场活跃，房地产开发商对房地产市场的预期较好。2009—2010 年合肥房地产开发投资同比增长分别为 18.50%和 22.20%，较前几年有所下降，主要原因是受金融危机的冲击，宏观经济环境形势不容乐观，房地产开发商观望情绪浓厚。2011—2012 年合肥房地产开发投资同比增长分别为 8.60%和 2.70%，呈现持续大幅下降趋势，原因是政府出台了一系列的房地产调控政策。2013—2014 年合肥房地产开发投资同比分别增长 21.00%和 1.90%。2013 年房地产开发投资增速大幅上升，主要是在响应中央调控政策继续实行的同时，合肥调控政策适度放松，使得 2013 年房地产投资大幅上升。2014 年房地产开发投资增速大幅下降，主要是因为经济下行，房产库存压力不断升级，造成房地产开发投资增速放缓。2015 年房地产开发投资增速为 11.69%，房地产开发投资大幅回升，主要是由于各项刺激政策的出台，提振了房地产市场的信心，致使房地产开发投资增速大幅上升。

2016 年房地产开发投资增速为 7.4%，与 2015 年房地产投资增速的大幅回升相比，增速稍有放缓，原因可能是合肥市在 2016 年的房价出现了不稳定的因素，同时房地产业去库存的压力尚存在，虽然有着限购令的放宽以及各项金融政策的支持，房地产开发投资的增速依然无法达到前一年的水平，处于稳中放缓的阶段。

（2）住宅开发投资。2007—2016年，住宅开发投资总体上呈现不断增长的态势，由2007年的298.62亿元增长到2016年的832.47亿元，投资增速也是波动下降，由2007年的37.20%下降到2016年的6.64%。其中，2007—2008年合肥住宅开发投资增速分别为37.20%、46.10%，房地产市场活跃，住宅开发投资热情较高。2009—2011年合肥住宅开发投资增速分别为7.30%、19.90%、11.40%，较前几年大幅下降，主要是合肥响应了国家和省政府的号召，实施“限购令”，打击了购房者的积极性，降低了房地产市场预期。2012年合肥住宅开发投资增速为−7.50%，较上年大幅下降，房产刚性需求和投机性需求受到压制，造成住宅开发投资的积极性不高。2013年合肥住宅开发投资增速为16.60%，较上年大幅上升，可能是年内合肥制订了公积金贷款买房新政策，在一定程度上刺激了购房者的积极性。2014年合肥住宅开发投资增速为6.00%，较上年明显下降，主要原因是经济下行压力不减，消费者观望情绪较强。2015年，合肥住宅开发投资778.7亿元，同比增长8.90%，较上年有小幅提升。

2016年，住宅开发投资为832.47亿元，同比增长6.64%，增速放缓，这与当前的房地产处在较大的去库存压力的环境中相符，政府的利好政策促进了合肥房地产的发展，同时房地产市场也在各种压力下缓步回暖。

（3）办公楼投资。2007—2016年，办公楼开发投资总体上呈现波动上升态势，由2007年的19.11亿元增长到2016年的110.36亿元，投资增速也是波动下降，且波动幅度较大，由2007年的64.20%下降到2016年的9.13%。其中2007—2009年办公楼开发投资逐年上升，年均增长速度达72.67%，增长较快，这与当时房地产市场快速发展有关。2010—2011年办公楼开发投资逐年递减，增长速度分别为−17.50%、−23.70%，增速大幅回落，主要受政府严厉的宏观调控政策的影响。2012—2013年办公楼开发投资均递增，但同比增长率在

2012年较大，可能是因为2012年政府坚持宏观调控不动摇，很多消费者持观望的心态，致使开发商减少了住宅开发投资和商业营业用房开发投资，增加了办公楼开发投资；2013年房地产市场再次活跃，开发商加大了对住宅开发投资和商业营业用房开发投资的力度，造成办公楼开发投资大幅下降。2014年办公楼开发投资同比增长－0.22%，增速大幅下降，主要受经济下行和库存压力的影响。随着一系列的利好政策的出台，房地产市场预期开始好转，住宅开发投资和商业营业用房开发投资增速开始回升，2015年办公楼开发投资增速大幅回升，增速达到39.51%。

2016年，面对经济下行的巨大压力，办公楼市场发展较为缓慢，导致办公楼开发投资增速明显放缓，维持在9.13%的相对较低的水平。

(4) 商业营业用房开发投资。商业营业用房开发投资在2007—2016年间总体呈现不断增长的态势，由2007年的28.88亿元增长到2016年的282.18亿元，投资增速也是波动变化的，除2012年外，其他年份都保持了正的增长，但是增长率波动起伏很大。其中2011年商业营业用房开发投资增速最快，达到76.30%，可能是期间房地产市场住宅需求减少，房地产开发商将资金投向商业营业用房开发。2012年商业营业用房开发投资增速为－0.20%，增长速度大幅下跌，可能是政府继续坚持对房地产市场严厉的宏观调控，造成了房地产市场交易低迷。2013年商业营业用房开发投资增速为32.30%，增长速度大幅回升，可能是合肥房地产调控政策效力减弱，造成开发商投资意愿增强。2014年商业营业用房开发投资增速为4.9%，增长速度再次大幅下降，可能是因宏观经济下行压力不减，房地产市场发展劲头不足。2015年，商业营业用房开发投资增速为28.28%，增长速度大幅回升，可能是因前期的利好政策开始发挥效应以及开发商对于市场信心的增强。

2016年，商业营业用房开发投资增速为11.62%，可能是前期的利好政策效应发挥降低，同时面对巨大的经济下行压力，开发商的热情有所趋缓，房地产市场依旧较为活跃。

2007—2016年合肥房地产开发投资及其同比增长率变动情况见表4-9所列。

表4-9　2007—2016年合肥房地产开发投资及其同比增长率变动情况

单位：亿元，%

年份	2007	2008	2009	2010	2011	2012	2013	2014	2015	2016
房地产开发投资	385.01	565.45	670.36	819.03	889.60	913.80	1105.81	1127.36	1259.1	1352.6
同比增长	37.20	46.90	18.50	22.20	8.60	2.70	21.00	1.9	11.69	7.40
住宅开发投资	298.62	436.34	468.19	561.36	625.58	578.50	674.35	715.04	778.7	832.47
同比增长	33.00	46.10	7.30	19.90	11.40	−7.50	16.60	6.0	8.90	6.64
办公楼开发投资	19.11	30.90	59.51	49.12	37.47	73.37	93.13	72.61	101.3	110.36
同比增长	64.20	61.20	92.60	−17.50	−23.70	95.80	26.90	−0.22	39.51	9.13
商业营业用房开发投资	28.88	49.33	70.83	80.67	142.26	142.02	187.86	197.07	252.8	282.18
同比增长	12.30	70.80	43.60	13.90	76.30	−0.20	32.30	4.9	28.28	11.62

数据来源与说明：各年《安徽统计年鉴》《安徽统计月报》。

2. 房地产市场供给情况

（1）商品房施工面积。2007—2016年，合肥商品房施工面积总体上呈现不断增长的态势，由2007年的3169.31万平方米增长到2016年的7818.54万平方米，增幅达146.70%；但增长率是波动下降的，由2007年的25.56%下降到2016年的8.6%，下降幅度比较明显。2007—2012年施工面积增长率基本上是持续下降，主要是因为政府连续多年的房地产宏观调控，房地产投资增速的回落，商品房建设面积的增势也同步回落。2013年施工面积增长率又有所回升，主要是合肥调控力度有所放松，大量的购房需求入市，促进了房地产市场的回暖，刺激了开发商投资的热情。2014年施工面积增长率大幅下降至−0.4%，这主要是因受投资环境和宏观环境的影响，房地产市场需求减弱。2015年施工面积为7199.30万平方米，同比增长3.00%，增速稍微上升。

2016 年合肥市商品房施工面积为 7818.54 万平方米，同比增长 8.60%，增速有了小幅的上升，一方面可能是因合肥放松限购、降低首付比例和税制改革等政策，提高了消费者购房的积极性，加快了施工面积的增长；另一方面是房地产信贷难度降低，房地产开发资金来源增加。

(2) 商品房竣工面积。2007—2016 年，合肥商品房竣工面积总体上呈现波动增长的态势，由 2007 年的 609.14 万平方米增长到 2016 年的 966.34 万平方米；同时增长率是波动下降的，由 2007 年的 11.26% 下降到 2016 年的 -6.53%，下降幅度非常明显。2007 年商品房竣工面积同比增长为 11.26%，主要因为经济发展形势较好，购房需求大量释放，促进房地产市场快速发展。2008 年商品房竣工面积同比增长大幅下降至 -8.04%，主要是受金融危机影响，房地产市场预期下降。2009—2010 年商品房竣工面积同比分别增长 7.22%、32.31%，呈现递增趋势，可能是因为政府救市政策效用显现和金融危机的影响逐渐减弱，房地产市场开始回暖。2011—2012 年商品房竣工面积同比分别增长 12.37%、3.15%，呈现下降趋势，可能是因严厉的房地产调控政策，房地产开发商信贷难度加大，房地产投资资金不足，商品房竣工进度放缓。2013 年商品房竣工面积同比增长大幅上升至 55.80%，主要是合肥房地产调控政策效力减弱，房地产开发商资金来源增加，商品房竣工面积增速加大。2014 年商品房竣工面积同比增长大幅下降至 -26.5%，可能是受经济下行的影响，开发商信贷资金不足，商品房施工进度减慢。2015 年商品房竣工面积同比增长 -2.01%，较上年跌幅收紧，可见年内政府出台的一系列利好政策效果显现，房地产开发投资热情回升。

2016 年，商品房竣工面积同比增长 -6.53%，较前几年跌幅进一步扩大，可能由于 2016 下半年房市波动，房价出现明显变化，导致竣工面积有所降低，同时去库存压力依旧较大，开发商也不敢贸然提高库存量。

2007—2016 年合肥房地产建设情况见表 4-10 所列。

表 4－10　2007－2016 年合肥房地产建设情况

单位：万平方米，%

年份	2007	2008	2009	2010	2011	2012	2013	2014	2015	2016
商品房施工面积	3169.31	4020.39	4751.29	5338.63	5699.54	6071.64	7015.32	6986.81	7199.30	7818.54
同比增长	26.56	26.85	18.18	12.36	6.76	6.53	15.50	－0.4	3.00	8.60
商品房竣工面积	609.14	560.13	600.55	794.61	892.92	921.02	1435.33	1055.13	1033.90	966.34
同比增长	11.26	－8.04	7.22	32.31	12.37	3.15	55.80	－26.5	－2.01	－6.53

数据来源与说明：各年《安徽统计年鉴》《安徽统计月报》。

3. 房地产市场销售情况

（1）商品房销售面积。2007－2016 年，合肥商品房销售面积总体上呈波动上升的态势，由 2007 年的 1042.69 万平方米增长到 2016 年的 2098.34 万平方米，增幅达 101.24%，商品房销售面积增长速度也波动变化。其中，2007 年，商品房销售面积同比增长 60.34%，可能因为经济形势大好，刚性需求和投机性需求集中释放。2008－2013 年，合肥商品房销售面积增长率分别为－10.51%、39.10%、－22.59%、24.01%、－0.28%、31.00%，变化幅度非常大，主要因为期间房地产市场政策调控方向和调控力度不断发生变化，直接影响了消费者对房地产市场的预期，造成房地产市场起伏不定，商品房销售面积增速波动较大。2014 年商品房销售面积增速为－2.0%，较上年大幅下降，可能是因宏观经济形势下行，消费者对房地产市场持观望态度。2015 年商品房销售面积增速为－0.3%，下跌幅度收紧，房地产市场逐步回暖，消费者的购房意愿增加。

2016 年商品房销售面积增速大幅回升至 32.00%，前期的各项利好政策效果得到充分释放，各项限购政策的放松使得刚需消费者和改善型消费者的消费热情大幅上升，又加上房价相对大幅的回升，刺激了投机需求的购房者的购房热情。

（2）住宅销售面积。2007－2016 年，合肥住宅销售面积总体上呈波动上升的态势，由 2007 年的 953.10 万平方米增长到 2016 年的

1734.49 万平方米，增幅达 81.98%，住宅销售面积增长速度也波动变化。其中，2007 年，住宅销售面积同比增长 65.61%。2008 年住宅销售面积同比增长－9.12%，较上年大幅下降，可能是金融危机影响了消费者购房预期，造成住宅销售面积增速大幅下降。2009－2013 年，住宅销售面积同比分别增长 36.08%、－26.83%、22.55%、5.57%、29.90%，波动幅度相对较大，主要因为受房地产政策变化的影响。2014 年住宅销售面积同比增长－8.6%，较上年大幅下降，可能是因为房地产泡沫逐渐被挤出，投机性需求大幅减少，造成住宅销售面积大幅下跌。2015 年住宅销售面积同比增长－3.04%，降幅稍微收紧，可见年内合肥取消限购等救市政策效果显现。

2016 年，住宅销售面积达到 1734.49 万平方米，增幅达到 34.89%，原因可能是由于政府出台了一系列放宽限购的政策，导致住宅改善型需求的上升，同时房价的波动可能会刺激投机性需求的上升。

（3）办公楼房销售面积。2007－2016 年合肥办公楼销售面积总体上呈波动上升的态势，由 2007 年的 36.92 万平方米增长到 2016 年的 101.49 万平方米，增幅为 174.89%，办公楼销售面积增长速度也波动变化。其中，2007 年办公楼销售面积与增长速度俊较高，主要是期间房地产市场活跃。2008 年办公楼销售面积为 23.15 万平方米，同比增长－37.31%，销售面积和增长速度均大幅下降，可能是受金融危机的影响。2009－2012 年，办公楼销售面积波动幅度较大，同比增长逐年下降，主要是受政府严厉的宏观调控影响。2013 年办公楼销售面积为 58.06 万平方米，同比增长 73.20%，销售面积和增长速度均大幅上升。2014 年年办公楼销售面积为 52.73 万平方米，同比增长－0.09%，销售面积和增长速度再次同时下滑，主要是经济下行，房地产市场需求被抑制，造成办公楼销售面积增速大幅下跌。2015 年一系列救市政策的出台，使房地产市场价交易有所回升，办公楼销售面积增速下跌幅度收紧。

2016 年，办公楼销售面积和增速均有明显的升高，分别为 101.49 万平方米和 47.86%。可能是由于前几年的救市政策起到了一定的作用，反应在房地产市场上，出现了明显的回暖趋势。同时办公楼销售面积的快速增长也反映了合肥市企业经营状况的改善。

（4）商业营业用房销售面积。2007－2016 年，合肥商业营业用房销售面积总体上呈波动上升的态势，由 2007 年的 44.15 万平方米增长到 2016 年的 262.36 万平方米，增幅达 494.25％，商业营业用房销售面积增长速度也波动变化，波动幅度大于商品房销售面积和住宅销售面积波动。同住宅销售面积和办公楼销售面积不同的是商业营业用房销售面积增速在 2007 年处于上升态势，同样的在 2008 年由于金融危机出现下降，危机过后自然伴随着快速增长，但是增长只持续了 2009－2011 年三年，2012 年又大幅度下滑，2012 年商业营业用房销售面积 67.1916 万平方米，同比下降 41.56％。2013 年又增加到 82.72 万平方米，同比增长 23.10％，这可能因为房企开发商们加大对商业用房的供应，以及人们对商业用房的需求越来越旺盛，促使了商业用房成交量的增加。2014 年商业营业用房销售面积继续增加，同比增长 126.8％，增幅较大，可能由于合肥市的房地产开发中心开始由市区向城市外围转移。2015 年，商业营业用房销售面积为 197.23 万平方米，同比增长 5.14％。这可能是因经济形势下行，很多企业生存环境艰难，甚至是倒闭破产，造成商业营业用房销售面积增速大幅下降。

在 2016 年房地产市场普遍回暖的大环境下，商业营业用房的销售面积也开始回升，商业营业用房面积增至 262.36 万平方米，增速为 33.02％，说明宏观经济的各项政策对各种类型房地产的销售都起到了积极的影响，同时也体现了合肥市商业环境的进一步转好。

2007－2016 年合肥商品房销售情况见表 4－11 所列。

表 4－11　2007－2016 年合肥商品房销售情况

单位：万平方米，％

年份	2007	2008	2009	2010	2011	2012	2013	2014	2015	2016
商品房销售面积	1042.69	933.13	1297.95	1004.71	1245.98	1242.48	1628.09	1594.79	1589.21	2098.34
同比增长	60.34	－10.51	39.10	－22.59	24.01	－0.28	31.00	－2.0	－0.3	32.00
住宅销售面积	953.10	867.35	1180.33	863.65	1058.40	1117.33	1451.69	1326.22	1285.90	1734.49
同比增长	65.61	－9.12	36.08	－26.83	22.55	5.57	29.90	－8.6	－3.04	34.89

（续表）

年份	2007	2008	2009	2010	2011	2012	2013	2014	2015	2016
办公楼销售面积	36.92	23.15	40.16	65.30	58.26	33.51	58.06	52.73	68.64	101.49
同比增长	64.87	−37.31	73.49	62.63	−10.79	−42.47	73.20	−0.09	30.17	47.86
商业营业用房销售面积	44.15	36.33	57.44	63.28	114.98	67.19	82.72	187.59	197.23	262.36
同比增长	9.85	−17.72	58.1	10.18	81.69	−41.56	23.10	126.8	5.14	33.02

数据来源与说明：各年《安徽统计年鉴》《安徽统计月报》。

（二）蚌埠房地产市场运行情况

2007—2016 年，蚌埠市房地产市场运行情况还是比较稳定的，但受经济形势和宏观调控政策的影响，个别年份房地产市场运行的波动幅度较大。具体情况如下：

1. 房地产总体开发投资情况

（1）房地产开发投资。2007—2016 年蚌埠房地产开发投资总体上呈波动上升的态势，由 2007 年的 33.60 亿元增长到 2016 年的 388.58 亿元，增长幅度较大；房地产开发投资增速波动总体上呈现波动上升态势，波动幅度较大。其中，2007 年蚌埠房地产开发投资为 33.60 亿元，房地产开发投资额逐年递增；房地产开发投资增速为 36.31%，主要是经济经济形势较好，房地产市场比较活跃，开发商投资积极性较高。2008—2009 年蚌埠房地产开发投资分别为 40.55 亿元、37.40 亿元，房地产开发投资额逐年递减；房地产开发投资增速分别为 20.66%、−7.77%，也逐年下降，主要是受金融危机的影响，各方持币观望气氛浓厚。2010—2015 年，蚌埠房地产开发投资逐年上升，由 2010 年的 73.84 亿元上升到 2015 年的 428.6 亿元，但房地产开发投资增速却波动下降，波动幅度较大，主要是受政府宏观调控政策不断调整的影响。

2016 年蚌埠房地产开发投资为 388.58 亿元，同比增长−9.30%，房地产开发投资额和增长速度都大幅下降，可能与经济下行压力不减、房地产市场库存积压、供需结构转变有关。

（2）住宅开发投资。2007—2016 年蚌埠住宅开发投资总体上呈逐年上升的态势，由 2007 年的 18.98 亿元增长到 2016 年的 242.5 亿元；住宅开发投资增速总体上呈现波动变化，波动幅度较大。其中，2007－2008 年蚌埠住宅开发投资增速上升，大量投机性需求和刚性需求被释放，房地产市场比较活跃，开发商投资积极性较高。2009 年住宅开发投资增速为 22.79%，较上年大幅下降。2010 年蚌埠住宅开发投资增速大幅上升，2011 年住宅开发投资增速转而下降。2012－2013 年蚌埠住宅开发投资增速递增，可能与蚌埠经济发展水平不断提高和城镇化步伐加快有关。2014 年蚌埠住宅开发投资增速再次大幅下跌，仅为 24.00%，可能受经济房地产大量积压影响。2015 年蚌埠住宅开发投资为 279.12 亿元，同比增长－49.02%，增速回落明显。

2016 年蚌埠住宅开发投资增速为－13.12%，下跌幅度降低，可能与相关的房地产促进政策有关，房地产市场得到了一定的改善。但是开发投资增速依然为负体现了蚌埠市住宅库存压力升级，消费者购房意愿被抑制，开发商投资积极性减弱。

（3）办公楼开发投资。2007－2016 年蚌埠办公楼投资总体上呈逐年上升的态势，由 2007 年的 0.05 亿元增长到 2016 年的 19.46 亿元；办公楼投资增速波动总体上呈现波动变化，波动幅度较大。其中，2007 年蚌埠办公楼投资增速为－75.20%，呈现不断下降趋势。2008－2009 年蚌埠办公楼投资增速分别为 101.51%、116.67%，较前几年大幅上升。2010－2012 年办公楼投资增速逐年大幅下降，可见政府的宏观调控政策对办公楼开发投资影响显著。2013－2014 年蚌埠办公楼投资增速分别为 186.99%、196.47%，较前几年大幅上升。2015 年，办公楼投资为 13.00 亿元，同比增长－44.77%，办公楼投资增速大幅下滑，原因可能是房地产观望情绪浓厚且信贷政策开始收紧。

2016 年，办公楼投资为 19.46 亿元，增速为 49.69%，市场开始回暖，可能由于前期的各种政策效果开始显现，消费者信心提升，同时办公楼开发投资的增长也体现出蚌埠市的企业经营预期转好。

（4）商业营业用房开发投资。2007－2016 年商业营业用房开发投资总体上呈波动上升的态势，由 2007 年的 3.79 亿元增长到 2016 年的 126.04 亿元，上升幅度明显；商业营业用房开发投资增速波动总体上呈现波动变化，波动幅度较大。其中，2007－2008年商业营业用房开发投资分别为3.79亿元和4.58亿元，呈逐年递增趋势；投资增速分别为32.57％、20.84％，呈现逐年下降的趋势。2009年商业营业用房开发投资为3.80亿元，投资增速为－16.98％，较前几年大幅下降，主要是受金融危机影响较大。2010年商业营业用房开发投资为11.26亿元，同比增长196.06％，增速大幅提升，可能是金融危机影响减弱，政府救市政策效果逐渐显现。2011－2013年商业营业用房开发投资逐年上升，投资增速也逐年上升，并在2013年达到163.29％，可见期间房地产市场比较活跃。2014年商业营业用房开发投资为79.98亿元，同比增长11.30％，增速较上年大幅下降，主要受经济下行压力的影响，出现了开发商企业资金回笼较慢、企业投资资金偏紧的情况。2015年，商业营业用房开发投资为102.82亿元，同比增长27.53％，主要是年内一系列的利好政策，开发商投资的积极性提升。

2016年，商业营业用房开发投资为126.04亿元，同比增长22.58％，房地产市场趋稳增长，各项政策效果较为明显。同时商业营业用房开发投资的上升也表明蚌埠市商业环境预期会有所好转。

详细数据见表4－12所列。

表4－12 2006－2015年蚌埠房地产开发投资及同比增长情况

单位：亿元，％

年份	2007	2008	2009	2010	2011	2012	2013	2014	2015	2016
房地产开发投资	33.60	40.55	37.40	73.84	105.79	183.54	325.32	406.96	428.60	388.58
同比增长	36.31	20.66	－7.77	97.46	43.27	73.50	77.25	25.1	5.32	－9.30
住宅投资	18.98	25.65	31.50	54.29	81.35	126.12	214.13	265.53	279.12	242.5
同比增长	19.39	35.14	22.79	72.37	49.84	55.04	69.78	24.00	－49.02	－13.12
办公楼投资	0.05	0.11	0.23	1.44	2.43	2.77	7.94	23.54	13.00	19.46
同比增长	－75.20	101.51	116.67	522.32	68.75	13.83	186.99	196.47	－44.77	49.69
商业营业用房投资	3.79	4.58	3.80	11.26	15.06	27.29	71.86	79.98	102.82	126.04
同比增长	32.57	20.84	－16.98	196.06	33.79	81.24	163.29	11.30	27.53	22.58

数据来源与说明：各年《安徽统计年鉴》《安徽统计月报》。

2. 房地产市场供给情况

(1) 商品房施工面积。2007—2016 年商品房施工面积总体上呈波动上升的态势，由 2007 年的 376.09 万平方米增长到 2016 年的 3246.53 万平方米，增长幅度较大，究其原因可能是地级县居民涌入市区买房的数量逐年增加，以及在外务工人员的回流导致的；商品房施工面积增速总体上呈现波动上升趋势，波动幅度较大。其中，2007—2008 年商品房施工面积分别为 376.09 万、448.39 万平方米，呈逐年递增趋势，商品房施工面积增速也基本呈上升趋势，可能是房地产交易比较活跃，投机性需求盛行，造成开发商加大对商品房投资。2009 年商品房施工面积为 432.55 万平方米，商品房施工面积增速为 −3.52%，商品房施工面积增速较上年大幅下降，可能是金融危机的影响，开发商预期下降，对商品房投资的积极性下降。2010—2014 的商品房施工面积呈逐年上升的趋势，但增长速度基本上是下降的，究其原因，政府加大了对房地产的宏观调控力度，银行房贷政策收紧、市场观望气氛逐渐浓厚，多数房地产企业回款压力增大，出现了资金偏紧的情况，造成商品房施工面积增速下降。2015 年商品房施工面积增速为 12.70%，施工面积增速大幅下降。

2016 年，商品房施工面积为 3246.53 万平方米，增速为 10.40%，增速放缓且趋于平稳，这可能是由于房地产去库存压力相对较大，施工速度放缓，同时房地产泡沫逐渐被挤出，供需结构发生变化。

(2) 商品房竣工面积。蚌埠市商品房竣工面积总体呈现波动上升的趋势，竣工面积从 2007 年的 96.26 万平方米增长到 2016 年的 641.03 万平方米，同比增长也是波动上升的。其中除了 2007、2012 和 2015 年的负增长外，其余年份基本上保持了 10%以上的增长率。2012 年，蚌埠商品房竣工面积为 191.70 万平方米，同比下降 29.77%。在土地和资金的双重压力下，宏观经济政策和严格整治土地购买市场，势必导致竣工面积的动荡。2013 年竣工房屋面积 208.91 万平方米，同比增长 8.98%。2013 年的竣工面积增长可能是之前的大量开工面积陆续竣工导致的，这预示着 2013 年商品房市场供应量在加大，对稳定房价起到重要作用。2014 年竣工面积为 538.59 万平方米，比上年同期增长 157.81%，增长幅度创新高，年内竣工面积的大幅度增长也可能是由于前几年施工的商品房在今年陆续完工。2015 年竣工面积减少，可能由于库存压力较大，房地产开发商的行为相对谨慎。

2016 年，竣工面积回升，增速也回升至 33.88%，主要是近几年施工面积快速增加，造成竣工面积持续增长，但竣工面积增速相对较低，可能是受房地产市场预期下行的影响，房地产施工过程中资金投入放缓。同时房地产去库存压力尚在，商品房竣工面积也难以恢复到高速增长的水平。

详细数据见表 4－13 所列。

表 4－13　2007－2016 年蚌埠房地产商品房施工、竣工及其同比增长情况

单位：万平方米，%

年份	2007	2008	2009	2010	2011	2012	2013	2014	2015	2016
施工房屋面积	376.09	448.39	432.55	692.42	1055.84	1424.17	1924.99	2611.48	2942.01	3246.53
同比增长	17.01	19.22	－3.52	60.08	52.49	34.89	35.17	35.66	12.7	10.40
竣工房屋面积	96.26	112.74	173.00	216.66	272.95	191.70	208.91	538.59	478.80	641.03
同比增长	－24.91	17.12	53.45	25.24	25.98	－29.77	8.98	157.81	－11.10	33.88

数据来源与说明：各年《安徽统计年鉴》《安徽统计月报》。

3. 房地产销售情况

（1）商品房销售面积。蚌埠市商品房销售面积保持着基本稳定的增长态势，从 2007 年的 118.34 万平方米增长到 2016 年的 676.24 万平方米。其中，2007－2016 年，蚌埠市商品房销售面积除 2007 年出现了 2.92%的负增长外，其余年份均保持了正增长。2007 年出现负增长是因为商品房竣工面积的下降。2012 年，蚌埠商品房销售面积为 269.56 万平方米，同比增长 33.86%，增幅同比提高 20.66 个百分点。2013 年蚌埠商品房销售面积为 414.25 万平方米，同比增长 53.68%，增幅同比提高 19.82 个百分点。2014 年蚌埠商品房销售面积为 450.28 万平方米，同比增长 8.7%，增幅同比下降 44.98 个百分点。2015 年商品房销售面积为 483.82 万平方米，同比增长 7.4%，增速也在下降。

2016 年商品房销售面积为 676.24 万平方米，同比增长 39.8%，这主要是前期随着房地产利好政策的出台，楼市开始出现回暖的迹象，市场观望情绪减弱，入市积极性提高，销售面积也会随之增加。

（2）住宅销售面积。住宅销售面积是波动起伏的，但整体上是增加的，从 2007 年到 2016 年，销售面积从 111.19 万平方米增长到 341.6 万平方米，增长幅度较大，除 2007、2010 和 2016 年出现了负增长外，其余年份均保持了正增长。负增长的原因可能与经济发展形势和宏观调控政策有关。2012 年住宅销售面积为 243.35 万平方米，同比增长 45.58%。2013 年蚌埠住宅销售面积 380.55 万平方米，同比增长 56.38%。2014 年销售面积 410.80 万平方米，比上年同期增长 7.95%，增速大幅下降，可能由于经济下行压力不断增大，消费者观望的情绪浓厚。2015 年住宅销售面积增速为 2.16%，增幅依旧处于较低的水平。

2016 年住宅销售面积为 341.6 万平方米，增速为－18.6%，住宅销售面积和增速的降低可能由于当前经济下行压力依旧较大，购房者的消费预期不足。政府的利好政策效果还未得到显现。

（3）办公楼销售面积。2007－2016 年，蚌埠市办公楼销售市场不稳定，波动较大，在这几年间销售面积有增有减，而且在减少之后会以很高的增长率增长。办公楼销售面积从 2007 年的 0.05 万平方米发展到 2013 年的 0.12 万平方米，呈现小幅波动趋势，也就是说这几年蚌埠的办公楼销售面积发展较慢。可能是受住宅市场调控及经济前景不明朗的影响，办公楼销售面积增长乏力。2012 年办公楼销售面积 0.46 万平方米，同比增长 259.68%。2013 年办公楼销售面积 0.12 万平方米，同比下降－73.91%，因为蚌埠的很多公司今年没有搬去办公楼的倾向，导致办公楼销售下降。2014 年办公楼销售面积 5.98 万平方米，同比增长 4883%，增长幅度非常大，可能是因为经济下行压力加大，面对住宅销售相对冷淡，写字楼业主急于招租，主动积极开拓、发掘新的写字楼需求。2015 年办公楼销售面积增速为－7.19%，大幅下降，可能是经济下行压力不断加大，企业经营效益不佳，造成办公楼销售面积增速下降。

2016 年办公楼销售面积回升至 11.99 万平方米，原因可能是一些利好政策的效果释放，增强了办公楼需求者的消费信心。同时办公楼销售情况的好转与企业的经营状况有关，可能企业的总体经营状况在 2016 年得到了好转。

（4）商业营业用房销售面积。蚌埠市商业营业用房销售面积在 2007—2016 年间有所增加，从 2007 年的 7.11 万平方米增长到 2016 年的 60.80 万平方米，除 2007、2012 和 2014 年出现负增长外，其余年份均保持着正增长。2012 年商业营业用房销售面积为 25.69 万平方米，同比下降 24.57%，主要是经济增长不明确，投资者大多持观望态度，降低了商业营业用房交易。2013 年商业营业用房销售面积为 33.44，同比增长 30.17%，随着商业营业用房开发投资的增加，人们对商业用房的需求增大，成交量随之增加。2014 年商业营业用房销售面积为 32.96 万平方米，比上年同期下降 1.43 个百分点，原因可能是房贷收紧，银行、公积金中心等部门审批力度加大，房贷过程延迟。2015 年商业营业用房销售面积增速为 61.86%，上涨幅度较大。

2016 年商业营业用房销售面积为 60.80 万平方米，增幅为 12.61%，涨幅有所放缓，可能是与当前经济不景气，经济下行压力不断加大有关。商业营业用房销售增长幅度的放缓原因可能是整体商业环境的相对不景气。

2007—2016 年蚌埠商品房销售情况见表 4-14 所列。

表 4-14 2007—2016 年蚌埠商品房销售情况 单位：万平方米，%

年份	2007	2008	2009	2010	2011	2012	2013	2014	2015	2016
商品房销售面积	118.34	126.21	175.63	177.90	201.38	269.56	414.25	450.28	483.82	676.24
同比增长	—2.92	6.63	39.17	1.32	13.20	33.86	53.68	8.7	7.4	39.8
住宅销售面积	111.19	115.13	163.24	155.63	167.16	243.35	380.55	410.80	419.68	341.6
同比增长	—0.55	3.54	41.79	—4.66	7.41	45.58	56.38	7.95	2.16	—18.60

（续表）

年份	2007	2008	2009	2010	2011	2012	2013	2014	2015	2016
办公楼销售面积	0.05	0.18	0.02	0.08	0.13	0.46	0.12	5.98	5.55	11.99
同比增长	－92.21	257.14	－87.09	229.87	68.67	259.68	－73.91	4883	－7.19	116.04
商业营业用房销售面积	7.11	10.69	11.81	22.14	34.06	25.69	33.44	32.96	53.35	60.80
同比增长	－20.12	50.35	10.47	87.53	53.83	－24.57	30.17	－1.43	61.86	12.61

数据来源与说明：各年《安徽统计年鉴》《安徽统计月报》。

（三）芜湖房地产市场运行情况分析

芜湖房地产市场总体来说保持着较高的增长率，随着经济的增长，房地产投资前景良好，2008—2016 年间芜湖市房地产投资一直是增加的。2016 年，芜湖房地产市场坚持去库存策略，从供需两端改善市场环境，利好政策接连出台，市场表现超出预期。总体来看，芜湖市房地产市场仍处于健康发展的良好态势，价格基本稳定，供求结构基本合理。住房消费以自住性和改善性为主，商品房库存有序化解，市场监管体系较为完善，主要指标保持在安徽省前列。

1. 房地产开发投资情况

(1) 房地产开发投资。芜湖市房地产投资一直持续增长，虽然增长率有所下降，但总体上还是增加的，投资额从 2008 年的 150.23 亿元增长到 2016 年的 408.10 亿元。从年度数据看，芜湖市房地产市场保持了高位趋稳的发展，2008—2014 年，芜湖市房地产开发投资逐年增长，年均增长率为 45.55%。2012 年，芜湖完成房地产开发投资 366.67 亿元，同比增长 25.64%，增幅同比上升了 25.41 个百分点。因为芜湖房地产市场总体已进入上行通道，开发投资保持稳定增长的态势，2012 年芜湖还出台了房地产救市新政，所以对房地产开发投资加大了力度。2013 年芜湖完成房地产投资 446.12 亿元，同比增长 21.67%。2013 年，随着调控政策效应的释放，市场预期进入了一个相对的平静期，各方的心态也趋于平稳，经济和社会事业发展取得了新的成就。2014 年房地产投资 479.01 亿元，比上年同期增长 7.37%。

2014 年以来，面对错综复杂的经济形势，芜湖市上下在市委、市政府的坚强领导下，全面贯彻落实稳增长各项政策措施，加快经济结构调整，推动产业转型升级，房地产开发投资继续增长。2016 年，在经济环境复杂严峻、下行压力持续增大的情况下，房地产开发投资下降。2015 年芜湖房地产投资 452.84 亿元，同比下降 5.5%，2016 年房地产投资 408.1 亿元，下降 9.9%。

(2) 住宅开发投资。2008—2016 年芜湖住宅开发投资基本上是逐年增加的，开发投资额从 2008 年的 116.29 亿元增加到 2016 年的 356.54 亿元，增长了约 3.07 倍。芜湖市住宅投资除个别年份外，均保持了较高的增长率，2008—2010 年这一增长率均在 30%以上，2011 年同比下降 2.85%，因为开发商较多的投向了办公楼投资，之后又以缓慢的速度恢复增长。2012 年芜湖市坚决落实国家房地产宏观调控政策，使得房价维持稳中略降的势头，促进了商品房成交量稳定增长。2013 年住宅完成投资 308.52 亿元，同比增长 20.28%，增幅同比增长 13.9 个百分点。投资者对芜湖市房地产市场的发展充满了信息，所以加大对住宅市场的开发投资力度。2014 年完成住宅开发投资 325.05 亿元，比上年同期增长 5.36%。芜湖市住宅开发市场形势继续维持良好的发展态势，外来人员的加入促进了住宅市场的投资势头。2015 年，芜湖市完成住宅投资 280.5 亿元，同比上升 13.7%，芜湖市房地产投资减少，住宅去库存压力仍比较大。

2016 年，随着国家去库存支持政策的发力，芜湖市经济延续了去年以来稳中趋缓、稳中有进的运行态势，住宅投资保持平稳增长，增幅不同程度地回落。芜湖市完成住宅投资 356.54 亿元，同比增长 27.44%。

(3) 办公楼开发投资。芜湖市办公楼开发投资在 2008—2014 年增加迅速，投资额从 2008 年的 1.04 亿元提高到 2014 年的 18.75 亿元，增长了 18.03 倍，除 2009 和 2013 年出现负增长外，其余年份的增长率基本上是相当高的，尤其是 2010 年以后甚至超过 100%。2012 年办公楼完成投资 19.73 亿元，同比增长 213.28%，随着芜湖经济的迅速发展，已经具备了办公楼开发投资的各项条件。但是 2013 年办公楼投资却减少了，为 17.66 亿元，同比下降 10.51％，原因可能是上一年的办公楼投资过剩，使得办公楼空置率增加，投资相应减少。2014 年办公楼完成投资 18.75 亿元，同比增长 6.16％，这可能是因为 2013 年办公楼投资降幅较大，随着年末房地产市场回暖，房地产办公楼投资相应增加。2015 年芜湖办公楼完成投资 14.7 亿元，同比增长 15.7％，房地产投资规模进一步扩大，这与稳中有进的经济形势有很大关系。2016 年，办公楼投资 19.03 亿元，投资额继续增加，同比增长 29.44％，经济形势的良好发展增加了对办公楼投资的需求，相应地扩大了投资规模。

（4）商业营业用房开发投资。芜湖市商业营业用房开发投资也保持着较高的增长速度，除 2010 年和 2015 年是负增长外，其余年份均是 10％以上的增长率，商业营业用房投资额从 2008 年的 26.80 亿元提高到 2014 年的 111.02 亿元，增长了 4.14 倍，年均增长率为 59.18％。2012 年商业营业用房完成投资 69.61 亿元，同比增长 130.12％。因为商业营业用房不受楼市调控政策的影响，以及它与电子商务有关。2013 年商业营业用房完成投资 97.90 亿元，同比增长 40.65％，增幅同比回落 89.47 个百分点。2013 年芜湖商业营业用房继续保持增长，只是增幅趋于稳定，可能是由于住宅投资方面的增加，造成了商业用房投资相应的减少。2014 年商业营业用房完成投资 111.02 亿元，同比增长 13.4％。2014 年芜湖市房地产市场形势与全国一样，进入调整期，整体呈现下行趋势，商业营业用房开发投资增速减缓。2015 年，芜湖市商业营业用房投资受房地产调整的影响较大，且已供商业营业用地过多、在建在售商业营业用房数量过大、消化周期过长导致投资减少。商业营业用房完成投资 16.7 亿元，投资大幅下降。2016 年芜湖市商业营业用房完成投资 19.42 亿元，同比增长 16.3％。在 2015 年商业营业用房大幅下降的基础上，在房地产调整政策的影响下，相较于 2015 年，芜湖市 2016 年商业营业用房投资有了一定程度的增加。

从总体来看，房地产开发投资的重点开始从住宅投资到办公楼和商业营业用房投资转移，这是经济发展的表现。具体数据详见表 4－15 所列。

表 4－15 2008－2016 年芜湖房地产开发投资及其同比增长情况 单位：亿元，%

年份	2008	2009	2010	2011	2012	2013	2014	2015	2016
房地产投资	150.23	206.87	291.16	291.83	366.67	446.12	479.01	452.84	408.10
同比增长	68.99	37.70	40.75	0.23	25.64	21.67	7.37	－5.5	－9.90
住宅投资	116.29	158.54	248.16	241.10	256.50	308.52	325.05	280.5	356.54
同比增长	83.82	36.33	56.53	－2.85	6.38	20.28	5.36	13.7	27.44
办公楼投资	1.04	0.93	1.95	6.30	19.73	17.66	18.75	14.7	19.03
同比增长	13.43	－10.21	109.61	222.62	213.28	－10.51	6.16	15.7	29.44
商业营业用房投资	26.80	37.52	25.30	30.25	69.61	97.90	111.02	16.7	19.42
同比增长	20.14	40.01	－32.58	19.57	130.12	40.65	13.40	－85.09	16.3

数据来源与说明：各年《安徽统计年鉴》《安徽统计月报》。

2. 市场供给情况

（1）商品房施工面积。芜湖市施工房屋面积逐年增长，从 2008 年的 1179.52 万平方米增长到 2014 年的 3624.14 万平方米，增长了 3.07 倍。从年度数据来看，芜湖市商品房施工房屋面积保持了高位趋稳的增长，年均增长率为 38.41%。2012 年，芜湖商品房施工面积为 3212.59 万平方米，同比增长 22.46%，增幅同比回落 6.64 个百分点。2013 年，芜湖商品房施工面积为 3714.84，同比增长 15.63%，增幅有所回落但保持稳定增长。2014 年芜湖商品房施工面积为 3624.14 万平方米，比上年同期下降 2.44%，这是受银行信贷政策的影响，开发企业资金链日渐紧张。2015 年，受房地产市场调整影响，企业开发意愿有所下降。芜湖市商品房施工面积 3084.81 万平方米，同比下降 14.9%。

2016 年，芜湖市施工房屋面积 2975.48 万平方千米，同比下降 3.50%。因为房地产投资逐年增长，施工面积必然增长，只是随着投资增速的放缓，加之当前房地产市场形势不稳定，施工面积增速也会相应回落，企业开发意愿也随之下降。

（2）商品房竣工面积。芜湖市竣工房屋面积随着施工房屋面积的增加也在增加，从 2008 年的 167.53 万平方米增长到 2016 年的

1155.59万平方米，增长了6.90倍。2012年，芜湖商品房竣工面积为474.95万平方米，同比增长16.10%，增幅同比回落23.16个百分点。2013年商品房竣工面积为709.55万平方米，同比增长49.39%，增幅同比上涨33.29个百分点。2013年芜湖商品房竣工面积增长较快的原因可能是2014年商品房竣工面积为780.12万平方米，同比增长9.95%，增幅同比下降39.44个百分点。这可能是因为当前房地产市场形势不稳定，加上2013年房地产施工面积增幅同比下降，导致2014年竣工面积增速减缓。2015年商品房竣工面积为923.66万平方米，竣工面积同比增长18.4%。这是因为2014年房地产施工面积增幅同比下降，导致2015年竣工面积增速相对较快。

2016年商品房竣工房屋面积1155.59万平方千米，增幅为25.11%。这可能是因为在房地产投资逐年增加的情况下，对商品房的需求意愿相对增加，再加之对前些年开工的工程完成了，再加上本年商品房的施工面积，所以增加了本年的竣工面积。

具体数据详见表4-16所列。

表4-16 2008—2016年芜湖房地产商品房施竣工面积及其同比增长情况

单位：万平方米，%

年份	2008	2009	2010	2011	2012	2013	2014	2015	2016
施工房屋面积	1179.52	1701.03	2032.24	2623.42	3212.59	3714.84	3624.14	3084.81	2975.48
同比增长	48.37	44.19	19.48	29.10	22.46	15.63	−2.44	−14.9	−3.50
竣工房屋面积	167.53	217.91	293.76	409.09	474.95	709.55	780.12	923.66	1155.59
同比增长	2.93	30.07	34.81	39.26	16.10	49.39	9.95	18.4	25.11

数据来源与说明：各年《安徽统计年鉴》《安徽统计月报》。

3. 市场销售情况

(1) 商品房销售面积。2008—2016年总体来看，芜湖商品房销售面积是持续增长的，销售面积从2008年的177.11万平方米增长到2016年的455.04万平方米，增长了2.57倍。从年度数据来看，芜湖商品房销售市场保持了较平稳的发展，除2008年出现了9.60个百分点的负增长外，2009－2013 年均保持了 10%以上的增速，2014 年增速显著减慢。2012 年，芜湖商品房销售面积为 426.99 万平方米，同比增长 11.98%，增幅同比回落 8.09 个百分点。2013 年，芜湖商品房销售面积为 612.67 万平方米，同比增长 43.49%，增幅同比上涨 31.51 个百分点，可见 2013 年的芜湖销售情况稳中向好，这可能与开发商融资困难、采取各种促销手段有关。2014 年商品房销售面积 623.70 万平方米，比上年同期增长 1.8%，增幅同比下降 41.69 个百分点。2014 年芜湖实行双向调控，开发企业在面临资金压力的情况下，采取降价刺激销售的策略，以价换量，所以商品房销售面积增加。2015 年，芜湖市商品销售面积 373.29 万平方米，同比增长 7.9%，增速有所提升，这可能是因为在 2014 年降价策略的影响下，商品房需求增加，从而导致商品房销售面积增加。

2016 年，芜湖市商品销售面积达到 455.04 万平方千米，同比增长 21.90%，这主要是随着楼市开始出现回暖的迹象，房贷价格走低，再加上芜湖的商品房销售市场的平稳发展，对商品房的销售需求随之增加，销售面积也会相应增加。

（2）住宅销售面积。住宅销售面积在 2008－2016 年间，除 2008 年金融危机导致的经济下滑引起的住宅面积负增长外，其余年份都是正增长，销售面积从 2008 年的 169.74 万平方米提高到 2016 年的 389.23 万平方米，增长了 2.29 倍，年均增长率为 41.33%。2014 年芜湖住宅销售面积为 561.23 万平方米，比上年同期增长 1.69%，增幅同比下降 42.64 个百分点。这是因为住宅销售受楼市调控政策的影响，消费者们专项非住宅类商品房的购买，导致住宅商品房成交量增速下降。

2016 年住宅销售 389.23 万平方千米，同比增长 16.38%，在信贷行政和降息的双重刺激下，消费者需求增加，更多自住型消费者选择合适的时机入市，全市住宅销售面积增加。

（3）办公楼销售面积。办公楼销售面积在总的商品房销售面积中占的比例是最小的，虽然它的销售面积在 2008－2016 年间也是增长的，但是增长率的波动幅度很大，甚至达到了 2476.15 个百分点的增长率。办公楼销售面积从 2008 年的 0.04 万平方米提高到 2016 年的

69.53万平方米，增长了1738.25倍。2012年办公楼销售面积8.09万平方米，同比增长115.06%。2013年办公楼销售面积相比去年而言下降了，为7.81万平方米，同比下降3.46%，增幅同比回落118.52个百分点。因为2013年芜湖市办公楼批准预售面积下降，所以成交量也会随之下降。2014年办公楼销售面积22.04万平方米，同比增长182.22%，增幅同比上升185.68个百分点。2015年，芜湖市办公楼销售面积16.89万平方米，同比增长5.78%，这与芜湖深入贯彻国家、省有关房地产市场分类调控政策不无关系。

2016年芜湖的办公楼销售面积为69.53万平方米，随着房地产市场回暖，加之芜湖市主动适应经济发展新常态，采取积极有效的措施，保持房地产市场平稳健康的发展态势，芜湖办公楼销售也呈现回暖迹象，办公楼销售面积大幅增加。

（4）商业营业用房销售面积。商业营业用房的销售面积不稳定，在2008—2012年间，先是2008年与2012年是负增长，其余年份正增长，销售面积从2008年的5.27万平方米提高到2012年的31.60万平方米，增长了6.00倍，年均增长率为86.10%。2012年商业营业用房销售面积为31.60万平方米，同比下降12.01%。商业营业用房销售极不稳定。2013年商业营业用房销售面积增长到47.80万平方米，同比增长51.27%，增幅同比上涨63.28个百分点。面对复杂严峻的宏观经济环境，投资性、投机性购房需求受到抑制，商业营业用房销售艰难。2013年芜湖的商品房销售中，只有办公楼的销售面积是下降的，住宅和商业营业用房的销售面积相比去年而言是上涨的。2014年商业营业用房销售面积下降到31.76万平方米，同比下降33.54%，增幅同比下降84.81个百分点。2015年，芜湖市商业营业用房销售面积21.95亿元，同比下降7.09%，这可能是因为开发商开发供给的跟消费者需求的不吻合，才会造成销售的障碍。

2016年芜湖市商业营业用房销售面积31.70亿元，同比增长44.42%。随着房地产市场回暖，芜湖市积极采取措施保持房地产市场稳中有进的发展趋势，营造了良好的市场环境，企业对商业营业用房的供给需求增加，商业营业用房销售面积随之增加。

2008—2016年芜湖房地产商品房销售情况见表4-17所列。

表4-17 2008—2016年芜湖房地产商品房销售情况

单位：万平方米，%

年份	2008	2009	2010	2011	2012	2013	2014	2015	2016
商品房销售面积	177.11	286.09	320.22	381.3	426.99	612.67	623.7	373.29	455.04
同比增长	−9.6	61.53	11.93	19.07	11.98	43.49	1.8	7.9	21.90
住宅销售面积	169.74	273.88	285.21	341.45	382.38	551.88	561.23	334.45	389.23
同比增长	−4.33	61.36	4.13	19.72	11.99	44.33	1.69	−40.4	16.38
办公楼销售面积	0.04	0.9	5.84	3.76	8.09	7.81	22.04	16.89	69.53
同比增长	−98.07	2378.08	545.58	−35.59	115.06	−3.46	182.22	5.78	381.17
商业营业用房销售面积	5.27	11.11	28.44	35.91	31.6	47.8	31.76	21.95	31.70
同比增长	−70.99	110.93	156.05	26.27	−12.01	51.27	−33.54	−7.09	44.42

数据来源与说明：各年《安徽统计年鉴》《安徽统计月报》。

（四）阜阳房地产市场运行分析

阜阳市是人口大市，一直以来刚需旺盛是推动房地产市场发展的关键。2008—2016年，阜阳的房地产开发投资一直处于增长状态，但增长率呈波浪形变化，并不稳定。就2016年而言，阜阳商品房增长势头迅猛。从整个市场大环境看，年初期间，众多利好政策不断，首套房首付比例最低可以是20%，住房公积金调整、契税新政、降准等，购房者买房成本大大降低，而从阜阳地方市场看，如恒大绿洲、碧桂园、祥源文旅城等新入市楼盘以品牌效应、优质区位、精装房等优势大大吸引买房者的眼球，此外，省城合肥房价的不断暴涨，也将部分准备在合肥买房的需求者将目标转至回乡置业，受整个房地产市场火热辐射影响，2016年阜阳商品房市场交易量取得了不俗的成绩。2016年以来，阜阳市着力推进三产融合、协同发展，着力在稳增长、调结构上见实效，在增强动力、补齐短板上求突破，提高发展的协调性和平衡性，全市经济发展总体态势优于全省，主要经济指标实现体量与速度“双赶超”，实现了“十三五”良好开局。

1. 房地产开发投资情况

（1）房地产开发投资。2008—2016年，阜阳房地产开发投资基本上呈现高位运行的状态，年增长率基本保持在10%以上。2008—2016年，房地产开发投资从2008年的42.26亿元增加到2016年的350.54亿元，增长了8.29倍，年均增长63.79%。2012年，阜阳市认真贯彻落实国家各项房地产调控措施，房地产开发投资增速呈现前高中低后升的态势，投资增速有所放缓，全年的投资额为87.99亿元，同比增长11.66%，增幅同比回落45.79个百分点。2015年，房地产开发投资264.78亿元，同比增长22.8%，随着阜阳市南扩西展以及“七大片区”组团开发战略的实施，各大房地产公司持续发力，为全市房地产市场注入了新的活力。

2016年房地产开发投资为350.54万元，同比增长32.4%，在整个房地产市场的火热态势下，阜阳市抓住机遇，迎接挑战，积极采取有效措施，房地产投资持续发力。

（2）住宅开发投资。阜阳市住宅开发投资一直占据着阜阳市房地产开发的主体地位，2008—2014年间一直是增加的，增长率也基本上是两位数以上的快速增长，除2009年和2012年外，这两年的增长率在5%以下，2009年是因为金融危机的影响，2012年是国家调控政策比较严谨导致的投资增速较小。2008年住宅开发投资是32.06亿元，2014年住宅开发投资是142.78亿元，7年间住宅投资增长了4.45倍。2014年住宅开发投资142.78亿元，比上年同期增长43.77%。2015年在降息降准的刺激下，住宅完成投资183.08亿元，同比增长28.23%。

2016年住宅投资239.21亿元，同比增长30.66%。在国家调控政策的影响下，阜阳市继续实行双降，极大地促进了住宅投资的需求，住宅开发投资取得了较快增长。

（3）办公楼开发投资。阜阳市自2008—2016年办公楼开发投资整体上是呈增加态势的，但是中间的增长率是波动起伏的。2008年办公楼投资增长，2009 年和 2010 年受全球金融危机和大的宏观环境的影响，投资下降，2011—2013 年办公楼投资额高速增长。2012 年办公楼开发投资为 2.34 亿元，同比增长 179.37%，2013 年办公楼开发投资 2.81 亿元，同比增长 20.02%，增幅同比回落 159.35 个百分点。在经历了 2012 年的高位增长后，2013 年的增长率比较平稳。2014 年办公楼开发投资 5.60 亿元，比上年同期增长 99.36%，增幅同比上升 79.34 个百分点。2014 年阜阳市政府下发“6611”工程项目投资计划，所以投资结构进一步优化，加大了办公楼开发投资力度。2015 年随着 GDP 增速的减缓，办公楼投资 6.27 亿元，同比增长 11.96%，增速显著下降。

2016 年，办公楼投资 9.53 亿元，增长 51.96%，增速有所回升。这可能是因为在整个房地产市场的火热影响下，阜阳市准确把握新常态与本市发展阶段性特征的“平衡点”，进一步优化投资结构等，这在一定程度上促进了办公楼投资的增长。

（4）商业营业用房开发投资。阜阳市商业营业用房开发投资在 2008—2016 年间总体上是增加的，同办公楼开发投资比较类似，在 2009 年以前是波动起伏的，2009 年之后一直呈上升态势。2008 年的商业营业用房开发投资是 4.31 亿元，2016 年商业营业用房开发投资 83.27 亿元，增长了 19.32 倍。2016 年比上年同期增长 55.88%，增速较快。阜阳市大力发展经济，采取鼓励政策，优化投资结构，促进了商业营业用房投资的增长。

2008—2016 年阜阳市房地产开发投资及同比增长情况见表 4－18 所列。

表 4－18 2008—2016 年阜阳房地产开发投资及同比增长情况

单位：亿元，%

年份	2008	2009	2010	2011	2012	2013	2014	2015	2016
房地产开发投资	42.26	43.12	50.05	78.80	87.99	140.48	215.67	264.78	350.54
同比增长	34.61	2.04	16.07	57.45	11.66	59.66	53.52	22.8	32.4
住宅投资	32.06	32.09	38.97	58.09	60.09	99.31	142.78	183.08	239.21

（续表）

年份	2008	2009	2010	2011	2012	2013	2014	2015	2016
同比增长	33.94	0.11	21.44	49.07	3.44	65.27	43.77	28.23	30.66
办公楼投资	0.67	0.66	0.33	0.84	2.34	2.81	5.60	6.27	9.53
同比增长	1.62	－1.52	－49.78	154.65	179.37	20.02	99.36	11.96	51.96
商业营业用房投资	4.31	5.90	6.11	12.34	12.35	19.95	47.94	53.42	83.27
同比增长	－8.75	36.92	3.61	101.90	0.04	61.62	240.27	11.43	55.88

数据来源与说明：各年《安徽统计年鉴》《安徽统计月报》。

2. 市场供给情况

（1）商品房施工面积。2008－2016 年阜阳市商品房施工面积整体上是稳定增长的，没有特别大的波动起伏。2008 年的商品房施工面积是 484.75 万平方米，2016 年的商品房施工面积是 2974.1 万平方米，增长了 6.14 倍，年均增长 51.66％。商品房施工面积的增长率除 2009 年和 2010 年在 10％以下外，其余年份都在 10％以上，2013 年的增长率创新高，达到 45.42％，这与 2013 年的房地产投资增长率增加有关，开发商有了充足的资金后开始了大面积的施工。

2016 年商品房施工面积同比增长 35.9％，随着阜阳城市的发展，房地产板块也在不断增加，在降准降息的刺激下，房地产市场开始出现回暖趋势，去化良好，库存走低，施工面积持续增长。消费是生产的动力。之所以出现众多国内知名房企竞相入阜阳、新开工商品房面积大幅增长的局面，与阜阳房地产市场较为火爆的销售业绩密不可分。

（2）商品房竣工面积。阜阳市商品房竣工面积没有施工面积那么稳定，相对来说比较波动，竣工面积的增长和下降是间隔发生的，在 2008－2016 年间，2009、2012 和 2014 年的竣工面积相比上一年都是下降的，其余年份的竣工面积是增加的，竣工面积的下降与开工面积和资金不足有关。阜阳商品房竣工面积总体上是增加的，2008 年竣工面积是 130.31 万平方米，2016 年竣工面积是 132.18 万平方米，说明阜阳的商品房竣工面积增长是极缓慢的，也表明阜阳的商品房需求不足。

2016 年，阜阳商品房施工面积 2974.1 万平方米，同比增长 35.9%，增速回升与施工面积不断增长有关。阜阳市经济争先进位势头强劲，房地产市场发展前景良好，房地产去库存速度较快，库存持续走低，在不断增长的施工面积的基础上，竣工面积增长回升，以应对消费者的购买需求。

具体数据详见表 4－19 所列。

表 4－19　2008—2016 年阜阳商品房施竣工面积及其同比增长情况

单位：万平方米，%

年份	2008	2009	2010	2011	2012	2013	2014	2015	2016
施工房屋面积	484.75	521.58	532.82	680.28	870.84	1266.39	1752.86	2188.47	2974.1
同比增长	10.41	7.60	2.15	27.68	28.01	45.42	38.41	24.9	35.9
竣工房屋面积	130.31	103.26	136.23	140.49	139.02	176.59	111.66	119.86	132.18
同比增长	47.89	－20.76	31.92	3.13	－1.05	27.02	－36.77	7.34	10.28

数据来源与说明：各年《安徽统计年鉴》《安徽统计月报》。

3. 市场销售情况

（1）商品房销售面积。从年度数据看，2008—2016 年阜阳商品房销售面积总体来说是比较稳定的，除 2008 年和 2011 年的销售面积相比上一年有所下降外，其余年份基本保持两位数的增长速度。2008 年下降的原因是受全球金融危机的影响，大的经济环境不太好，人们对商品房的需求下降。2011 年销售面积减少是因为 2011 年是房地产调控政策集中发力的一年，在以“双限”为主要特色的政策影响下，所以 2011 年商品房成交量下滑。2012 年和 2013 年商品房销售面积都是正增长的，2012 年销售面积是 202.28 万平方米，同比增长 24.60%，2013 年销售面积是 299.01 万平方米，同比增长 47.82%，增幅同比上升 23.22 个百分点。2013 年开发商由于融资困难，采取各种促销手段，使得成交量上升。2014 年商品房销售面积是 342.93 万平方米，比上年同期增长 14.69%。阜阳市 2014 年市场品质大盘行情较好，房价跌幅明显，所以销售情况较好。2016 年，阜阳市商品房销售面积达到 662.64 万平方米，同比增长 87.9%，增速较快，销售情况较好。这是因为阜阳市经济稳重走强，房地产发展环境得到持续优化，商品房销售市场复苏，消费者观望情绪减轻。

（2）住宅销售面积。综观 2008—2016 年的年度数据，发现阜阳住宅销售面积的情况和商品房销售面积的总体情况相似，可见阜阳的商品房销售主要是住宅销售。2008 年的住宅销售面积是 115.82 万平方米，2014 年住宅销售面积是 296.79 万平方米，增长了 2.56 倍，年均增长 38.89%。2014 年住宅销售面积同比增长 296.79%，增长幅度上涨 19.31 个百分点。2014 年阜阳城区住宅销售均价环比下降，促成成交量的增加。2015 年，阜阳市住宅销售面积 313.49 万平方米，同比增长 5.63%。2016 年，在阜阳市信贷投放持续加快的影响下，更多的自住型消费者入市购房，全市住宅销售面积持续增加，住宅销售面积达到 589.1 万平方米，同比增长 88%。这也是因为阜阳市经济稳中向好，房地产发展环境优化，住宅销售市场复苏，消费者需求增加。

（3）办公楼销售面积。阜阳的办公楼销售面积就没那么稳定了，2008—2016 年间，办公楼销售面积极不稳定，在经历了增长—下降—增长—下降—增长后，办公楼销售面积从 2008 年的 0.05 万平方米增长到 2016 年的 16.23 万平方米，说明了办公楼销售面积的变化起伏很大，除了 2011 年和 2014 年的负增长外，其余年份的正增长都是以 100%以上的速度增长。2016 年，随着房地产市场回暖，写字楼业主积极开拓、发掘新的写字楼需求，办公楼销售增速开始回升，办公楼销售面积达到 16.23 万平方米，取得了较快增长。由于住宅销售面积的增加，以及商业营业用房销售面积的增加，市场环境带动办公楼的需求增加，成交量上升。

（4）商业营业用房销售面积。阜阳的商业营业用房销售面积也是不稳定的，但相比办公楼销售面积来说波动要小点，2008—2016 年间的销售面积基本是增加的，从 2008 年的 10.10 万平方米增加到 2016 年的 56.67 万平方米。2016 年，阜阳商业营业用房 56.67 万平方米，同比增长 70.60%。随着阜阳市三产结构持续优化，财政收入增长创年内新高，经济总量稳步提升，商业营业发展得到稳步推进，销售面积不断上升。

具体数据详见表 4 - 20 所列。

表 4 - 20 2008—2016 年阜阳房地产商品房销售情况

单位：万平方米，%

年份	2008	2009	2010	2011	2012	2013	2014	2015	2016
商品房销售面积	125.98	166.79	194.07	162.34	202.28	299.01	342.93	352.62	662.64
同比增长	−23.96	32.4	16.36	−16.35	24.6	47.82	14.69	2.8	87.9
住宅销售面积	115.82	150.03	176.16	152.02	188.42	277.48	296.79	313.49	589.1
同比增长	−22.6	29.53	17.42	−13.71	23.94	47.27	6.96	5.63	88
办公楼销售面积	0.05	0.35	1.38	0.54	1.7	4.12	0.84	5.12	16.23
同比增长	228.57	554.25	229.48	−60.65	213.24	141.78	−79.7	509.52	217.06
商业营业用房销售面积	10.1	13.46	15.08	9.5	11.84	17.14	45.08	33.22	56.67
同比增长	−36.81	33.26	12.08	−37.04	24.65	44.79	163.01	−26.31	70.6

数据来源与说明：各年《安徽统计年鉴》《安徽统计月报》。

第三节 安徽与中部其他省份房地产投资对比分析

中部六省是指河南省、山西省、湖北省、安徽省、江西省、湖南省这六个省份，本报告选择了与安徽省同属中部地区的其余五省来进行房地产方面的比较。下面主要从房地产开发投资情况、房地产市场供给情况和房地产市场销售情况等三个方面分析六省的异同。

一、房地产开发投资情况的比较

（一）安徽省房地产投资基本处于六省领先位置

房地产开发投资主要是通过房地产开发投资额和房地产住宅开发

投资额这两个指标来反映。2008－2016 年，在中部六省中安徽省房地产投资基本处于领先地位，房地产投资逐年增加。具体如下：

2008－2010 年安徽房地产投资总是处于第一位，其次是河南省。2011 年，河南省房地产投资首次超过安徽省，达到 2626.54 亿元。安徽省排名第二，房地产投资 2611.54 亿元，其余四省排名没有改变。2012－2013 年，安徽受到“国五条”政策影响，房地产开发投资超过河南省，居中部六省首位。2014 年，房地产市场继续调整，安徽省房地产开发投资略低于河南省 4375.71 亿元，达 4338.96 亿元，中部排名第二。2015 年，河南省房地产投资再次超过安徽省，河南省房地产投资快速增长，安徽省排名第二，其余四省只有江西省和山西省改变了排名。

2016 年，河南省房地产投资首次突破 6000 亿元，达 6179.13 亿元，同比增长 28.2％，再次位居中部第一，安徽省以投资额 4603.56 亿元居中部第二。6 个省份同比增长，增速较快的河南、江西分别增长 28.2％、16.5％。这 6 个省份中，与上年相比，湖北增速回落 5.6 个百分点；4 个省份增速提高，河南提高 18.07 个百分点；湖南由下降 9.36％转为增长 13.1％。与 1－11 月相比，湖北和湖南增速分别回落 1.0 和 0.5 个百分点；4 个省份增速提高，河南、安徽分别提高 0.8 和 0.4 个百分点。降幅比上年收窄 12.3 个百分点，比 1－11 月扩大 0.1 个百分点。在这六个省份中，江西省和山西省的房地产投资略低，房地产投资明显落后于其他四省，但也保持了适度增长，这离不开稳定的销售市场和有效地“去库存”。

（二）安徽省房地产投资结构有所转变

2008—2016 年，安徽省投资保持平稳较快增长，进一步实现了从扩大规模向优化结构转变，从注重速度向提高效益转变，有效地促进了全省经济健康快速发展。房地产投资热度较高，房地产开发投资额在中部地区居于领先地位。而对于这 9 年间的房地产同比增长率而言，六省增速起伏不定，大体在波动中呈现下降的趋势。具体如下：

2008 年至 2016 年，安徽省房地产开发投资增长率最高为 2008 年的 52.75%，最低为 2015 年的 1.98%。由前四年与后五年房地产投资增速可以看出，2012—2016 年的安徽省房地产投资同比增长率明显低于 2008—2011 年的同比增长率，可见安徽省的房地产投资增速正逐渐放缓。2008 年安徽省房地产投资增速跃居中部首位，达到 52.75%，2009 年，随着放宽信贷、刺激住房消费等政策效果的逐渐显现，安徽房地产市场逐步回暖，但房地产市场回暖的基础尚未夯实，仍然存在较大的不确定性，房地产开发投资增速在中部的位次后移。2010 年，宏观经济形势企稳向好。安徽省、河南省、湖北省和湖南省房地产开发投资增速都在 35%左右，相差不大。安徽省房地产开发企业投资信心逐渐恢复，房地产开发投资增速为 34.85%，较上年回升了 12.31 个百分点，位居中部第三。2011 年，由于 2 月份出台的房地产调控新举措“限房价，竞地价”的影响下，安徽省房地产开发投资增速较大幅度下降，仅为 15.98%，位居中部末位。2012 年，安徽省在“国五条”政策的影响下，房地产开发投资增速较上年上升 4.7 个百分点，达到 20.68%，居中部第三。2013 年，安徽省在央行降准、降息以及企业以价换量等因素的共同作用下，刚性需求开始释放，房地产投资同比增长率开始缓慢回升，达到 25.21%，居中部第四。2014 年随着本次房地产市场的持续调整，开发企业库存显著增加，再加上销售大幅回落导致资金回笼速度放慢，企业经营风险加大。各省房地产开发投资增速均有明显回落。安徽省增速为 9.95%，排在中部第四，创 9 年来新低。2015 年，安徽省房地产开发投资增速较大幅度下降，仅增长 1.98%。河南省、湖北省、湖南省、山西省增速显著回落，尤其是湖南省增速首次跌破负值，仅为—9.36%。江西省增速有所回升，为 14.94%，居中部第一。

2016 年，安徽省房地产开发投资从构成看，建筑工程投资 3156 亿元，增长 3.2%；安装工程投资 591 亿元，增长 13.2%；设备器具购置投资 89.3 亿元，增长 52.8%；其他费用 767.3 亿元，下降 2.6%。

2008—2016 年中部六省房地产开发投资及同比增长率变动情况见表 4-21 所列。

表 4-21 2008—2016 年中部六省房地产开发投资及同比增长率变动情况

单位：亿元，%

年份	安徽省		河南省		湖北省		湖南省		江西省		山西省	
	投资额	同比增长率	投资额	同比增长率	投资额	同比增长率	投资额	同比增长率	投资额	同比增长率	投资额	同比增长率
2008	1362.67	52.75	1206.71	44.15	892.67	23.34	955.92	26.68	547.66	25.77	326.79	26.21
2009	1669.83	22.54	1553.76	28.76	1200.44	34.48	1084.58	13.46	634.52	15.86	477.27	46.05
2010	2251.8	34.85	2114.08	36.06	1618.24	34.8	1469.07	35.45	706.82	11.39	592.24	24.09
2011	2611.54	15.98	2626.54	24.24	2066.48	27.7	1943.82	32.32	867.03	22.67	790.2	33.43
2012	3151.61	20.68	3035.29	15.56	2539.46	22.89	2210.52	13.72	969.62	11.83	1010.45	27.87
2013	3946.23	25.21	3843.76	26.64	3286.02	29.4	2628.32	18.9	1174.58	21.14	1308.63	29.51
2014	4338.96	9.95	4375.71	13.84	3983.79	21.23	2883.57	9.71	1322.49	12.59	1403.55	7.25
2015	4424.86	1.98	4818.93	10.13	4249.23	6.66	2613.75	−9.36	1520.1	14.94	1494.87	6.51
2016	4603.56	4	6179.13	28.2	4296.38	1.1	2957.04	13.1	1770.94	16.5	1597.35	6.9

数据来源与说明：国家统计局。

（三）安徽省房地产发展压力尚存

2008—2016 年，六省住宅开发投资额均呈稳定增长趋势，安徽省和河南省的住宅开发投资额基本处在中部领先位置，遥遥领先于其他四省。湖北省和湖南省的住宅开发投资额稍稍落后于安徽省和河南省，处在中部六省的中间位置。江西省和山西省的住宅开发投资额在中部地区处在后两位，投资额变动较小，与其他四省的差距越来越大。安徽省与河南省由于区位条件比较好，人口数量庞大，经济增长率近年来也比较高，因而两省企业数量多，房地产住宅投资数额比较大。总体来看，安徽省房地产发展在中部处于领先地位，但发展压力尚存。

2008 年，安徽省住宅投资额高速增长，增长率为 52.62%，增速居中部六省第一位，这主要是由住宅的特性决定的。河南省住宅投资额的同比增长率为 51.91%，体现了河南省对房地产住宅投资的大力投入。2009 年，安徽省与河南省住宅投资额仍居前两位。六省中，除了山西省同比增长率飞速上升到 65.88%以外，其余各省在金融危机的影响下增速均有不同程度的下降。2010 年，随着楼市回暖以及房地产开发企业信心的逐渐回升，六省房地产住宅投资额仍旧上升，安徽省新开工面积增速有所回升，住宅投资额趋于增加。2011 年，安徽省、河南省、湖北省和湖南省住宅投资额均已超过千亿元大关。住宅投资同比增速则与 2010 年截然相反。在出台的新国八条的限购限贷政策影响下，安徽省、河南省、湖北省、湖南省住宅投资额增速均回落，而山西省与江西省由于地理位置比较偏远，受政策影响不大，住宅投资额增速均上升。2012 年，在限购限贷政策持续影响下，六省住宅投资额增速基本都出现大幅回落。2013 年，召开的全国住房城乡建设工作会议提出“支持合理自住和改善性需求”，改善性需求将会随着支持力度提高而加快释放，将有效激活市场，促进市场加快复苏。六省的住宅投资额增速均有所回升。2014 年，安徽省、河南省和湖北省的投资额明显高于其余三省，山西省与江西省受当地经济条件与地理位置的影响，投资额偏低。投资额最高的河南省是投资额最低的江西省的 3.38 倍。2015 年，由于当前宏观经济面临下行压力，安徽省的房地产住宅开发投资同比增长率较低，仅为 0.055％。同比增速最快的则为江西省，达到 14.52％。湖南省增速更是首次跌破负值，为－9.79％。

2016 年，由于 930 政策实施，2016 年全国商品房成交与前 11 个月相比均出现不同幅度回落，其中东部地区和中部地区回落幅度较大，西部地区回落幅度则相对较小。随着房地产去库存的增加，中部 6 省房地产开发投资增速不一样。河南省以 29.2％的房地产开发投资增速位居中部六省首位。其次是江西省，增速达到 12.1％。安徽省增速为 7.7％，排在中部第三。尽管房地产投资减速，但楼市也有有利条件：一方面是宽松的货币政策，降息降准；另一方面，政府表态要稳定住房消费，这与稳定经济密不可分，具体实现手段就是通过降低利率来提高老百姓的支付能力，加上调控政策尚未完全放开，全国人口户数增加等因素，房地产市场尚存在一定的发展空间。

2016 年，河南省、江西省增速最快，分别为 29.2％、12.1％。剩余四省增速较慢，尤其湖北省增速首次跌破负值，为－0.3％。

2008—2016 年中部六省房地产住宅开发投资及同比增长率变动情况见表 4－22 所列。

表 4-22 2008-2016 年中部六省房地产住宅开发投资及同比增长率变动情况

单位：亿元，%

	年份	2008	2009	2010	2011	2012	2013	2014	2015	2016
山西省	房地产开发住宅投资额	227.81	377.89	457.43	615.32	735.61	958.85	1010.69	1098.32	1141.08
	同比增长率	19.74	65.88	21.05	34.52	19.55	30.35	5.41	8.67	3.9
安徽省	房地产开发住宅投资额	1011.59	1175.58	1595.47	1869.63	2059.29	2549.88	2847.63	2849.19	3069.36
	同比增长率	52.62	16.21	35.72	17.18	10.14	23.82	11.67	0.055	7.7
江西省	房地产开发住宅投资额	446.41	509.17	544.77	661.14	684.21	795.38	971.92	1113.09	1247.58
	同比增长率	26.02	14.06	6.99	21.36	3.49	16.25	22.19	14.52	12.1
河南省	房地产开发住宅投资额	970.86	1235.21	1685.21	2021.19	2203.06	2827.09	3289.20	3529.15	4558.07
	同比增长率	51.91	27.23	36.43	19.94	9.00	28.33	16.35	7.3	29.2
湖北省	房地产开发住宅投资额	660.48	804.16	1040.25	1334.42	1698.38	2251.56	2755.42	3020.54	3012.35
	同比增长率	30.05	21.75	29.36	28.28	27.28	32.57	22.38	9.62	-0.3
湖南省	房地产开发住宅投资额	703.08	837.90	1134.56	1487.90	1572.67	1845.81	1998.51	1802.94	1871.3
	同比增长率	22.72	19.18	35.41	31.14	5.70	17.37	8.27	-9.79	3.8

数据来源与说明：国家统计局。

从这 9 年间六省的增长速度，总的可以看出，安徽省、河南省的增长速度最快。从住宅开发投资额可见这几年安徽省、河南省在房地产投资方面都积极于其他四省。主要是因为这几年随着住房制度改革不断深化和居民消费水平的不断提高，安徽省、河南省工业化、城镇化建设步伐明显加快，支撑房地产市场的长期需求，带动房地产投资稳定增长。其次是因为安徽省与河南省同属中部大省，有大量人口从农村进入城市，对住房需求较大，推动房地产市场快速发展。

二、房地产市场供给情况的比较

（一）安徽省房地产施工面积基本处于六省领先位置

从 2008 年至 2016 年，随着房地产市场的逐渐发展，中部六省在房地产施工面积方面逐年增长。在 2008—2016 年这 9 年间，河南省将房地产开发投资发展为城镇化投资尤其是第三产业投资增长的重要力量，在房地产投资施工方面一直位居中部第一。其次是安徽省、湖南省。江西省与山西省一直居于中部地区后两位，施工面积明显低于其他四省，这与房地产投资额情况相类似。

2008—2011 年，安徽省与湖南省的房地产施工面积相差不多，增速也相似。但是 2012 至 2014 年，湖南省房地产施工面积增速减慢，安徽省的房地产施工面积增速明显快于湖南省，两省之间的房地产施工面积差距拉大。湖北省的房地产施工面积一直稳居中部地区第四位，增长率不如河南省、安徽省与湖南省，但也明显高于山西省和江西省。

2016 年，降息降准等宽松货币政策频出，全国楼市显现出复苏态势，但对开发商来说，去库存仍是主要任务。安徽省房地产施工增速显著下滑，施工面积 35645.44 万平方米，居中部第二，低于河南省 47359.55 万平方米，增速居中部末位。安徽省与河南省属于中部大省，在城镇化及现代化上面投入力度较大，因此房地产市场热度高于中部其他四省，在房地产施工面积方面也遥遥领先于其他四省。

由于当前房地产政策调控力度进一步加大，各地限购政策陆续出台，这些措施均会对商品房销售产生一定的抑制作用。同时在货币政策影响下，市场观望心理加强，商品房销售形势压力较大。土地成交低迷，中部各省房地产施工面积增速均有不同程度的下降。2008—2016 年中部六省房地产施工面积情况见表 4－23 所列。

表 4－23　2008－2016 年中部六省房地产施工面积情况

单位：万平方米，%

	年份	2008	2009	2010	2011	2012	2013	2014	2015	2016
山西省	房地产施工面积	3895.90	5486.70	7599.80	9307.96	11714.28	14040.05	15476.89	15734.48	17069.25
	同比增长率	15.15	40.83	38.51	22.48	25.85	19.85	10.23	1.66	8.5
安徽省	房地产施工面积	11729.40	14165.50	17620.00	20785.80	24836.06	30235.20	33479.11	34244.67	35645.44
	同比增长率	31.15	20.77	24.39	17.97	19.49	21.74	10.73	2.29	4.1
江西省	房地产施工面积	6344.70	6755.60	7229.90	8461.38	9465.63	11995.67	13332.64	15293.6	16427.25
	同比增长率	16.36	6.48	7.02	17.03	11.87	26.73	11.15	14.71	7.4
河南省	房地产施工面积	13906.20	16071.50	20394.00	25343.32	29559.36	35979.33	38857.60	40994.4	47359.55
	同比增长率	31.80	15.57	26.90	24.27	16.64	21.72	8.00	5.5	15.5
湖北省	房地产施工面积	7800.50	9546.50	11589.40	13922.07	16819.71	21865.81	26321.99	28296.28	29879.88
	同比增长率	19.04	22.38	21.40	20.13	20.81	30.00	20.38	7.5	5.6
湖南省	房地产施工面积	10715.50	13727.70	16801.90	20341.84	21356.89	25400.09	27747.75	28322.13	30139.38
	同比增长率	31.28	28.11	22.39	20.07	4.99	18.93	9.24	2.07	6.4

数据来源与说明：国家统计局。

（二）中部六省房地产竣工房屋面积的比较

从表 4－24 可知，9 年来安徽省、河南省、湖北省和湖南省在房地产开发企业竣工房屋面积方面逐年增长。随着住房制度改革的不断深化和居民生活水平的不断提高，河南省房地产开发企业竣工面积自 2008 年开始就基本高于其他五省，基本居中部第一位。

安徽省和湖南省不相上下，2008 年，安徽省房地产开发企业竣工面积稍稍高于湖南省，2009 年至 2012 年，湖南省竣工面积增速加快，超过安徽省，位居中部第二位。2013－2015 年，湖南省竣工面积增速减慢，安徽省逐渐超过湖南省。湖北省竣工面积增速基本不如河南省、安徽省与湖南省，但总体增长仍快于山西与江西两省，位居中部地区第四位。江西省竣工面积一直保持平稳状态，变动幅度不大。山西省竣工面积增幅变化较大，2008 年、2010 年、2011 年和 2013 年竣工面积均保持增长态势，尤其是 2011 年，竣工面积增速达到 75.33%，是增速最快的年份。而 2009 年、2012 年、2014 年和 2015 年的竣工面积不增反减。2015 年，中部其他 5 省情况与安徽省相似，土地市场成交下跌。由于各省总体住房库存水平仍处较高位，二季度开发企业主要以去库存为主，对于投资购地的积极性不高，再加上企业对政策观望的原因，除安徽和江西两省上涨外，其余四省竣工面积均有所下降。

2016 年，江西省房地产竣工面积 1635.61 万平方米，降速 14.3%，增速较去年回落 16.23 个百分点，河南省和安徽省竣工面积分别为 6299.44 万平方米和 5829.5 万平方米，同比增速 16.9% 和 2.8%，分列中部第二和第五名。除江西省外，其余 5 省竣工面积均有所增长。安徽省和江西省在注重发展房地产市场量的基础上，追求质的发展，积极优化投资结构，导致在房地产竣工面积的增速上有所回落。

2008—2016 年中部六省房地产开发企业竣工房屋面积见表 4 - 24 所列。

表 4 - 24　2008—2016 年中部六省房地产开发企业竣工房屋面积

单位：万平方米，%

	年份	2008	2009	2010	2011	2012	2013	2014	2015	2016
山西省	房地产竣工面积	920.5	861.1	1203.7	2110.43	1732.99	2284.82	2182.48	2114.49	2683.59
	同比增长率	15.52	−6.45	39.79	75.33	−17.88	31.84	−4.48	−3.12	26.9
安徽省	房地产竣工面积	2541.1	2861.2	3026.7	3628.73	3965.39	5180.35	5196.37	5537.74	5829.5
	同比增长率	8.52	12.6	5.78	19.89	9.28	30.64	0.31	6.57	2.8
江西省	房地产竣工面积	1586.7	1646.8	1817.7	1906.06	1747.48	1790.26	1871.79	1907.89	1635.61
	同比增长率	−2.42	3.78	10.38	4.86	−8.32	2.45	4.55	1.93	−14.3

（续表）

	年份	2008	2009	2010	2011	2012	2013	2014	2015	2016
河南省	房地产竣工面积	3026	3401	4426.9	5527.42	5870.54	5965.87	7324.34	5390.32	6299.44
	同比增长率	8.63	12.39	30.16	24.86	6.21	1.62	22.77	−26.41	16.9
湖北省	房地产竣工面积	2057.9	2312.1	2541.2	3221.05	3273.71	3040.84	3431.18	2785.17	3127.49
	同比增长率	−1.99	12.35	9.91	26.75	1.63	−7.11	12.84	−18.83	12.3
湖南省	房地产竣工面积	2393.8	2965.2	3347.9	4146.31	4457.97	4593.76	4022.89	3969.96	4533.74
	同比增长率	16.44	23.87	12.91	23.85	7.528	3.05	−12.43	−1.32	14.2

数据来源与说明：国家统计局。

三、房地产市场销售情况的比较

2008—2016 年，六省房地产销售面积总体上呈稳定增长趋势，安徽省和河南省的商品房销售面积基本处在中部领先位置，遥遥领先于其他四省。湖北省和湖南省的商品房销售面积稍稍落后于安徽省和河南省，处在中部六省的中间地位。江西省和山西省的商品房销售面积在中部地区处在后两位，销售变动较小，与其他四省的差距越来越大。安徽省与河南省由于区位条件比较好，人口数量庞大，经济增长率近年来也比较高，因而在两省的企业数量多，房地产销售情况比较好。2008—2009 年，各省商品房销售面积排名没有变化，各省变化幅度大致相似。2010—2011 年，在房地产市场交易继续扩大的情势下，除江西省商品房销售面积略有下降之外，其余五省的商品房销售面积都逐年增长。2012 年，在一系列房地产调控政策的作用下，安徽省、湖南省和山西省的商品房销售面积保持微弱的增长。2013 年，除山西省商品房销售面积增速下降之外，其他 5 省均有所回升。河南省近年以来，全省城镇化进程和城镇建设步伐明显加快，房地产也进入了一个新的发展时期。2014 年由于购房者处于观望状态，另外政策不断改变，加强购房者的观望态度，致使商品房市场成交呈下行趋势。2015 年，安徽省三四线城市短期供过于求，商品房销售面积 6174.09 万平方米，较去年同期下降 0.45 个百分点，降幅比 2014 年收窄 0.56 个百分点。

2016 年，安徽省商品房销售面积居中部第二位，增速居中部第二位。2016 年是房地产市场迎来本轮周期的高点，全年成交规模创历史新高，城市分化态势延续，中部六省商品房销售面积均有所增长。河南省销售面积首次破万，达到 11306.27 万平方米，同比增速 32.14%，据中部首位。安徽省则以销售面积 8499.65 万平方米居中部第二，同比增长 37.7%。

2008—2016 年中部六省房地产商品房销售面积情况见表 4 - 25 所列。

表 4 - 25　2008—2016 年中部六省商品房销售面积情况

单位：万平方米，%

	年份	2008	2009	2010	2011	2012	2013	2014	2015	2016
安徽省	商品房销售面积	2785.83	4030.92	4154.26	4605.58	4828.81	6265.35	6202.18	6174.09	8499.65
	同比增长率	−9.65	44.69	3.06	10.86	4.85	29.75	−1.01	−0.45	37.7
河南省	商品房销售面积	3191.98	4335.09	5452.23	6275.16	5968.49	7310.21	7879.67	8556.34	11306.27
	同比增长率	−18.74	35.81	25.77	15.09	−4.89	22.48	7.79	8.59	32.14
湖北省	商品房销售面积	1941.62	2718.05	3508.61	4187.62	4037.85	5298.54	5601.98	6244.55	7427.16
	同比增长率	−23.53	39.99	29.09	19.35	−3.58	31.22	5.73	11.47	18.9
湖南省	商品房销售面积	2655.51	3513.72	4469.98	4900.33	5150.48	5952.38	5439.53	6363.01	8085.36
	同比增长率	−2.89	32.32	27.22	9.63	5.1	15.57	−8.62	16.98	27.1
江西省	商品房销售面积	1727.6	2280.91	2469.73	2416.85	2397.1	3167.06	3067.16	3478.23	4691.84
	同比增长率	−20.59	32.03	8.28	−2.14	−0.82	32.12	−3.15	13.4	34.9
山西省	商品房销售面积	994.71	1034.2	1180.59	1284.78	1497.88	1642.82	1576.27	1592.55	2061.1
	同比增长率	8.88	3.97	14.15	8.83	16.59	9.68	−4.05	1.03	29.4

数据来源与说明：国研网与各省统计月报。

2008—2016年中部六省的商品房销售额与销售面积的同比增长率大致相似，六省商品房销售额总体上逐年增长。9年中，安徽省与河南省商品房销售额就一直高于其他四省。2008—2013年安徽省商品房销售额一直居中部第一位，2014年开始被河南省赶超，屈居中部第二。由于其他地区向两省的人口迁移和流动数量较大，房地产企业在这里投资具有比较大的优势，因而两省销售额一直处于中部前两位。湖北省与湖南省在商品房销售额方面不相上下，处于中部地区中间位置。山西省与江西省在商品房销售额方面均低于其他四省，处于中部后两位。2008年受金融危机影响各省商品房销售额增速总体上下降。2009年，随着国家一揽子计划的贯彻落实，中国经济实现企稳回升，总体形势积极向好。中部六省房地产开发完成投资也开始出现加快迹象，六省销售额均有所上升。2010年，除山西省增速上升外，其余五省增速均放缓。销售额最高的依旧是安徽省。2011年，六省商品房销售都有所增长。2012年除了山西省增速上升外，其余五省同比增长率均下降。其中，安徽省的同比增长率为5.92%，下降了20个百分点。2013年，六省销售额继续上涨，其中安徽省、河南省、湖北省、江西省商品房销售额同比增长率增速较快，湖南省同比增长率增速较为缓慢，而山西省同比增长率则下降了5.9个百分点。2014年，一方面房贷进一步收紧，房地产信贷额度总体偏紧，另一方面开发商和购房者观望情绪比较浓厚。六省房地产销售额同比增长率大幅下降，安徽省商品房销售额3345.19亿元，增长5.1%。2015年，由于安徽省三四线城市由于前期库存过高、需求相对疲软，安徽省商品房销售额3369.42亿元，增长0.72%。

2016年，中部六省在金融显著宽松、政策刺激力度空前、股市大起大落等重大事件的综合作用下，消费者的观望态度减弱，对商品房的需求增加，商品房销售额均有所回升，增速明显加快，尤其是安徽省房地产市场发展态势良好，政府积极采取各种有效措施，刺激需求，也加快了商品房销售额的增长，安徽省以49.4%的商品房销售额增长率居中部首位。

2008—2016年中部六省商品房销售情况见表4-26所列。

表 4－26 2008－2016 年中部六省商品房销售情况 单位：亿元，%

年份	山西省		安徽省		江西省		河南省		湖北省		湖南省	
	商品房销售额	同比增长率	商品房销售额	同比增长率	商品房销售额	同比增长率	商品房销售额	同比增长率	商品房销售额	同比增长率	商品房销售额	同比增长率
2008	234.29	14.00	821.49	0.00	368.96	－18.15	746.46	－15.67	582.61	－24.84	611.33	0.11
2009	279.99	19.51	1378.39	67.79	602.80	63.38	1155.90	54.85	960.03	64.78	941.60	54.02
2010	411.71	47.05	1746.92	26.74	776.41	28.80	1658.79	43.51	1313.20	36.79	1406.39	49.36
2011	441.03	7.12	2199.67	25.92	1002.44	29.11	2196.81	32.43	1878.73	43.07	1857.35	32.07
2012	579.89	31.49	2329.88	5.92	1137.35	13.46	2286.67	4.09	2036.20	8.38	2085.23	12.27
2013	728.26	25.59	3182.87	36.61	1647.90	44.89	3074.14	34.44	2790.32	37.04	2525.64	21.12
2014	746.14	2.46	3345.19	5.10	1621.76	－1.59	3440.58	11.92	3088.31	10.68	2299.11	－8.97
2015	775.64	3.95	3369.42	0.72	1863.67	14.91	3945.55	14.68	3661.37	18.56	2738.92	19.13
2016	1027.1	32.4	5035.55	49.4	2678.37	43.7	5612.9	42.26	4994.05	36.4	3751.86	37

数据来源与说明：国研网与各省统计月报。

随着房贷新政全面放松限贷释放改善型需求，以及公积金新政降低贷款购房成本，其他 5 省楼市环境均有所改善，房地产销售额均有所回升。当前制约房地产市场稳定运行的因素仍然较多。一是房地产投资增幅小幅回落；二是到位资金减少；三是商品房库存增速持续加快。

第四节 安徽房地产投资存在的问题、对策及其发展展望

2016 年，安徽省商品房销量激增，去库存成效明显。部分地区房价上涨过快，土地供应量增价涨幅较大，10 月份之后受限购等政策影响，商品房销售逐月回落，房地产市场总体保持平稳运行态势。但是安徽省房地产业依然存在着不容忽视的问题，如房地产市场区域分化加剧、融资困难、企业经营风险加大等。本节分析安徽省房地产市场存在的主要问题及相应的对策措施，并对安徽房地产未来市场运行情况进行预测。

一、安徽房地产投资存在的问题

进入新世纪以来，安徽省房地产发展进入快车道，投资开发规模日益扩大，开发结构正在发生新的变化，商品住宅建设主体地位继续得到加强，商品房销售持续增长，房地产行业整体发展健康。2014 年以后，安徽省房地产市场出现重大变化，量价齐涨的火爆态势一去不复返，随之而来的是商品房滞销，各市库存均居高不下，房地产开发商的资金压力日益增加，房地产市场相对低迷。但进入 2016 年，安徽房地产市场有所好转，止住了持续下行的趋势，但依然存在些不容忽视的问题。

（一）库存结构性矛盾突出，有效需求不足

在去库存总体效果明显的形势下，非住宅类商品房去库存压力仍然较大。当前大型商业综合体的开发比较普遍，普通房地产项目也规划了一定比例的写字楼、商铺、车位等，有些三四线城市的车位规划甚至较为超前。非住宅类商品房供应量较大，但有效需求相对不足。传统商业受电商的影响日益严重，大量商业街铺空置；在整体经济下行压力的影响下，写字楼的需求也不旺盛。因此，当前全省非住宅类商品房的库存压力仍然较大。

（二）房地产企业融资不容乐观

2016 年以来，安徽省房地产市场分化与风险进一步加大。大型房地产企业明显比中小型企业更容易获取银行的融资贷款，而从其他渠道筹集资金成本较高。现阶段安徽省房企的融资成本在 20％以上，整个房地产企业融资情况不容乐观。在楼市下行的形势下，安徽省多家中小企业面临融资难、融资成本高的困境，若房地产开发商的资金无法有效回笼，中小房企会面临更严重的融资困局。

（三）房地产市场区域分化加剧

2016 年安徽省的房地产行情整体向好，但市场区域分化却越来越明显。商品房销售增速的持续加快有益于去库存周期的缩短，但具体到各地市，由于商品房销售冷热不均，区域去库存分化明显。库存去化周期低于全省平均水平的安庆、合肥、阜阳等市商品房销售较快，而去化周期较长的淮北和池州则面临销售缓慢、库存去化压力大等问题，区域房地产去库存进度不一，商品房销售最快的六安和最慢的淮北之间速度差达 132.8 个百分点。

二、解决安徽房地产问题的对策

从当前宏观环境形势及我省房地产市场现状看，2016 年安徽省土地市场火热，获得土地的房企将陆续进入开发阶段，随着楼市降温、房企资金回笼趋缓、开发商投资趋于谨慎。“限购”后房地产销量减少，加上销售面积基数大，要房地产投资保持高速增长较难，预计房地产开发投资增速会有所下行。安徽省应加大工作力度，推动各项政策措施落地、落实、见效，确保房地产市场平稳健康运行。

（一）正确引导，努力扩大有效需求

坚持“房子是用来住的，不是用来炒的”的理念，科学运用各种手段，提高居民购房能力。近年来，安徽省房地产市场区域分化现象越来越明显，可能会加快暴露房地产的区域风险。在尊重房地产市场运行规律的基础上，安徽省各级政府应适时出台调控政策，建立长效机制，根据各地市具体情况采取差别化调控政策，因地制宜采取措施进行调控。从长期来看，全省及各市县应加强产业结构的优化升级，降低对土地财政的依赖程度，保证安徽省房地产行业的发展与区域内经济发展、民生的要求相适应。

（二）促进融资渠道多元化

房地产融资过于依赖银行贷款，缺少多种可选择的低成本高效率的融资渠道来解决房地产行业的融资困境，加上国家对于房地产企业贷款的收紧，房地产行业巨大的发展潜力得不到有效的释放。随着安徽省房地产行业的发展方向多样化，相应的融资需求多样，安徽省应建立多层次的房地产融资体系，打破银行等少量金融机构参与房企融资的现象，鼓励省内各级券商、基金、保险等多类机构均参与融资活动，设计多种金融产品服务不同层次、不同发展方向的房企，缓解房企融资难问题。安徽省各级政府及相关部门在创新融资结构、拓宽融资渠道的过程中，要防止金融风险，也要注意政策与制度风险。同时

要完善房地产市场的金融法律法规体系，促使房地产市场向多元融资方向规范发展。

（三）提高房企市场竞争力

近年来，随着限购限贷政策的放松与取消，安徽省房地产市场去行政化的调控方向越来越明显。房地产市场的调控将由市场主导，市场规律的引导必然会出现房地产企业的优胜劣汰，规模小、经营管理体制不健全以及创新能力低的企业将受到威胁。安徽本土房企应创新经营理念与方式和项目的产品形态，打通融资渠道，并与品牌房企的核心竞争力达成共识，提高企业的综合实力，增强安徽房企在省内及全国房地产市场的竞争力，整合力量为安徽省楼市做贡献。

三、安徽房地产行业发展展望

在分析安徽房地产市场发展的有利条件与不利条件的基础上，对全省房地产行业今后两年的发展趋势进行预测。

（一）安徽房地产市场发展的有利条件

安徽省房地产市场运行具有一定的有利条件，体现在有利的宏观经济发展形势、良好的政策金融环境以及新型城镇化的推进等方面。

1. 安徽省相对有利的宏观经济形势

当前，安徽省经济运行稳中向好，处于较快的增长区间，深化改革、扩大开放，市场活力和社会创造力进一步增强，安徽省有利的宏观经济形势为房地产市场运行发展创造了良好的环境，实现了“十三五”的良好开局。在经济持续平稳较快发展的条件下，预计安徽省房地产市场在未来几年中也会逐步向好的方向发展，消费者信心也会继续回升，以进一步消化房产库存。

2. 良好的房地产政策与宽松的金融环境

当前安徽省政府积极采取了各种措施，认真承担了调控的主体责任。这些措施包括限购、限贷、增加土地和房屋的供应面积，整顿规范房地产市场，打击违规违法行为，同时正确引导舆论。提及引导房地产开发企业调整营销策略，适当降低商品住房价格。房价是涨还是跌，在市场调节的基础上，政策引导也是风向标。在《实施意见》中，安徽省将加强商品房供应管理，并引导房地产开发企业调整营销策略，适当降低商品住房价格。经过共同努力，房地产市场预期有所转变，房价过快上涨势头得到遏制，调控取得了阶段性成果。预计在未来几年中，各项房地产政策的效果会进一步得到显现，安徽省房地产市场将进一步趋稳回暖，房地产市场结构将会得到一定的优化。

安徽省金融系统认真贯彻党的十八届三中、四中、五中、六中全会精神，紧紧围绕省委、省政府战略部署，努力扩大融资规模，着力优化信贷结构，不断改革金融服务。通过保持高速增长的存贷款，小微企业信贷投放增速较快，重点区域信贷增势稳定，直接融资中部领先，保险保障作用有效发挥等，安徽省金融运行保持了健康平稳的发展态势，宽松的金融环境有力支撑了全省经济社会的发展。

3. 新型城镇化的持续推进

随着国家新型城镇化安徽总体方案获得通过，安徽省经济发展迎来了一个重要机遇期。新型城镇化的推进，尤其是农业转移人口市民化过程中户籍、养老、教育等各项政策的改革实施必然会拉动安徽省房地产行业的消费性需求和生产性需求，促进全省房地产市场的发展。但是安徽省各地市不同于北上广等一线城市，城镇化基础比较薄弱，城镇化对房地产市场的积极影响在短期内可能不是特别明显。

当前房地产去库存工作将结合城镇化这一根本途径展开推进，通过提高城市基础设施建设及公共服务水平，来增强对农村转移人口的吸引力。同时，增强三四线城市和大城市之间基础设施的互联互通水平，促进公共服务均等化。预计在未来几年中，安徽省房地产库存会因为新型城镇化的进一步推进得到消除，房地产投资结构将会进一步得到完善。

（二）安徽房地产市场发展的不利条件

安徽省房地产市场发展过程中存在一些不利条件，体现在全国经济下行压力大、房地产市场回调趋势依旧以及房地产企业融资困难等方面。

1. 全国经济下行压力较大

当前中国国内经济仍处于三期迭加的下行周期内，安徽省经济保持平稳增长态势。从需求端的投资消费来看，虽保持平稳，但均较上年回落，显示安徽省未来几年在继续推进供给侧结构型改革的同时，亦不能对需求端松力，在这样的宏观经济环境下以及全国房地产市场低迷的情况下，安徽省房地产市场发展之路注定不会一帆风顺。

2. 房地产回调趋势依旧

当前，在一系列利好政策的推动下，安徽省房地产市场量价齐升，房地产开发投资低位运行，房地产开发企业资金来源较为充裕，商品房待售面积较年初明显减少，去库存效果明显。但非住宅类商品房库存高位，去化周期长，区域房地产分化加剧等问题仍然突出。由于高基数、楼市调控措施持续加码等因素影响，房地产销售或将明显回落，房地产开发投资将面临较大下行压力，房地产价格总体仍将保持平稳运行的态势。

3. 房地产企业融资困难

由于当前商业银行风险防患标准提升、放贷的门槛提高，安徽省房地产企业的融资能力出现了一定程度的下降。除了银行贷款，其他来源的开发资金均有所降低，这是对房企融资能力的一个严峻考验。此外，融资贵也是摆在房企面前的一大难题。连续的降息降准使得商业银行吸收存款的成本大大减小，但对房企而言，银行资金成本的下降导致贷款利率不降反升，同时信托、基金等融资渠道的利率也可能水涨船高，提高房地产企业的融资成本、削弱企业的盈利能力。对购房者而言，个人房贷业务会降低银行等金融机构的利润空间，银行投放个人房贷的积极性会降低，这些都不利于安徽省房地产市场的发展。

（三）安徽未来房地产市场的发展趋势

从安徽省房地产开发投资、待售面积、销售价格等多项数据来看，当前的房地产形势依然严峻，并且这种形势可能延续至未来一至两年。预计在今后一段时间，安徽省房地产投资增速下降，去库存压力有所下降，房价平稳且供给结构有所优化，房地产市场总体运行平稳。

1. 房地产市场销售或明显回落

新型城镇化的推进导致房地产需求仍然强劲，再加上省内三四线城市仍将会把“去库存”放在首位，继续实施鼓励居民住房消费的房地产政策，支持新市民住房需求，积极去库存，从而支撑商品房市场销售。当前，全省商品房销售面积创历史新高，销售的高增长意味着对未来住房需求的透支和转移，但是受限购影响商品房成交量大幅下滑。当前，楼市调控政策持续收紧，继“房十条”限贷限购限地限价、进一步加大土地供应力度的调控措施之后，又出台“土拍限价”措施，坚决遏制房价上涨势头，政策效果明显。因此，总体来看，未来几年，商品房销售或将有所回落，但区域分化态势仍将延续。

2. 房地产投资需求将面临较大下行压力

安徽商品房销售的快速增长并未带来房地产开发投资的快速回升，这主要在于三四线城市库存压力仍然较大，房地产开发企业投资更趋谨慎。未来几年，随着商品房销售的逐步加速下行，商品房库存将再次进入积累阶段，房地产投资将面临较大下行压力。但由于房地产投资环境由于各项房产政策得到了一定的改善，同时金融环境也较为宽松，安徽省房地产投资需求或有所回升，但应当不会有明显的波动，需求将逐步趋于稳定。

3. 房地产价格将总体保持平稳态势

当前安徽省建立房地产平稳健康发展的长效机制，控制房地产市场的金融风险，未来房价不能再重复过快上涨的覆辙。在良好的房产政策与宽松的金融环境背景下，房地产政策仍将以宽松为主，重点解决房地产库存过多问题。同时考虑到房地产开发企业资金总体较为宽裕、低利率环境仍然存在以及土地成本约束等因素，房地产价格总体将平稳增长。未来几年中，安徽省整体房价应当持续可控，少数热点城市将会受到相对严格的管控，整体价格将趋于平稳。

第五章　安徽电子信息产业投资分析

2016 年，安徽信息制造业在所有 40 个大类工业行业中，增加值增幅保持第一，实现利润名列前茅。但在产业分工体系中，“制造基地”的特征未变，关键技术和核心配套依赖外部。除新型显示外，大部分新一代信息技术领域发展薄弱，产业链、创新链、资源链缺乏有效整合，投资环境需要改善。信息服务业发展迅速，但发展滞后的局面仍未得到根本改变。

第一节　安徽省电子信息产业投资的基本状况分析

安徽省信息制造业发展迅速，信息制造产业的细分行业呈现不同的增长态势。在产出快速增长的同时，电子信息制造业固定资产投资额扭转了负增长的态势，电子信息服务业的固定资产投资增长迅速。

一、安徽省电子信息产业发展基本状况分析

（一）电子信息制造业发展分析

1. 电子信息制造业产值规模分析

安徽省电子信息制造业的销售产值从 2014 年的 1574.95 亿元，增加到 2015 年的 1991.25 亿元，按当年价格计算，增长 26.43%。而全国相应年份的电子信息制造业的销售产值分别为 85486.30 亿元和 91606.58 亿元，增速为 7.16%。安徽省的增速高于全国的增速 19.27%，接近 4 倍。2015 年，全省规模以上工业销售产值为 38798.25 亿元，较 2014 年的 36505.45 亿元，同比增长 6.28%。全国相应年份的工业销售产值分别为 1109852.97 亿元和 1107032.52 亿元，

增长 0.254%。安徽省信息制造业快速增长一方面取决于新型显示、智能终端快速成长；另一方面，蚌埠、阜阳、宿州、宣城等地市信息制造业增长迅速。

2. 电子信息制造业细分行业主要产品产量规模分析

安徽省信息制造业在龙头项目带动下，产出增长迅速，各细分行业产品产量显示出不同的增长态势。2016 年 1 月至 11 月，安徽省微型电子计算机产量 1523.08 万台，同比增长 7.90%，高于同期全国平均增速－10%；集成电路生产量 26179.30 万块，同比增长 17.50%；手机生产量 1667.51 万台，相较于去年同期增长 2009.30%，而同期全国手机生产量平均增速为 19.9%；彩色电视机生产量 1147.8 万台，同比增长 11.10%，高于同期全国平均增速 8.20%。光电子器件 142.71 亿只，同比增长 18.37%，低于同期全国平均增速 29.7%。2016 年 1 月至 11 月，笔记本计算机生产量 1426.44 万台，同比增长 7.81%，高于同期全国平均增速－13.06%；显示器生产量 0.29 万台，相较于去年同期增加－8.99%，低于同期全国平均增速 7.56%；半导体分立器件生产量 250.71 亿只，相较于去年同期增加 7.19%，高于同期全国平均增速 3.86%；电子元件产量 174.84 亿只，同比增长 7.85%，高于同期全国平均增速－5.70%。具体数据详见表 5－1 所列。

表 5－1 2016 年 1－11 月安徽与全国信息制造业主要产品产量及增速

单位：%

细分行业主要产品		生产量	增速（%）
微型电子计算机（万台）*	安徽	1523.08	7.90
	全国	26204.10	－10
笔记本计算机生产量累计值（万台）	安徽	1426.44	7.81
	全国	14711.95	－13.06
显示器生产量累计值（万台）	安徽	0.29	－8.99
	全国	14566.48	7.56
半导体分立器件生产量累计值（亿只）	安徽	250.71	7.19
	全国	4705.82	3.86

（续表）

细分行业主要产品		生产量	增速（%）
集成电路生产量累计值（万块）*	安徽	26179.30	17.50
	全国	11910000.00	20.90
手机生产量累计值（万台）*	安徽	1667.51	2009.30
	全国	1990048.00	19.9
彩色电视机生产量累计值（万台）*	安徽	1147.8	11.10
	全国	15677.00	8.20
电子元件产量累计值（亿只）	安徽	174.84	7.85
	全国	28281.50	−5.70
光电子器件（亿只）*	安徽	142.71	18.37
	全国	7771.10	29.7

数据来源：中国统计数据网；数据时间为 2016 年 11 月。

（二）电子信息服务业发展分析

1. 电子信息服务业产值规模分析

2015 年，安徽省信息服务业的增长态势良好，安徽省信息服务业增加值为 331.8 亿元，比 2014 年增长 54%，在所有 14 个服务业大类部门中，仅低于租赁和商务服务业的 60.6%的增速。安徽省信息服务业的从业人员从 2014 年的 93.4 万人上升到 2015 年的 94.7 万人，增长 1.4%。

2. 软件业发展状况分析

2015 年，安徽省软件产业规模再上新台阶，产业结构不断优化。安徽软件业务规模以上企业实现软件业务收入 205.6 亿元，首次突破 200 亿元大关，比 2014 年增长 41.5%，高于全国平均增速约 25%。其中，软件产品收入 85.5 亿元，增长 3.3%；信息技术服务收入 106.1 亿元，增长 102.9%；嵌入式系统软件收入 14 亿元，增长 35.9%。由于信息技术服务、嵌入式软件强劲增长，为安徽省软件产业带来了良好的发展机遇。

安徽省软件业在周边省份中位次仍然偏低。在中部六省中，2015 年安徽省规模以上企业软件收入排名第四位，高于江西省和山西省。

其中，安徽省规模以上企业软件产品收入排名第三位，高于江西省、山西省和河南省；规模以上信息技术服务收入排名第三位，高于江西省、山西省和湖南省；规模以上企业嵌入式系统软件收入排名第四位，高于江西省和山西省。详见表 5－2 所列。湖北省软件业已经形成良好基础和条件，与中部其他省份相比，总体实力最强。湖北省软件产业在工业和嵌入式软件、地球空间信息、工程设计软件、信息服务外包等领域取得了不俗的成绩，形成了自己的特色和优势。湖南省的南车时代电气、中联重科智能、三一智能通过移动互联推动制造服务化，整体上提高了湖南省软件业的发展水平。河南省嵌入式系统收入增长迅猛，2015 年，嵌入式系统收入增长 200.39％。安徽省软件业和湖北、湖南软件业的发展存在不小的差距，需要迎头赶上。

表 5－2 2015 年中部六省规模以上企业软件收入 单位：亿元

省份	软件收入	软件产品	信息技术服务	嵌入式系统
山西	24.16	11.62	12.25	0.29
安徽	205.57	85.47	106.05	14.05
江西	86.36	29.95	55.31	1.10
河南	278.54	77.18	170.97	30.39
湖北	1015.24	533.15	425.13	56.96
湖南	349.22	203.63	100.13	45.46

数据来源：中国电子信息产业年鉴 2015。

在省内空间布局上，软件产业集聚式发展态势明显，呈现以合肥市为中心，芜湖、马鞍山快速跟进的发展格局。2015 年，合肥市软件业实现主营业务收入 244.2 亿元，同比增长 45.9％；芜湖软件主营业务收入 35 亿元，同比增长 30.6％；马鞍山软件主营收入 12.3 亿元，同比增长 50％；铜陵市软件收入 7.3 亿元，同比增长 23.7％。安徽省著名的软件公司的空间分布在一定程度上反映软件业的产业集聚，2015 年，年收入超过 20 亿元的软件企业为 3 家，分别为合肥的科大讯飞、四创电子，芜湖的尚玩趣网络科技公司。2015 年，软件企业 20

强中，合肥占 14 席，芜湖占 2 席，马鞍山占 1 席。

二、安徽省电子信息产业投资状况分析

（一）电子信息制造业固定资产投资分析

安徽省信息制造业固定资产投资额 2014 年为 476.05 亿元，2015 年为 512.73 亿元，2015 年比 2014 年增长 7.71%，扭转了 2014 年信息制造业的固定资产投资负增长态势。同期安徽省制造业固定资产投资增长率为 13.11%。2015 年，电子信息制造业投资增速虽然有所回升，但是经营压力仍然较大，行业利润率偏低，企业投资意愿不容乐观。

从固定资产投资隶属关系来看，在安徽电子信息制造业固定资产投资中，2014 年隶属于中央的为 6.86 亿元，隶属于地方的为 469.19 亿元，隶属于地方的占比为 98.56%。2015 年隶属于中央的为 18.16 亿元，隶属于地方的为 494.57 亿元，隶属于地方的占比为 96.46%。可见，地方在电子信息制造业固定资产投资中占绝对优势。相对于 2014 年，2015 年地方投资有所减弱。

从固定资产投资不同主体来看，在安徽省电子信息制造业固定资产投资中，2014 年国有控股企业、私人控股企业的投资额分别为 147.72 亿元、267.55 亿元，占投资总额的比重分别为 31.03%、56.20%；2015 年国有控股企业、私人控股企业的投资额分别 50.68 亿元、388.22 亿元，占投资总额的比重分别为 9.88%、75.72%。私人控股企业和国有控股企业的固定资产投资占主导地位，但国有控股企业的主导作用显著降低。集体控股的固定资产投资无论在规模上还是在投资总额的比重上均呈增加或上升趋势，但其作用有限。港澳台控股、外商控股的固定资产投资无论在规模上还是在投资总额的比重上大体变化不大，相对于信息产业发展较为充分的省市，规模和比重偏低。详见表 5-3 所列。私人控股的固定资产投资上升占固定资产投资上升的主要部分，反映了地方政府主导的投资热进一步退烧。

表 5－3　2014—2015 年安徽省信息制造业固定资产投资的控股情况

单位：亿元，%

年份	指标	总额	中央	地方	国有控股	集体控股	私人控股	港澳台商控股	外商控股	其他
2014	金额	476.05	6.86	469.19	147.72	1.35	267.55	8.65	3.84	46.93
	比重	100.00	1.44	98.56	31.03	0.28	56.20	1.82	0.81	9.86
2015	金额	512.73	18.16	494.57	50.68	7.46	388.22	13.69	3.09	49.59
	比重	100.00	3.54	96.46	9.88	1.45	75.72	2.67	0.60	9.67

数据来源：2015、2016 年《安徽统计年鉴》。

（二）电子信息服务业固定资产投资分析

2015 年，安徽省电子信息服务业固定资产投资 258.62 亿元，增长 71.86%。其中软件业的固定资产投资 203.85 亿元，增长 89.11%。电信业固定资产投资 49.77 亿元，增长 16.58%。电信业的固定资产投资和软件业的固定资产投资之间的差距进一步拉大。随着大数据、云服务、移动互联网、物联网等新技术的快速发展和融合运用，衍生许多新的需求和服务，信息服务业的投资十分活跃。

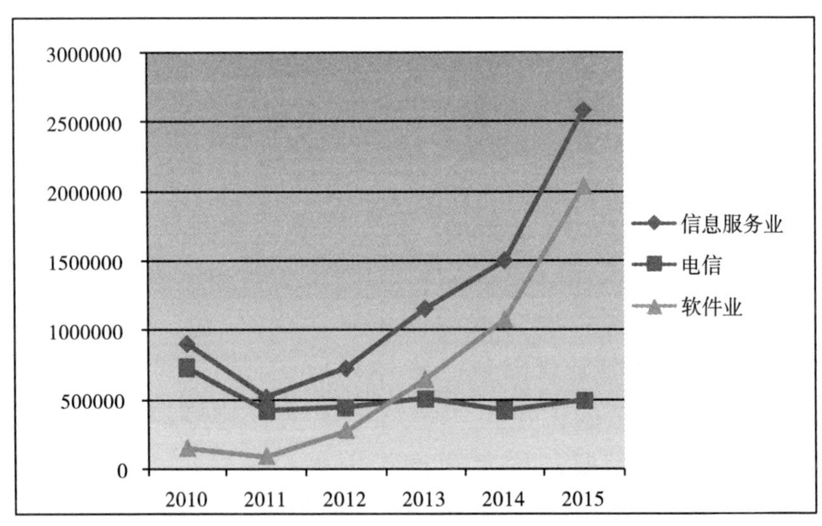

图 5－1　2010—2015 年安徽省电子信息服务业固定资产投资变动趋势

从固定资产投资隶属关系来看，电子信息服务业固定资产投资主要隶属于地方，尤其是其中的软件业。在电信业固定资产投资中，隶属于中央的为497664万元，隶属于地方的为114241万元，隶属于地方的占比为22.96％；在软件业固定资产投资中，隶属于中央的为2088511万元，隶属于地方的为2880万元，隶属于地方的占比为0.14％。

从固定资产投资不同主体来看，在安徽省电子信息服务业固定资产投资中，电信业主要由集体控股，软件业由国有控股占绝对比例。电信业的固定资产投资中，集体控股占402181万元，占全部固定资产投资的比重为80.81％。软件业的固定资产投资中国有控股的为2085631万元，占全部固定资产投资的比重为99.86％。软件业固定资产投资中的外商控股为29500万元，一方面显示了软件业吸引外商投资的能力较弱，另一方面也反映软件业吸引外商投资还有巨大的空间。详见表5－4所列。

表5－4 2015年安徽省信息服务业固定资产投资的控股情况

单位：万元，％

	总额	中央	地方	国有控股	集体控股	私人控股	港澳台商控股	外商控股	其他	
电信	金额	497664	114241	383423	402181	12204	27236	5160	9379	41504
	比重	100.00	22.96	77.04	80.81	2.45	5.47	1.04	1.88	8.34
软件	金额	2088511	2880	2085631	248876	9076	1449488	29500	0	351571
	比重	100.00	0.14	99.86	11.92	0.43	69.40	1.41	0.00	16.83

数据来源：2016年《安徽统计年鉴》。

从地区分布看，各地信息服务业固定资产投资存在较大差异，区域发展不平衡特征明显。2015年合肥、芜湖、马鞍山的电子信息服务业固定资产投资额分别为1320697万元、346100万元、295496万元，位居全省前三位。三市的固定资产投资额占全省的比重分别为51.07％、13.38％、11.43％，合计75.88％。三市对全省电子信息服务业发展起到了主导作用；而皖北六市固定资产投资之和占全省的比重为14.29％，占全省的比重偏低。

从动态时序看，合肥信息服务业固定资产投资占全省的比重有所降低，2015 年比 2014 年降低了 8.23 个百分点，反映了合肥信息服务业在全省的主导地位加强的趋势有所减弱。芜湖和马鞍上的信息服务业固定资产投资占全省的比重分别提高了 5.03％和 1.36％，扭转了两市 2014 年的负增长。2014 年，皖北六市固定资产投资之和占全省的比重 7.77％，2015 年，该比重为 14.29％，提高了 6.52％。黄山和滁州的信息服务业固定资产投资占全省的比重分别降低了 1.90％和 1.85％。

表 5－5　2014—2015 年安徽省各市信息服务业固定资产投资额

单位：万元

地区	2014 年	2015 年	地区	2014 年	2015 年
合肥市	892266	1320697	六安市	47355	51480
淮北市	20925	77011	马鞍山市	151490	295496
亳州市	17100	12878	芜湖市	125735	346100
宿州市	25120	44336	宣城市	1998	16560
蚌埠市	10751	45576	铜陵市	47434	95738
阜阳市	0	29655	池州市	5457	7743
淮南市	42971	160140	安庆市	24132	21451
滁州市	36475	14847	黄山市	55615	46467

数据来源：2015－2016 年《安徽统计年鉴》。

第二节　安徽电子信息产业存在的问题和解决对策

一、安徽电子信息产业投资存在的主要问题

（一）信息制造业投资增速回暖，但主营业务收入水平偏低

安徽信息制造业固定资产投资增长迅速，增速位居中部省份第一。2014 年，中部省份中包括家电的信息制造业的固定资产投资额分别为河南省 1050.8 亿元，湖北省 752.0 亿元，安徽省 723.6 亿元，江西省 703.3 亿元，湖南省 590.3 亿元。2015 年，河南省为 1158.2 亿元，湖

北省为801.5亿元，安徽省为834.5亿元，江西省为737.0亿元，湖南省为629.9亿元。河南省、湖北省、安徽省、江西省、湖南省的增速分别为10.30％、6.58％、15.33％、4.79％、6.71％。安徽省包括家电等信息制造业的固定资产投资增速为15.33％，增速位居中部省份第一位，总额排在第二位，全国排在第五位，固定资产投资额首次超越湖北省。安徽省的固定资产投资额已经超越湖北省，全国排在第五位，但安徽省的信息制造业的主营业务收入值却排江西省之后，位于全国第十二位。

（二）区域吸引投资竞争加剧

中部一些省份制定信息产业扶持政策，推出力度更大的优惠政策和招商引资措施吸引投资。江西省相继出台《江西省电子信息制造业三年行动计划（2016－2018）》《江西省电子信息产业“十三五”规划》等相关政策。河南省省政府提出建设全球重要的智能终端研发制造基地，形成较为完善的智能终端全产业链集群。湖南省从财税、投融资、人才、知识产权、行业服务等方面制定促进产业加快发展的扶持政策，引导社会投资加大对电子信息制造业的投入。湖南省提出到2020年建成以新一代电力电子器件为重点的国际先进水平集成电路特色生产基地和全球知名的智能终端盖板及触控面板生产基地。湖北省制定了《湖北省电子信息产业“十三五”发展规划》《湖北省集成电路产业“十三五”发展规划》和《湖北省移动互联与信息智能终端“十三五”发展规划》，联手整合省内财税、教育、人才等相关资源。

合肥处于武汉和南京之间，武汉和南京都是信息产业发展较好的城市，武汉市提出建设“中国软件名城”和“智慧湖北”，南京市提出建设“中国软件谷”，两市在吸引投资方面让合肥面临不小的压力。2015年，武汉有内资软件企业的个数为2420家，南京为1759家，而整个安徽省却只有418家。就吸引外资企业而言，武汉外资软件企业56家，南京外资软件企业140家，而整个安徽省的软件外资企业9家。2015年，武汉的外资企业软件收入为34.52亿元，南京的外资企业软件收入为305.13亿元，而2015年安徽外资企业软件收入为8.75亿元。同时，中部其他省份加大了招商引资的优惠力度，沿海部分制造业基于区域布局优化和成本考虑，订单外移至中部其他省份，影响了安徽省信息产业规模的进一步扩大。

（三）外资企业投资大幅增长，但比重过低

安徽省信息产业的外向型经济发展较快，新增固定资产投资增量偏少，比重过低，发展水平偏低。2015 年安徽省的信息制造业的外资企业的固定资产投资增幅达到 33.28％，但安徽省该总量比重为 3.27％，远远低于全国的 20.89％。外资企业在信息产业起着非常重要的作用，信息产业进出口占中国总进出口的三分之一左右，而信息产业外资企业的进出口占整个信息产业的进出口大半江山。安徽省应主动参与全球资源配置，吸引外资，拓展市场空间，提高自身的技术与管理水平，提升信息产业的竞争力。

（四）信息制造业盈利能力下降，投资下行压力较大

2015 年，安徽省信息制造业实现销售收入 1991.25 亿元，利润 116.64 亿元，销售利润率 5.86％，高于全省工业的销售利润率 5.16％。但相对于 2014 年安徽省信息制造业的销售利润率为 6.81％，安徽省的信息制造业的旧有低成本优势进一步减弱，企业盈利能力下降，企业的投资能力受到限制。省内企业投资意愿有所回暖，但是经营压力较大，市场需求总体偏弱，产品价格和企业效益低迷，企业利润收到明显侵蚀，一定程度上影响到企业的投资意愿，所以电子信息制造业固定资产投资下行压力仍然较大。

二、扩大和优化安徽电子信息产业投资的对策建议

（一）进一步优化产业发展环境

深入贯彻落实《中国智造 2025》《关于积极推进“互联网＋”行动的指导意见》《安徽省“十三五”电子信息制造业发展规划》《安徽省“十三五”软件和大数据产业发展规划》等政策文件，进一步加强新息业的支撑能力、发挥软件协会及各类产业联盟的桥梁纽带作用。构建起与产业互动的人才培养体系，出台吸引高层次人才的优惠政策。

（二）继续加强招商引资

一是在新型显示领域全面引进国内外知名品牌企业，增强平板显

示领域在关键材料等环节的自主配套能力打造完整产业链。二是积极承接产业转移：一方面东部沿海地区信息产业的创新型发展，安徽省应充分利用其人才和技术积累的优势；另一方面是伴随着东部地区产业成本的提升，安徽省以资源、要素等优势条件承接东部沿海地区的产业转移。

（三）加快重大项目建设

与企业建立"直通车"，做好跟踪协调服务。例如，做好对总投资400亿元的京东方TFT－LCD第10.5代线、总投资135.3亿元的合肥合晶圆制造等项目的服务工作，深入企业，全面了解和掌握有关情况，切实了解和掌握企业有关状况，进一步强化行业管理和服务，有针对性地开展指导和帮扶工作。同时注意发挥县区工信委和工业园区的作用，上下密切配合，确保行业管理和服务工作到位。

（四）推进软件产业园区发展

大力支持合肥市创建"中国软件名城"，推动合肥市出台《打造"中国软件名城"建设实施方案》，全面落实软件名城创建各项指标。推进中国（合肥）智能语音产业园建设，完善园区基础和配套服务设施建设，把我省建设成为全国语音产业发展示范区域，目前智能语音产业链基本形成，语音技术在汽车电子、移动互联网、教育医疗等领域不断转化。加快建设新芜文化创意孵化器、马鞍山软件园、江淮云数据中心、淮南市中国移动数据中心、宿州市云计算产业园、合巢经开区安徽动漫产业园。

第六章　安徽科研与技术服务业投资分析

科技服务业的投资对推动安徽省科技成果转化、引领安徽经济发展的作用日渐凸显，但安徽省科技服务业的发展目前也仍然存在科技服务业投资规模偏小，投资科技服务业的知名品牌不多，科技投资的服务能力不能满足快速增长的服务需求等突出问题。在这样的背景下，作为国家创新型省份试点省的安徽省如何把科技服务业投资作为经济发展的战略基点，如何客观、真实地评价安徽省科技服务业的投资，找准未来科技服务投资的方向，已经成为安徽省需要高度重视的问题。基于此，本部分以安徽省科技服务业投资下的成果转化为研究对象，构建出一套评价科技服务业投资成果转化绩效的指标体系，并将其与国内其他省份进行对比分析，通过实证分析的数据结果客观评价安徽省现阶段科技服务业投资的绩效及能力，最后以科技服务投资成果转化的现状为基点，提出专门针对并适应安徽省实际的科技服务业投资策略，希望能够进一步提升安徽省科技服务业投资水平。

第一节　安徽省科技服务业投资的成果转化概况

近年来，安徽省对科技服务业投资的程度不断加强，在此背景下安徽省科技服务业的成果转化进程也明显加快，投入创新的绩效显著改善，具体表现在科技服务业投资总量加大、速度加快、结构优化，高新技术产业主导产业规模不断扩大、企业科技后劲显著增强、载体发展得到夯实，科技专利申请授权数量持续增加，登记科技成果数量明显增加、技术合同交易额度实现突破。从现状上看，安徽省科技服务投资对成果转化影响有着强大的正效应，为安徽省服务业率先突破战略的实施打下了良好的基础。

一、科技服务业投资力度不断加大

安徽省科技服务业投资过程中，科技专业技术人员、科技研发人员、科研机构和研发经费等投入不断加大。截止 2016 年末，全省有各类专业技术人员 224.6 万人，比上年增长 1.9%。科研机构 4817 个，其中大中型工业企业办机构 1224 个。从事研发活动人员 21.3 万人。全年用于研究与试验发展（R&D）经费支出 475 亿元，增长 9.9%；相当于全省生产总值的 1.97%，比上年提高 0.01 个百分点。具体数据详见表 6－1 所列。

表 6－1　安徽省科技投入情况（2015－2016）　　单位：亿元，%

指标	2016 年			2015 年		
	绝对数	全国位次	较上年增长	绝对数	全国位次	较上年增长
全社会 R&D 经费	475	10	9.9	431.8	11	9.7
占地区生产总值的比重	1.97	9	0.01	1.96	9	0.07
地方财政科技拨款	178.2	8	0.01	147.9	8	14.1
占地方财政支出的比重	3.02	8	0.12	2.82	7	0.04

数据来源：安徽省科技厅。

安徽省科研与技术服务业投资呈现连年上升趋势，在 2006 年的 9.7 亿元的基础上，增加了 15.3 倍，年均增长速度 35.38%。特别是在 2007 年和 2010 年，安徽省科研与技术服务业投资分别增长 64.1% 和 59%，呈现大幅度增长的态势。2016 年，安徽省科研与技术服务业投资已达到 178.2 亿元，比上年增加 30.3 亿元，增幅达到 20.7%。具体数据详见表 6－2 所列。

安徽省财政支出的增长率比较稳定，基本保持在 10% 至 35% 之间，财政总支出增长率曲线的起伏较小，但科研与技术服务业投资增长率则呈现一定幅度的起伏波动，在 2009 年之后的时间段内，二者存在一定程度的一致性，但在 2009 年之前科研与技术服务业投资增长率曲线起伏波动剧烈。

表 6－2 2006－2015 年安徽省科技投入与财政支出情况

年份	2006	2007	2008	2009	2010
科技投入（亿元）	9.7	16.0	23.8	36.5	58.0
财政总支出（亿元）	940.4	1243.4	1647.1	2141.9	2587.6
年份	2011	2012	2013	2014	2015
科技投入（亿元）	77.0	96.0	109.7	129.6	148.2
财政总支出（亿元）	3303.0	3961.0	4349.7	4664.1	4889.4

数据来源：安徽省科技厅。

由此得出安徽省科研与技术服务业投资规模和结构的特点：

第一，科研与技术服务业投资总量的不断扩大。2006 年以来，科研与技术服务业投资的资金规模从 2006 年的 9.7 亿元，增加到 2015 年的 148.2 亿元，增加了 138.5 亿元。

第二，科研与技术服务业投资增长明显加快。2006 年以来，安徽省科技服务业投资增长速度呈不断增长趋势，且年均增长速度高于财政支出增长率的平均水平，科研与技术服务业投资 35.38％的年均增长速度高于财政支出 20.1％的年均增长速度。

第三，投入结构得到持续优化。安徽省重点加强了对基础研究和高技术研究等领域的投入，投入方式由对科研机构的一般支持转为以科技研发项目为主的重点支持。重点支持了一些具有广阔前景的学科，取得了丰硕的科研成果。安徽省在高科技研究领域也加大了投入力度，根据科技发展形势的需要，设立了科技攻关计划专项及其他专项计划，这些计划的实行取得了良好的效果。

二、高新技术产业投资概况

2016 年，安徽省深入贯彻落实全国科技创新大会精神，落实五大发展行动计划，大力推进创新驱动发展战略实施，高新技术产业投资继续保持稳健发展的态势，为全省供给侧结构性改革、加快“调转促”步伐发挥了重要的支撑作用。

1. 高新技术产业投资效益提升

在供给侧结构性改革的背景下，安徽省高新技术产业投资总量增长速度明显加快。2016 年，全省规模以上高新技术产业实现产值 18219.6 亿元，比上年增长 17.6%；实现增加值 4094.9 亿元，比上年增长 16.7%，高于全省规模以上工业增速 7.9 个百分点。

2. 高新技术产业中主导产业规模不断扩大

安徽省高新技术产业中的电子信息、家用电器、汽车和装备制造、食品医药、材料和新产业、轻工纺织、新能源等主导产业规模不断扩大。2016 年，电子信息和家用电器产业实现增加值 1022.5 亿元，比上年增长 14.7%；汽车和装备制造产业实现增加值 1940.3 亿元，同比增长 13.3%；食品医药产业实现增加值 220.5 亿元，同比增长 13.9%；材料和新材料产业实现增加值 682.0 亿元，同比增长 28.8%；轻工纺织产业实现增加值 11.4 亿元，同比增长 5.6%；能源和新能源产业实现增加值 135.0 亿元，同比增长 35.2%。

3. 高新技术企业科技后劲显著增强

高新技术企业专利申请、授权专利数持续增加，企业技术后劲显著增强。2016 年末，全省共有高新技术企业 3863 家，共实现产值 8407.24 亿元，当年申请专利 43589 项，占全省专利申请总数的 25.26%，当年授权专利 24563 项，占全省专利授权总数的 40.28%。其中，营业总收入亿元以上的高新技术企业 1041 家，10 亿元以上的 147 家，百亿元以上的 8 家；上市高新技术企业 61 家。

4. 高新技术产业载体发展得到夯实

安徽省各市的国家级高新技术开发区营业收入逐年增加，各类科技孵化器、产业基地、生产力促进中心的服务能力不断增强。截止 2016 年底，全省共有 18 家高新技术产业开发区。2016 年，合肥、芜湖、蚌埠、马鞍山慈湖、马鞍山、铜陵、池州、淮南、博望、新芜、滁州、淮北龙湖、宿州、安庆、铜陵狮子山、合肥新站、界首 17 家高新技术产业开发区共实现营业收入 11354.17 亿元。其中合肥、芜湖、蚌埠、马鞍山慈湖 4 个国家级高新技术产业开发区实现营业收入 6872.12 亿元。省级以上科技企业孵化器 124 个，其中国家级 20 个。

各类高新技术产业基地 45 家，实现营业总收入 8458.2 亿元。生产力促进中心 118 家，服务总收入为 2.74 亿元。具体数据详见表 6 - 3 所列。

表 6 - 3 全省各市规模以上高新技术产业总产值及增加值[①]

单位：亿元，%

市名	增加值	同比增长	总产值	同比增长
合肥	1294.2	12.1	5899.8	12.8
淮北	114	5.3	477.9	1.8
亳州	89.4	15.8	363.9	21.9
宿州	55.4	25.9	233.3	27.4
蚌埠	313.8	24.1	1251.4	27.8
阜阳	109.3	64.7	461.3	69.6
淮南	23.4	3.4	110.9	2.3
滁州	316.9	15.2	1424.9	17.8
六安	91.1	8.2	381.2	10.4
马鞍山	222.7	20.6	1031.6	21.9
芜湖	823.7	17.5	3748.4	18.4
宣城	187.6	22.5	756.3	26.8
铜陵	188.6	14.8	956.1	10.4
池州	76.9	15.7	334.4	15.3
安庆	141.7	24.6	590.1	28.1
黄山	46.3	14.4	198	16

数据来源：安徽省科技厅。

三、科技专利申请授权数量持续增加

在科技服务业投资总量不断增加的背景下，科技专利的申请授权数量持续增加。2016 年，我省共申请发明专利 95963 件，居全国第 4

① 增加值采用全省行业平均增加值率计算。

位，中部第 1 位，同比增长 40.5%，高于全国平均增幅 16.1 个百分点，增幅居全国第 7 位。合芜蚌示范区共申请发明专利 49114 件，占全省 51.2%，同比增长 42.9%。

全省共获授权发明专利 15292 件，居全国第 7 位，中部第 1 位，同比增长 36.8%；高于全国平均增幅 22.1 个百分点，增幅居全国第 1 位。合芜蚌示范区共获发明专利授权 8804 件，占全省 57.6%，同比增长 41.3%。

全省共申请 PCT 国际专利 205 件，同比增长 64%。截至 2016 年底，安徽省拥有有效发明专利 39104 件，居全国第 7 位，同比增长 50.0%，增幅居全国第 2 位；每万人口发明专利拥有量 6.37 件，居全国第 9 位，首次进入全国前 10 名。合芜蚌示范区共拥有有效发明专利 23809 件，万人发明专利拥有量 16.2 件。

四、技术市场交易情况活跃度持续提升

1. 登记科技成果数量明显增加

政府对科技服务业投资的不断重视、社会对科技服务业投资力度持续加大，使得安徽省登记科技成果数量明显增加。2016 年，全省共登记科技成果 560 项，企业是科技成果的主要完成单位，自选课题项目占多数，国内领先水平以上的成果占 22.49%。成果类型多是应用技术，主要分布在现代农业、新材料、电子信息等领域，实现产业化应用的占 92.39%。（1）成果类别不断丰富。2016 年登记的科技成果中，应用技术类成果 539 项、软科学类成果 14 项、基础理论类成果 7 项，分别占成果登记总数的 96.25%、2.5%和 1.25%。（2）成果来源更加多元化。2016 年登记的科技成果中，计划内项目（包括国家、部门和地方计划项目、部门、地方和民间基金项目、国际合作项目等）登记成果 143 项，占成果总数的 25.5%；横向委托和自选课题项目登记成果 19、391 项，分别占成果总数的 3.39%和 69.8%；其他来源项目登记成果 7 项，占成果总数的 1.25%。（3）完成主体更加合理。2016 年登记的科技成果中，企业、独立科研机构、大专院校、医疗机构作为科技成果完成主体的分别是 402、67、32、26 项，分别占成果

总数的 71.79%、11.96%、5.71%和 4.64%；其他完成主体的共 33 项，占成果总数的 5.89%。(4) 经费投入的比例得到优化。2016 年登记科技成果的实际经费投入（包括国家、部门、地方、基金、自有、银行贷款、国外资金及其他渠道）共计 71.09 亿元。其中，国家投入 5.46 亿元、部门投入 2.18 亿元、地方投入 1.43 亿元，自有资金 60.27 亿元，分别占总投入的 7.68%、3.07%、2.01%和 84.78%。(5) 区域分布更加平衡。2016 年登记的科技成果中，合肥、芜湖、马鞍山和阜阳市登记科技成果位居全省前三位；合芜蚌三市共登记成果 340 项，占成果总数的 60.7%。(6) 应用技术成果领域分布比较广泛。2016 年登记的 539 项应用技术成果中，共有 416 项高新技术领域的科技成果。其中，现代农业 145 项，新材料 79 项，电子信息 43 项，先进制造 36 项，新能源与节能 35 项，生物医药与医疗器械 31 项，环境保护 28 项，地球、空间与海洋 9 项，现代交通 6 项，核应用技术 3 项，航空航天 1 项。(7) 应用技术成果研究水平显著提升。2016 年登记的 539 项应用技术成果中，处于国际领先水平、国际先进水平、国内领先水平和国内先进水平的分别是 13 项、10 项、103 项和 40 项，分别占成果总数的 2.4%、1.86%、19.1%和 7.42%；其余未评价的共有 373 项，占成果总数的 69.2%。(8) 应用技术成果产业化及经济效益得到增强。2016 年登记的 539 项应用技术成果中，实现产业化应用的有 498 项，占成果总数的 92.39%。其中，282 项成果共实现转化收益 26.27 亿元，分别为自我转化收入 25.77 亿元、技术转让与许可收入 0.3 亿元、合作转化收入 0.2 亿元。具体数据详见表6－4 所列。

表 6－4 2016 年度安徽省各市登记科技成果情况 （单位：项）

区域	登记科技成果		
	总数	应用技术类成果	计划项目成果
全　省	560	539	143
合芜蚌	340	319	101
合肥市	246	225	91
淮北市	7	7	1
亳州市	7	7	1

（续表）

区域	登记科技成果		
	总数	应用技术类成果	计划项目成果
宿州市	12	12	3
蚌埠市	10	10	6
阜阳市	32	32	10
淮南市	26	26	5
滁州市	27	27	6
六安市	26	26	2
马鞍山市	32	32	6
芜湖市	84	84	4
宣城市	23	23	1
铜陵市	0	0	0
池州市	5	5	1
安庆市	9	9	2
黄山市	14	14	4

数据来源：安徽省科技厅。

2. 技术合同交易额度实现突破

安徽省紧扣创新发展要求，充分发挥市场在资源配置中的决定性作用，着力规范技术合同登记工作，不断完善技术市场服务体系。2016年，全省技术合同交易额突破200亿元，为促进全省经济结构调整和产业提质增效、推进大众创业万众创新提供了有力支撑。(1)技术合同交易总体额度增长明显。据“全国技术合同网上登记系统”数据统计（下同），2016年，全省经认定登记的技术合同12969项，合同成交额217.74亿元，较上年增长14.3%；平均每项技术合同成交额167.89万元，较上年增长10.1%。(2)技术输出大幅增加。2016年，全省输出技术合同12966项，合同成交额217.37亿元，较上年增长14.1%。其中，输出到省内9943项，合同成交额103.57亿元，分别占全部输出技术合同的76.7%和47.7%；输出到省外3023项，合同成交额113.8亿元，分别占全部输出技术合同的23.3%和52.4%。(3)技术吸纳水平不断提高。2016年，全省吸纳技术合同共13011

项，合同成交额 201.67 亿元，较上年增长 18.9%。其中，吸纳省内 9943 项，合同成交额 103.57 亿元，分别占全部吸纳技术合同的 76.4%和 51.4%；吸纳省外 3068 项，合同成交额 98.1 亿元，分别占全部吸纳技术合同的 23.6%和 48.6%。（4）企业技术合同交易非常活跃。2016 年，全省企业输出技术合同 10500 项，合同成交额 204.6 亿元，分别占全部输出技术合同的 81.0%和 94.0%；全省企业吸纳技术合同 9081 项，合同成交额 160.5 亿元，分别占全部吸纳技术合同的 69.8%和 79.6%。（5）合芜蚌技术合同交易占比较大。2016 年，合芜蚌三市输出技术合同 11801 项，合同成交额 185.49 亿元，分别占全省输出技术合同的 91.0%和 85.3%；合芜蚌三市吸纳技术合同 7614 项，合同成交额 123.07 亿元，分别占全省吸纳技术合同的 58.5%和 61.0%。具体数据详见表 6-5 所列。

表 6-5 2016 年度安徽省各市技术合同交易情况 单位：项，亿元

区域	输出技术		吸纳技术	
	合同数	成交额	合同数	成交额
全省	12966	217.37	13011	201.67
合芜蚌	11801	185.49	7614	123.07
合肥市	10460	120.45	6105	85.48
淮北市	217	1.66	253	8.22
亳州市	10	0.99	321	2.34
宿州市	2	0.1	328	3.91
蚌埠市	925	19.4	756	11.28
阜阳市	15	1.51	565	10.84
淮南市	121	5.38	552	4.49
滁州市	143	3.33	528	2.68
六安市	17	0.18	484	2.51
马鞍山市	314	11.79	540	11.56
芜湖市	416	45.64	753	26.31
宣城市	27	0.44	389	17.36

（续表）

区域	输出技术		吸纳技术	
	合同数	成交额	合同数	成交额
铜陵市	102	3.62	299	5.16
池州市	39	0.56	227	2.64
安庆市	77	1.8	557	4.72
黄山市	81	0.52	354	2.17

数据来源：安徽省科技厅。

第二节　安徽科技服务业投资的成果转化绩效分析

科学与技术服务业投资的成果转化是一个交易过程。在交易过程中，技术知识在经营主体之间实现交换，由于技术供给者和需求者都期望在这个过程中受益，因而导致交易的发生，增加社会福利。然而要想评价和计量上述交易，却非易事。技术转化包含着知识转化，可通过测量知识转化的效果解决科学与技术服务业投资成果转化效果的评价和计量问题，其困难在于技术商品化的复杂性和知识价值的模糊性。研究科学与技术服务业投资成果转化涉及的变量多，多因子也会导致数据分析中某些重要信息被掩盖。本部分运用主成分分析法，并通过对中部六省科学与技术服务业投资成果转化绩效进行比较分析，分析安徽省科学与技术服务业投资成果转化过程中存在的问题，并提出促进安徽省科学与技术服务业投资成果转化的对策建议。

一、科学与技术服务业投资成果转化分析

科学与技术服务业投资成果转化的评价本身是一个模糊的评价过程。评价指标体系的确定既要考虑研究视角，也要考虑指标数据的可获取性。本书在评价指标的遴选上遵循全面客观性、动态性、简单明了性、可行性和有效性的原则，同时结合科学与技术服务业投资成果转化的内涵，从 4 个层面构建科学与技术服务业投资成果转化综合评

价指标体系（图 6-1）。

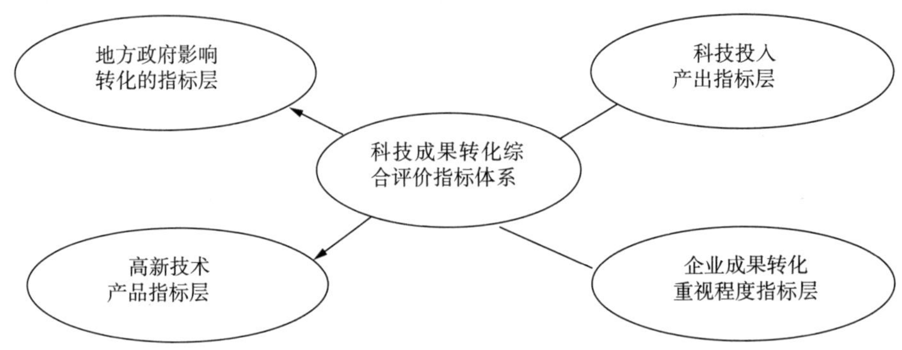

图 6-1 科学与技术服务业投资成果转化综合评价指标体系

1. 科技投入产出指标层

资源投入是实现科学与技术服务业投资成果转化的前提和基础。科学与技术服务业投资成果转化产出水平是一个地区科学与技术服务业投资成果转化绩效的量化表现。对科学与技术服务业投资成果转化能力进行评价，重点要加强投入产出分析，这样才能明晰投入重点，提高转化效益和效率。本层次共由 9 个指标组成，即 R&D 人员全时当量（X_1）、R&D 科学家和工程师（X_2）、R&D 经费（X_3）、R&D 经费占 GDP 的比重（X_4）、专利申请受理量（X_5）、发明专利受理量（X_6）、专利申请授权量（X_7）、发明专利申请授权量（X_8）、技术市场成交合同数（X_9）。

2. 企业成果转化重视程度指标层

企业是科学与技术服务业投资成果转化和推广过程中的重要主体。科学与技术服务业投资成果转化效率的提高需要企业不断增强认识，其对科学与技术服务业投资成果转化的重视程度直接关系成果转化效率。这一层次包括 R&D 人员占从业人员比重（X_{10}）、开展 R&D 活动企业占全部企业比重（X_{11}）、R&D 经费占主营业务收入比重（X_{12}）、新产品销售收入占主营业务收入比重（X_{13}）。

3. 地方政府影响转化的指标层

科学与技术服务业投资成果转化是个复杂的系统工程，同时也存在一定的风险。现阶段，政府在科学与技术服务业投资成果转化中应发挥引导和促进作用，营造良好的环境。这一层次指标有地方财政科技拨款（X_{14}）、地方财政科技拨款占地方财政支出的比重（X_{15}）。

4. 高新技术产品指标层

高新技术产业具有智力性、创新性、战略性和环境污染少等优势，因此将高新技术产品作为科学与技术服务业投资成果转化指标体系的一个层次，包括高新技术产品出口额（X_{16}）、高新技术产品进口额（X_{17}）、技术市场成交合同金额（X_{18}）。

本书选取2016年中部六省科学与技术服务业投资成果转化指标数据，采用z－score标准化方法对指标数据进行无量纲化处理，使用SPSS软件的主成分分析法，输出4个主成分的特征值及方差贡献率（表6－6），采取极大方差旋转法进行因子旋转，得到旋转成分矩阵（表6－7）。其中R&D经费占GDP的比重（X_4）、专利申请受理量（X_5）指标分别分布于第四、第三主成分上，对指标层与主成分对应关系及整体分析影响不大。

表6－6　解释的总方差

指标层	成分	初始特征值		
		合计	方差（%）	累积（%）
科技投入产出指标层	1	10.603	58.905	58.905
企业成果转化重视程度指标层	2	2.865	15.914	74.82
地方政府影响转化的指标层	3	2.413	13.403	88.222
高新技术产品指标层	4	1.797	9.985	98.207

表6－7　旋转成分矩阵

载荷 指标 X_k	成分			
	1	2	3	4
X_1	0.981	0.054	0.15	0.1
X_2	0.974	0.031	0.048	0.219
X_3	0.888	0.253	0.15	0.351
X_4	0.34	0.285	0.234	0.824
X_5	0.376	0.211	0.845	0.316

（续表）

载荷 指标 X_k	成分			
	1	2	3	4
X_6	0.796	0.352	0.435	0.207
X_7	0.788	0.278	0.504	0.201
X_8	0.824	0.497	0.045	0.177
X_9	0.695	0.483	0.288	0.416
X_{10}	0.404	0.9	0.115	0.055
X_{11}	0.313	0.883	0.338	0.03
X_{12}	0.074	0.98	0.008	0.182
X_{13}	0.092	0.968	0.188	0.126
X_{14}	0.344	0.147	0.911	−0.1
X_{15}	0.007	0.156	0.984	0.081
X_{16}	0.073	0.004	−0.477	0.811
X_{17}	0.178	0.011	0.264	0.948
X_{18}	0.492	0.26	0.084	0.82

二、科学与技术服务业投资成果转化评价模型

由以上主成分分析的结果，一方面，可以得出各省份科学与技术服务业投资成果转化各指标的因子载荷，即表 6-7 旋转成分矩阵中的数值。以各指标的载荷为权重，如指标 X_1 的权重 w_i1 为 0.981，加权平均构建各省份的科学与技术服务业投资成果转化 4 个主成分的详细评价模型，见公式（6-1）；另一方面，可以得出 4 个主成分的载荷，即表 6-6 中初始特征值的方差贡献率，分别为 58.905%、15.914%、13.403% 和 9.985%。以 4 个主成分的载荷为权重 w_i 加权平均构建各省份科学与技术服务业投资成果转化的综合评价模型，见公式（6-2）。

$$F_{ij}=\frac{\sum_k w_{ik}X_{jk}}{\sum_k w_{ik}} \tag{6-1}$$

$$F_j = \frac{\sum_{i=1}^{4} w_i X_{ijk}}{\sum_{i=1}^{4} w_i} \tag{6-2}$$

其中：w_{ik} 为分布在 i 主成分上的指标权重，w_i 为科学与技术服务业投资成果转化 i 主成分的权重，X_{jk} 为中部 j 省科学与技术服务业投资成果转化指标无量纲化效用值，F_{ij} 为 j 省在 i 主成分上的得分，F_j 为 j 省的科学与技术服务业投资成果转化综合得分；$i=1$，2，3，4；$j=1$，2，3，4，5，6；$k=1$，2，…，18。

根据上述公式，分别计算中部六省科学与技术服务业投资成果转化各主成分的得分及综合得分，整理后得出结果（表 6-8）。得分越大表明该省的科学与技术服务业投资成果转化能力越强。安徽省在中部省份中科技成果转化的综合得分位于第 4 位，表明安徽省科学与技术服务业投资成果转化综合能力水平不高。安徽省在 F_3 排名第 1 位，表明安徽地方政府对于科学与技术服务业成果的转化给予高度重视；在 F_2 和 F_4 排名中，安徽省分别处于第 3 位、第 2 位，说明企业对科学与技术服务业投资成果转化的重视力度不够，企业作为科学与技术服务业投资成果转化的主体应提高对科学与技术服务业投资成果转化重要性的认识。投入产出水平在综合评价中所占比重最大，这也是导致安徽省科学与技术服务业投资成果转化综合排名第 4 位的最重要的因素。安徽省必须加大投入力度，重视产出绩效，才能有效推进科学与技术服务业成果的转化。

表 6-8 中部六省科学与技术服务业投资成果转化得分及排名

省份	F_{1j}		F_{2j}		F_{3j}		F_{4j}		F_j	
	得分	排名	得分	排名	得分	排名	得分	排名	得分	排名
安徽	0.36159	4	1.11682	3	4.65011	1	0.78824	2	1.11263	4
湖北	6.80985	1	1.14956	2	−0.1138	4	5.8204	1	4.8471	1
湖南	2.22335	3	5.94161	1	−0.0987	3	−1.1851	4	2.16243	2
河南	4.13304	2	−1.8994	5	0.65581	2	−2.2929	5	2.02761	3
山西	−6.071	5	−4.757	6	−2.35	5	−2.433	6	−4.98	5
江西	−7.457	6	−1.551	4	−2.743	6	−0.697	3	−5.169	6

第三节　安徽科学与技术服务投资的创新绩效评价

现今，科学技术革命在世界范围内迅速发展，国家和地区经济实力的强弱已不取决于拥有一般的劳动力资源或自然资源的数量，而取决于拥有高新技术企业及具有自主知识产权的数量与具有高附加值和高市场占有率产品的数量。安徽省在科学与技术服务创新投入方面也在逐渐加大力度，日前正式出台关于发挥科技支撑作用促进经济平稳较快发展的实施意见，明确了加快支持科学与技术服务创新工程的多项措施。2016 年，全省高新技术产业总产值达 18219.6 亿元，高新技术产业增加值占生产总值的比重达到 19.5%以上。技术创新能力的提升离不开人力资本，创新绩效的高低在很大程度上也受到 R&D 投入的影响，本部分从理论上分析人力资本投入和 R&D 投入对创新绩效的影响，并通过实证检验来验证理论分析。

一、安徽省科学与技术服务创新投入与创新绩效关系的实证研究

本部分采用安徽省统计年鉴（2003—2016 年）中安徽省科学与技术服务方面的数据，利用主成分分析法的降维的思想，通过研究指标体系的内在结构关系，把多个指标简化为少数几个综合指标的一种多元统计分析方法，它能使这些综合指标尽可能地反映原来多个指标的大部分信息，再对几个综合指标做回归分析，最后得出结论。

（一）各个要素指标的选取与测度

本书选取的指标主要来源于安徽省统计年鉴关于科技活动的指标，选取科技活动经费收入（X_1），科技活动经费支出（X_2），研究与发展经费支出（X_3），研究与发展占安徽省生产总值比重（X_4）等 4 个指标作为 R&D 投入的二级指标；科技活动人员（X_5）、科技活动中科学家和工程师人数（X_6）以及研究生毕业人数（X_7）三个指标作为直接人力资本投入的二级指标；选取安徽省技术市场成交额（X_8），安徽

省三种专利申请受理数量（X_9），以及安徽省专利申请授权书（X_{10}）作为创新绩效的二级指标。为了研究直接人力资本投入，R&D 投入与创新绩效的关系，本书首先运用因子分析的主成分分析方法对 3 个要素进行测量。

（二）资金投入的测度

对原始数据 X_i 进行标准化处理，从而得到标准数据。由于所选取的各基本指标的计量单位不同，且数值存在较大差异，依次得到的评分毫无意义。为了消除这一影响，需要对这些基本指标进行无量纲化处理，计算公式为 $Z=(X-x)/\sigma$，其中 Z 为标准化后的新数据，x 为均值，σ 为 X 的标准差。文章对样本进行了 KMO 检验：如果 KMO 的值小于 0.5，则不宜进行因素分析。通过对各项指标运用 SPSS 软件进行计算，结果得到 KMO 值为 0.809 大于 0.5 说明因子可信度较高，适合因子分析，χ_2 统计值的显著性概率是 0.000 满足条件，结果见表 6－9所列。依照累计方差率大于 85％的原则，选取 1 个主成分，所以从原始数据中萃取 1 个公共因子，记为 C。因子 C 可以解释 96.302％的总变差，说明因子 C 足以反映资金投入的情况。根据主成分分析的因子得分系数矩阵，可以得到资金投入公共因子这一原始变量的因子得分函数：$C=0.258X_1+0.258X_2+0.258X_3+0.245X_4$。根据因子得分函数，可计算出资金投入的得分，结果见表 6－10 所列。

表 6－9　安徽省科技活动的因子分析过程数据

要素	资金投入	直接人力资本投入	创新绩效
KMO 检验值	0.809	0.619	0.787
Bartlett's 球体检验	130.145	80.155	70.226
χ_2 的显著性	0.000	0.000	0.000
萃取的公共因子个数	1	1	1
对总变差的解释度	96.302％	98.174％	98.257％
因子得分函数	$R\&D=0.258X_1+0.258X_2+0.258X_3+0.245X_4$	$H=0.339X_1+0.335X_2+0.336X_3$	$P=0.337X_1+0.335X_2+0.337X_3$

（三）人力资本投入和绩效投入的测度

对人力资本投入指标和创新绩效指标测度的方法和上面对资金投入指标的测度方法相同，首先都要对选取指标的数据进行无量纲化处理，然后对 KMO 值和 Bartlett's 球体检验进行分析，得出的结果见表 6－9所列。并且根据因子得分函数，可计算出各自的因子得分情况，见表 6－10 所列。

表 6－10　2003－2016 年安徽省科技活动三要素的评估得分

年份＼指标	资金投入得分（C）	直接人力资本投入得分（H）	创新绩效得分（P）
2003	－1.164361	－0.986477	－0.918033
2004	－1.074485	－0.625208	－0.883927
2005	－0.917159	－0.552708	－0.820293
2006	－0.927338	－0.885665	－0.680871
2007	－0.754897	－1.147641	－0.462239
2008	－0.361716	0.345544	－0.379079
2009	－0.332827	0.044584	－0.408847
2010	－0.100068	0.031889	－0.289320
2011	0.199348	－0.100387	－0.136105
2012	0.313959	－0.234378	－0.091574
2013	0.583141	－0.008727	0.275841
2014	1.009154	0.270652	0.675411
2015	1.410345	1.040322	1.516939
2016	2.116904	2.808201	2.602098

二、资金投入、直接人力资本投入与创新绩效的相关分析和贡献度分析

根据表 6－10 的得分数据，运用 SPSS 软件对资金投入、直接人力资本投入与创新绩效的相关分析进行皮尔逊（Pearson）相关分析，结果见表 6－11 所列。我们从表中发现：就安徽省科技活动而言，三种相关分析结果都显示直接人力资本投入、R&D 投入与创新绩效都是正

相关的，而且相关系数都比较高。

表 6－11　安徽省科技活动三要素的相关性分析结果

分析类别	变量	相关系数	显著性水平	样本容量
皮尔逊（Pearson）相关分析	$H-C$	0.912	0.000	14
	$H-P$	0.941	0.000	14
	$C-P$	0.961	0.000	14

采用 Enter 回归法，运用 SPSS 软件，使直接人力资本投入和资金投入对创新绩效进行回归分析，通过分析，得到模型：

$$P=0.338H+0.663C$$

$$(2.329)\qquad(4.564)$$

其中 $R_2=0.948$ 调整为 0.939，D. W. $=2.006$，F 值为 100.814，模型通过检验。上述分析结果表明，直接人力资本投入和资金投入对创新绩效的贡献都是正值；其中资金投入对创新绩效的影响大于直接人力资本投入对创新绩效的影响。

三、小结

通过对安徽省 2003—2016 年的科技服务业的投资分析，我们可以看到，随着安徽省每年在科技方面投入的加大，相应的科技成果也逐渐增多。直接人力资本投入、资金投入与创新绩效都是正相关的，直接人力资本投入和资金投入对创新绩效的贡献都是正的；加大直接人力资本投入与创新绩效的相关系数略低于资金投入与创新绩效的相关系数。因此，我们从中也可以得出一些结论。一方面，直接人力资本投入对创新绩效的贡献小于资金投入对创新绩效的贡献的原因主要是：由于人力资本投入发挥的作用具有滞后性，导致政府部门更愿意加大对资金的直接投入，而不愿意在人力资本上加大培养和投入的力度。另一方面，我们也可以看到在回归模型中无论是直接人力资本投入还是资金直接投入的系数都不是很大，这说明安徽省在科技投入和产出的效率还不是很高，特别反映在人力资本投入的效率也不是很高。

第四节　提升安徽科技服务业投资水平的相关建议

根据前面几节对科技投资成果转化和科技投入创新绩效的评价分析，结合安徽省在提高科技投资成果转化和投入创新环节存在的一些问题，同时借鉴发达省市（如江苏省）和同阶段省市（如湖北省）的科技成果转化和投入创新现状，本部分提出以下几个方面的对策。

一、继续扩大科技服务业的投资规模，持续优化科技服务业投入结构

如前文所述，科技投资成果转化和投入创新过程需要大量的人力、物力和财力，其中资金又是实现科技成果转化和投入创新从纸面价值转化为实际生产力的重要保证，并且安徽省在科技资金投入规模和投入结构方面存在不少问题，所以当前安徽省为提高科技成果转化和服务创新绩效，首先要提高科技服务业投资规模，优化科技服务业投入结构。

（一）增加 R&D 经费的投入

科技经费的来源一般有三个渠道：一是政府资金的投入，包括政府财政投入，专项的科技经费支持等；二是企业资金投入，主要是科技型企业科研经费投入；三是国外资金或其他资金支持，这方面的资金所占的比重较小。在第三方面不受控制的前提下，为提高科技经费的支持力度，政府首先要保证财政支持力度的倾斜，增加科技经费支出规模；其次要对具有科研机构的企业给予税收等相应的政策支持，鼓励企业进行科学研究；再次，完善投融资渠道，多维度和多渠道吸收社会投资资金并进行科研，增加科研资金的来源。

（二）优化科技经费支出结构

根据人员比配原则，一般说来，科研人员和科研成果集中在高等院校和科研机构，但是，安徽省目前对这两个方面的资金支持力度较小，因此，政府要考虑财政支持的角度向高等院校和科研机构倾斜，

并对高等院校和科研机构的研究成果给予足够的奖励。

二、深化科技服务业投资领域的金融改革

资金又是实现科技成果从纸面价值转化为实际生产力的重要保证，然而当前安徽省在资金方面的投入规模，与其他发达省市相比，安徽省的经济发展水平不高，政府可利用的资金有限。因此若要最大规模地加大科技资金投入，就要需深化科技金融改革，努力拓宽科技成果转化的融资渠道。一是要创新科技金融模式。对一些科研项目需求资金较大，周期较长但是又比较重要的科技成果的研发和转化，要设立专项基金，吸收社会闲散资金，灵活运用社会资金形成多主体的市场投入。积极开发多种融资方式，推动小额贷款公司、融资租赁公司、典当抵押公司和 P2P 公司等多渠道的投融资公司，引导这类公司资金向科技型企业倾斜。二是完善风险投资机制。在吸收社会闲散资金流的过程中，要逐步建立完善的科技成果转化风险投资机制、风险投资效益评估标准和风险退出机制，引入信息保证机制制度，加强和完善人民银行等机构的征信系统建设。三是建立科技贷款风险补偿机制。推动安徽省内的政策性银行开展科技贷款政策，加大对中小科技型企业发展的支持力度，对于科研企业给予低息贷款政策，或者优惠利率，以抵偿风险。

三、高技术的人员队伍的培养投入必须加大

人力资源是科技成果能够转化和投入创新得以进行的必要条件，高素质的人才队伍对于科技成果转化和服务创新具有更重要的影响，从前文中我们可以看出，安徽省在科技成果转化和服务创新过程中科技人员的缺乏，不仅仅是科技人员从业人数和发达省份有差距，最主要的还是人才的质量方面，高素质、高技术水平的人才匮乏，才是制约安徽省科技成果转化绩效的瓶颈因素。所以，培养安徽省高素质人才队伍，就要从数量和质量两个方面着手。

（一）扩大科技人员规模

安徽省是全国有名的科技创新省份，拥有中国科学技术大学、合

肥工业大学和安徽大学等知名高校以及众多的科研院所，每年都会为国家培养出数以万计的科技人才。这是本土人才的培养，增加科技人员从业者的基础规模，除此之外，还要想办法引进其他省份和国外的技术人员，在加强本土培养的同时，合理吸收外来科技人员。作为政府部门，若要两者兼顾，就要做好以下几个方面的准备工作。

首先是加强对高等院校和科研机构资金和政策的支持力度，在有利于研究的情况下，可以培养大规模的从业人员。其次要创造一种有利于科技创新的宽松氛围和环境，提高科技人员的舒适度，这样一方面可以截留本土人员，另一方面可以吸引外来人员。最后是奖励机制，对科技成果转化做出贡献者，给予足够的物质和精神奖励，激发科技人员创新的热情和激情。

（二）提高科技人员的质量水平

从前文安徽省科技成果转化的经济效益和竞争效益来看，安徽省的科技创新能力不强，高技术产业新产品基本上的附加值比较低，科技含量不高，从而可以看出科技从业人员的业务水平问题。若要提高安徽省科技人员的质量水平，一是加强科技人员的再教育和再培训，通过二次教育和培训或者深层次的教育，提高科技人员的综合素质。二是高薪吸引外来高素质人员，增加本省高素质科技人员基数，同时加强各科技人员之间的交流和沟通。三是提倡“干中学”，在企业实际生产中探索科技创新，从而把市场需求作为导向，理论和实际相结合。

四、完善科技中介服务投资

科技成果转化是从科技成果的产生到科技成果的转移再到科技成果的试验运用推广，最后到实际生产的复杂的工程，涉及各方面、各环节和各个流程的信息。为减少科技成果转化中干扰因素，所以积极构建和完善科技成果转化的中介服务体系，能够更好地促进科技成果转化。目前安徽省的科技中介服务机构虽然有一定的发展，取得了一定的成绩，但是和发达省份相比，无论是中介服务机构的数量，还是中介服务的人员基础都存在着不小的差异。所以，就要在以下几个方面多做努力。一是科技成果转化中介服务机构的数量方面，要增加机构数量，现有的中介服务机构，不论是中介信息服务机构还是专利申请代理机构，都比较少，而且集中在合肥，分布上皖北地区较少。二是加强科技中介服务的信息化建设，建立完善的科技成果转化信息服务平台，建立完整的科技企业和科研人员档案管理机构，加强各机构和人员的科研交流，促进科研信息和科研成果的流转。

五、深化不同企业主导的产学研合作

就前文的研究可知，科研人员集中在高等院校和科研机构中，资金集中在企业和政府部门中，但是实际的科研成果试验推广和实际生产运用具体企业，所以怎么样才能使得这些主体集中自己最擅长的领域工作，并能进行有效地交流沟通，成为促进科技成果转化的有效措施选择。一直以来的产学研模式，是不同主体分工合作的一种尝试，但是在实际运用中，往往存在着很多的问题。尤其是试验和生产脱节，科研机构和高等院校的研究偏离了实际运用，走向学术价值高的方向。因此要引进政府部门，作为产学研的宏观指导部门，即有的学者提出的“官学产研”模式。

六、提高企业自主创新能力，加大高技术产业投资

从前文的科技成果转化经济效益和竞争效益评价中可以看出，安徽省高技术产业新产品产值的科技附加值不高，即安徽省自主创新能力有待加强，同时安徽省高技术产业有待进一步开发。加强企业作为创新主体的地位，首先在大型科技型企业方面，选择一批科技含量高、经济效益好、关联度比较大、能够带动上下游和周边关联产业的企业作为龙头科研企业，镇政府引导资金技术等资源向其倾斜，利用税收等财政政策加强龙头企业的支持，尽快促进龙头企业科技成果转化水平，利用其关联带动作用，提高整个产业的科技化水平，增加其经济效益；其次在中小科技型企业方面实施科技企业解化器培育工程。利用安徽省合肥科技孵化器工程，支持一批中小企业的科技化水平，全面提高安徽省科技企业的科技含量。

第七章　安徽教育与文化产业投资分析

教育投入是支撑国家长远发展的基础性、战略性投资，是发展教育事业的重要物质基础，是公共财政保障的重点。而如今，文化也日渐成为国家综合竞争力的重要因素，因此急需加大对文化产业的投资，全面提升文化软实力、文化竞争力和文化可持续发展能力，推进文化产业的改革与发展，实现文化大发展大繁荣的新篇章。此外对教育和文化产业的投资也是促进我国经济发展的重要方式之一。本章对安徽省教育和文化产业投资的现状进行深入剖析，指出安徽省在教育和文化产业投资方面存在的问题，并提出针对性的政策建议。

第一节　安徽省教育投资分析

一、安徽省教育投资状况分析

自 2012 年以来，安徽省各地大力推进教育均衡发展，不断加大对教育的投资，在政策制度、经费投入等方面提供强有力的保障，教育事业取得了巨大的成就，但事实上安徽省教育事业发展过程中也暴露出很多问题。本节通过搜集统计年鉴中教育投资方面的统计数据，深入分析了安徽省教育投资环境，并对安徽省与全国、中部六省进行对比分析。

（一）安徽省教育投资环境明显改善

自 2010 年以来，国家和安徽省颁布了一系列的教育政策并充分落实了教育投资资金，这对教育环境的改善具有深刻的意义。下面分别从国家和安徽省两个方面来深入分析教育投资环境。

2010年，国务院颁布了《国家中长期教育改革和发展规划纲要(2010—2020年)》，全面部署了各级各类教育发展，同时，对中等职业学校、高等学校设置制定了标准，对成人高等学校、民办高等学校、研究生院设置出台了各类暂行办法，逐步规范各级各类教育的发展；2011年，国务院决定各地将土地出让收益的10%作教育经费，追加下达了农村义务教育学校公用经费补助资金79.3亿元，下拨了农村义务教育学校特岗教师2011—2012学年工资性补助经费9.5亿元；2012年3月，教育部颁布《教育信息化十年发展规划（2011—2020年)》，教育信息化建设逐步得到完善；2013年，“国培计划”工作开始实施，国内教育环境进一步改善；2014年，中央财政下达了农村义务教育经费保障机制资金878.97亿元；2015年2月，国务院常务会议决定将中等职业学校和普通高中国家助学金标准由生均每年1500元提高到2000元，8月，中央财政下拨2015年支持学前教育发展专项资金150亿元，采取以奖代补方式，扩大普惠性学前教育资源，12月，国务院制定《关于进一步完善城乡义务教育经费保障机制的通知》，城乡义务教育经费得到有效保障；2016年6月教育部颁布《教育信息化“十三五”规划》，着力提升信息化服务教育教学与管理的能力，同月，教育部等四部门颁布关于2016年规范教育收费治理教育乱收费工作的实施意见，规范各级各类教育收费行为，7月，教育部颁布《推进共建“一带一路”教育行动》，倡导沿线各国建立教育共同体，充分发挥国际合作平台作用，建立教育互联互通的合作机制。

在逐渐改善的国内教育大环境下，安徽省内也逐步落实了各项教育资金和管理办法。2010年，安徽4项教育民生工程累计投入103亿元，占到全省民生工程总投入的近1/3；2011年，省财政厅、地方税务局、教育厅对《地方教育附加征收和使用管理暂行办法》进行了修订；2012年，财政部、教育部下达4.1亿元，用于农村义务教育学生营养改善计划；2013年，安徽省财政厅、教育厅、人力资源和社会保障厅颁布《安徽省中等职业学校国家助学金管理实施细则》；2014年，省财政厅、省教育厅下达有关市县基础教育专项经费1579.8万元；2015年，安徽省财政厅、教育厅下达省属中职学校学生资助经费

8793.2 万元、现代职业教育质量提升计划中央专项资金 7350 万元；2016 年，中央财政下达城乡义务教育补助经费 1345 亿元，省财政厅、省教育厅下达有关市县中等职业教育经费 4172 万元，省财政厅省教育厅下达高职院校现代职业教育质量提升计划中央专项资金 4722 万元。

（二）安徽省教育投资规模略有缩小

2007—2015 年，安徽省教育投资总额虽然总体上升趋势不变，但增长率持续下降，整体投资规模稍有减小。从图 7－1 可以直观地看出，安徽省教育投资总量整体呈现上升趋势，2012 年以来，上升趋势明显放缓。从表 7－1 中统计以及计算得出的数据可以看出安徽省教育投资总额从 2007 年的 3486426.78 万元逐年增加到 2015 年的 8900701.63 万元，2012 年至 2014 年教育总投资额差距极小，增长率也从 2007 年的 36.63％下降为 2014 年的－0.14％，增速处于明显的下降趋势，而 2015 年又稍有回升，为 9.37％。截至 2016 年 5 月，国家下达一批 2016 年中央预算内投资计划 2.6 亿元。从投资比例来看，在近几年教育投资总额占 GDP 的比例整体变化不大，变化趋势在 4.99％～5.74％之间，但 GDP 的增长率处于明显的下降趋势，而教育投资总额占 GDP 的比例变化不大，也就说明了教育投资的规模一直处于缩小的状态。GDP 增速的放缓主要是因为经济进入新常态，强调结构稳增长的经济，而不是总量经济，从而 GDP 转为持续健康增长，GDP 增速下降，教育投资占 GDP 比例基本不变，说明教育投资规模在持续缩小。

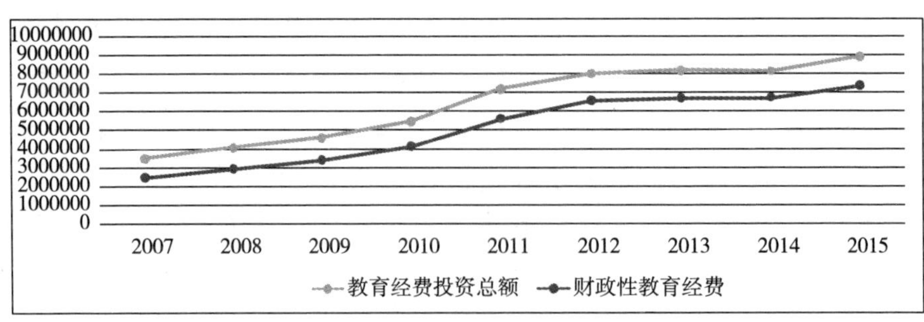

图 7－1 2007—2015 年安徽省教育投资总量趋势

数据来源：根据安徽省统计局网站相关数据整理计算。

表 7－1　2007－2015 年安徽省教育投资总量情况

年份	GDP（亿元）	教育投资总额（万元）	GDP 增长率（%）	教育投资总额增长率（%）	教育投资总额占 GDP 的比例（%）
2007	6990.43	3486426.78	13.69	36.62	4.99
2008	7915.38	4108080.13	13.23	17.83	5.19
2009	9080.15	4634517.96	14.72	12.81	5.10
2010	10817.07	5491705.06	19.13	18.50	5.08
2011	12681.21	7196598.06	17.23	31.04	5.68
2012	13944.66	8001378.39	9.96	11.18	5.74
2013	15213.87	8150151.37	9.10	1.86	5.36
2014	16235.35	8138377.76	6.71	－0.14	5.01
2015	16916.32	8900701.63	4.19	9.37	5.26

数据来源：根据安徽省统计局网站相关数据整理计算。

（三）安徽省教育投资结构不均衡

对教育投资结构的分析主要从教育投资经费来源、经费支出两个角度进行。

首先，分析安徽省教育投资经费来源结构。国家财政性教育投资占投资总额的比例从 2007 年到 2015 年逐年递增，由 70.94%上升至 82.68%。而在国家财政性教育投资中，公共财政预算经费占主要部分，占教育投资总额的比例除了 2014 年略有小幅度的下降之外，总体呈现出上升的趋势。具体表现为，从 2007 年的 66.71%上升至 2013 年的 78.34%，在 2014 年的下降之后，2015 年上升至 82.17%；民办学校中举办者投入所占教育投资总额比例从 2007 年至 2010 年一直处于上下波动的趋势，2010 年后民办学校举办者投入所占比例持续下降，2014 年达到最低，投入经费甚至降低到 2007 年投资水平，2015 年比例稍有回升。民办学校举办者投入在教育投资总额中所占的比例一直较小；社会捐赠教育经费占教育投资总额比例最小，从 2007 年到 2014 年逐年递减，2014 年创下最低水平 0.08%，2015 略有上升，但幅度不大，总体下降趋势并未改变；事业收入所占比例从 25.09%下降至 15.45%，过程中略有波动，但总体呈现下降趋势。虽然事业收入经费不断增多，从 2007 年的 921097 万元增加到 2015 年的 1789174 万元，但其在教育投资总额中所占的比例却不断减小，主要原因是教育经费总额增加的速度大于事业收入教育经费增加的速度；其他收入所占比例与事业收入所占比例趋势变化相似，小波动变化，但整体呈现下降趋势，从 2007 年的 2.69%下降至 2015 年的 1.16%。从安徽省教育投资来源结构，国家财政性教育经费占比一直处于 70%以上，可见，安徽省教育投资主要还是来自国家财政性教育拨款。这导致了安徽省教育投资环境缺乏活力，同时也体现出了教育投资缺乏社会融资意识，融资机制和相关法律法规不完善，仅有单一的教育投资方式。具体数据详见表 7-2 所列。

表 7-2 2007—2015 年安徽省教育投资来源结构情况 单位：%

年份	国家财政性教育经费所占比例	公共财政预算教育经费所占比例	民办学校中举办者投入所占比例	社会捐赠经费所占比例	事业收入所占比例	其他收入所占比例
2007	70.94	66.71	0.73	0.55	25.09	2.69
2008	71.66	67.45	1.30	0.56	24.47	2.01
2009	73.33	69.21	0.94	0.47	23.06	2.20
2010	74.86	69.49	1.01	0.37	21.63	2.14
2011	77.84	71.30	0.67	0.25	19.08	2.16
2012	81.76	74.74	0.61	0.24	16.30	1.09
2013	82.35	74.87	0.45	0.14	15.91	1.15
2014	82.51	78.34	0.35	0.08	16.17	0.89
2015	82.68	82.17	0.61	0.10	15.45	1.16

数据来源：根据安徽省统计局网站相关数据整理计算。

其次，分析安徽省教育投资资金支出结构。由表 7-3 可知安徽省教育投资资金支出结构，在统计的 2007—2015 年中，投入比例最大的是义务教育；高等教育投入比例一直呈现递减趋势，而高中教育投入占比一直上下波动，但波动幅度不大，相对较为平稳，所以高等教育在 2007 年到 2011 年占比高于高中教育，但在 2012 年以后，高等教育投入占比小于高中教育投入占比；学前教育投入占比处于明显的上升趋势，从 2007 年的占比 0.86%到 2015 年的 5.30%；相对而言，特殊教育与其他教育经费投入之和不超过教育投资总额的 5%，占比相对较低。由表 7-3 可知，安徽省教育投资重心一直放在义务教育上，根据社会需求，对高中阶段的教育经费投入也在逐渐增加，但高等教育的经费投入比例明显减少。

表 7-3　2007—2015 年安徽省各类学校教育投资所占比例情况　单位:%

年份	高等学校	高中	义务教育	特殊教育	幼儿园	其他
2007	23.32	21.42	50.91	0.26	0.86	0.91
2008	22.54	20.98	51.52	0.25	0.77	0.88
2009	23.12	20.83	52.38	0.23	0.82	0.53
2010	22.70	20.11	52.14	0.29	2.02	0.78
2011	24.38	19.70	50.17	0.22	2.63	0.57
2012	20.37	22.30	49.42	0.21	4.40	3.50
2013	17.51	22.00	50.58	0.24	4.54	3.35
2014	17.83	27.30	49.96	0.30	5.10	4.39
2015	18.75	20.60	52.45	0.39	5.30	2.51

（四）安徽省教育固定资产投资变化幅度大、区域分布不均衡

对安徽省教育固定资产投资情况的分析，分别从 2007—2015 年全省国定资产投资总量情况和 2015 年省内 16 个市固定资产投资分布情况两个方面进行。2007 年至 2015 年（按照可比价格，2006 年=100），安徽省教育固定资产投资总量整体呈现上下波动的趋势。2007 年至 2010 年，安徽省教育固定资产投资总量呈现上升趋势，且增速也始终呈增长趋势，在 2009 年增速达到最大值，62.89%；2011 年出现首次大幅度下降，出现负增长，为-25.78%；随后 2012 年、2013 年稍有上升之后，2014 年又出现一次负增长，为-3.5%，2015 年又上升至 209.48 亿元，达到最大值，增幅上升至 14.08%。2016 年达到 375 亿元，增幅达到 37.6%。具体数据详见表 7-4 所列。

表 7－4 安徽省 2007－2015 年教育固定资产投资总量情况

年份	总量（亿元）	增速（%）
2007	79.77	13.47
2008	97.83	22.63
2009	159.35	62.89
2010	189.40	18.85
2011	140.56	−25.78
2012	165.27	17.58
2013	190.28	15.13
2014	183.62	−3.50
2015	209.48	14.08
2016	375	37.6

数据来源：根据安徽省统计局网站相关数据整理计算。

再从 2015 年省内 16 个市固定资产投资分布情况来看，合肥市的教育固定资产投资总量占全省固定资产投资总量的 26.89%，居全省首位，排在其后的是芜湖市，占全省投资总量的 11.99%，随后的阜阳市、马鞍山市、蚌埠市这几所城市占全省教育固定资产投资总量的比重相对较大，均在 5%以上，但均未达到 10%，其他城市占全省教育固定资产投资总量的比重均低于 5%。安徽省内 16 个市的教育固定资产投资分布不均衡，通过计算得出，排在第一位的合肥市与排在最后一位的亳州市相差 69 亿元之多，占比相差 25.47%之多。具体数据详见表 7－5 所列。

表 7－5 安徽省 2015 年教育固定资产投资地区分布情况

地区	总量（万元）	比重（%）
全省	2725242	100.00
合肥市	732855	26.89
淮北市	53902	1.98
亳州市	38803	1.42
宿州市	73493	2.70

（续表）

地区	总量（万元）	比重（%）
蚌埠市	148910	5.46
阜阳市	177321	6.51
淮南市	136275	5.00
滁州市	133702	4.91
六安市	142043	5.21
马鞍山市	185332	6.80
芜湖市	326708	11.99
宣城市	144288	5.29
铜陵市	152449	5.59
池州市	56059	2.06
安庆市	133865	4.91
黄山市	89237	3.27

数据来源：根据安徽省统计局网站相关数据整理计算。

（五）安徽省教育投资人力资源使用效率较高

人力资源效率是指人力资源有效利用的程度，从企业的角度来看就是企业所拥有的人力资源围绕企业绩效做出有效贡献的程度。应用于教育事业，就是教师资源的有效利用程度，即通过生师比来反映，若该指标值过低，说明教师数量超过了学生的数量，就会导致教师资源的浪费，同时对教师的人力资源经费投入也相对就会较大；若该指标值过高，意味着教师数量少于学生数量，教师资源不够会制约过大的教学规模，从而最终导致教学质量偏低，这两种情况出现，都不利于教育事业的健康发展，从而造成教育投资绩效差。2007－2015 年，安徽省普通高等学校生师比总体呈现比较平稳的趋势，中间略有小幅波动，但整体是较为平缓的上升趋势，从 2007 年的 17.7％上升至 2015 年的 18.5％，中间 2012 年相对于前一年下降了 0.1％；中等学校生师比是逐年下降的趋势，中等学校从 2007 年的 22.7％持续下降至 2015 年的 14.9％；小学生生师比是先下降又有一个缓慢上升的趋势，小学从 2007 年的 21.6％下降至 2012 年的 16.8％，2013 年后又缓慢上升，2015 年上升至 17.7%。2007－2015 年，全国各类各级学校生师比的变化趋势与安徽省类似，但安徽省各类各级学校生师比均明显高于全国水平，不难发现安徽省的普通高等学校生师比增幅明显高于全国水平，2016 年延续这种趋势，普通高等学校生师比约达到 18.7%，中等学校达到 15%，小学达到 18%的水平。相对于学生数来说，安徽省高等学校教师数量减少，但中小学教师数量在增加，也就反映出了教师资源向中小学转移的趋势，这符合安徽省重视义务教育，并加大义务教育投资的现状。具体数据见表 7－6 所列。

表 7－6　2006－2015 年安徽省与全国各级各类学校生师比　　单位：%

年份	全国			安徽省		
	普通高等学校	中等学校	小学	普通高等学校	中等学校	小学
2007	17.28	17.48	18.82	17.7	22.7	21.6
2008	17.23	16.78	18.38	18.1	21.1	20.7
2009	17.27	16.3	17.88	18.0	20.4	19.6
2010	17.33	15.99	17.7	18.0	19.1	18.7
2011	17.42	15.77	17.71	18.3	18.4	18.2
2012	17.52	15.47	17.36	18.2	18	16.8
2013	17.53	14.95	16.76	18.3	17	17.2
2014	17.68	14.44	16.78	18.3	16	17.5
2015	17.73	14.01	17.05	18.5	14.9	17.7

二、安徽省教育投资存在的问题

近年来，在国家相关政策的推动下，在省委、省政府的坚强领导下，全省教育系统攻坚克难，各项工作取得新进展、实现新突破，立德树人根本任务有效落实，义务教育均衡发展水平迈上新台阶，现代职业教育体系建设加快推进，但是与全国和中部其他省份相比，安徽省教育投资还存在一系列问题，主要表现在以下几个方面：

（一）教育投资规模仍处于较小的水平

2007－2015 年，教育投资总额虽然总体上升趋势不变，但增长率持续下降，整体投资规模稍有减小。从表 7－7 中可以看出，安徽省教育投资总额处于中等水平，但各省人口规模不同，不能作为比较的依据，而2015年安徽省人均教育投资为1702.12元，较全国平均水平2386.58元人均相差近600元，浙江省人均教育投资为2607.94元，安徽省与之相差近1000元，在中部地区中处于中等偏下的水平；安徽省人均教育固定资产投资与全国平均水平的562.10元相差近近100元，与浙江省的723.78元相差近270元，在中部地区也仅仅处于中下等的水平；安徽省财政性教育支出占财政总支出的比值高于全国水平的0.01%，与湖南省并列排在中部地区的第一位。安徽省与全国、中部其他省份的教育投资规模依然存在相对较大的差距，教育投资规模仍处于较小的水平，2016年教育投资总额、财政教育支出将会是上升趋势，固定资产投资总额为375亿元，增幅达到37.6%，但人口涨幅不大，人均教育投资、财政教育支出比例都将会有小幅度上升，人均固定资产投资增长也很可观，但与江浙地区相比，差距依然存在，所以安徽省应该加强对教育事业的重视，增加对教育的投资。详细数据见表7-7所列。

表7-7 2015年安徽省与全国、江浙地区、中部地区的教育投资规模对比情况

地区	教育投资总额（亿元）	人均教育投资（元）	人均教育固定资产投资（元）	财政教育支出比例（%）
全国	32806.46	2386.58	562.10	80.53
安徽省	1045.78	1702.12	450.52	82.52
江苏省	2080.09	2607.94	681.17	80.37
浙江省	1607.98	2903.01	723.78	75.13
江西省	893.01	1955.79	533.51	82.81
湖南省	241.39	355.88	648.53	82.52
山西省	703.62	1920.37	498.36	81.90
河南省	1638.56	1728.44	440.82	80.45
湖北省	987.45	1687.38	364.15	77.31

（二）教育投资结构依然需要进一步调整

1. 投资来源渠道单一的局面更加严重

2007 年以来，在安徽省教育投资来源中，国家财政性教育经费占比一直处于 70%以上，可见，安徽省教育投资主要还是来自国家财政性教育拨款，民办学校投入、社会捐赠以及事业收入的逐年减少，使得社会资本投资占比持续降低，这导致了安徽省教育投资环境缺乏活力，仅有单一的教育投资方式。与全国社会资本投资水平相比，尽管安徽省在 2008 年到 2011 年出现高于全国水平的现象，但在 2012 年之后下降的幅度明显高于全国水平，2014 年下降至 17.49%，低于全国近 2 个百分点，2015 年又略有下降，为 17.32%。安徽省的社会投资比重一直低于江苏省的社会投资比重，尽管江苏省从 2007 年的 38.22%到 2016 年的 18%，但安徽省仍追不上江苏省的增长速度。与全国以及江苏省的情况对比后，再一次证明了，安徽省的教育投资经费来源渠道相对单一，主要还是来源于国家财政性教育经费，这导致安徽省教育投资来源结构严重失衡。具体数据详见表 7－8 所列。

表 7－8　2007—2015 年安徽省社会资本教育投资与全国和江苏省的对比情况

单位：%

年份	全国社会资本投资比重	安徽省					江苏省				
		社会资本投资比重	民办学校投资比重	社会捐赠投资比重	事业收入投资比重	其他所占比重	社会资本投资比重	民办学校投资比重	社会捐赠投资比重	事业收入投资比重	其他所占比重
2007	31.84	29.06	0.73	0.55	25.09	2.69	38.22	0.34	1.86	28.64	7.38
2008	27.94	28.34	1.30	0.56	24.47	2.01	34.92	0.32	1.48	26.6	6.52
2009	25.88	26.67	0.94	0.47	23.06	2.20	33.04	0.19	1.34	25.8	5.71
2010	25.01	25.14	1.01	0.37	21.63	2.14	29.76	0.11	1.29	23.72	4.64
2011	22.13	22.16	0.67	0.25	19.08	2.16	25.9	0.32	1.13	19.83	4.62
2012	19.71	18.24	0.61	0.24	16.30	1.09	22.1	0.15	1.03	17.11	3.81
2013	19.35	17.65	0.45	0.14	15.91	1.15	20.63	0.36	0.62	15.95	3.7
2014	19.48	17.49	0.35	0.08	16.17	0.89	21.32	0.34	0.82	16.25	3.91
2015	—	17.32	0.61	0.10	15.45	1.16	—	—	—	—	—

数据来源：根据安徽省、江苏省及国家统计局、财政厅、教育厅网站相关数据整理计算。

2. 教育投资地区分布仍然不均

对 2015 年安徽省 16 个市的教育投资总额、人均教育支出、教育支出占 GDP 比重以及教育投资占财政支出比重这四个指标进行了统计并计算，对比发现省内各地区间有相对较大的差异。合肥市的教育总投资排在省内第一位，为 1192865 万元，其次是阜阳市为 826714 万元，但教育投资总额，因为各市人口规模的不同不能作为对比的依据；人均教育支出指标中，排在首位的芜湖市为 1580.27 元，而排在末位的淮南市为 682.20 元，两市之间的差距有近两倍之多；教育支出占 GDP 比重排在首位的城市是六安市，为 6.81%，排在末位的是铜陵市为 1.70%，二者相差近 5 个百分点；教育投资占财政支出比重排在首位的是阜阳市为 19.15%，排在末尾的是黄山市为 9.88%，二者相差 9.27%。由此对比可见，安徽省教育投资地区分布依然不均衡。具体数据见表 7 - 9 所列。

表 7 - 9 2015 年安徽省各市教育投规模情况

地区	教育总投资（万元）	人均教育支出（元）	教育支出占 GDP 比重（%）	教育投资占财政支出比重（%）
全省	8900701	1448.77	4.04	16.99
合肥市	1192865	1531.38	2.11	15.44
淮北市	222318	1020.37	2.92	16.91
亳州市	448896	889.45	4.76	16.16
宿州市	559896	1010.42	4.53	19.01
蚌埠市	457466	1389.88	3.65	18.69
阜阳市	826714	1046.27	6.52	19.15
淮南市	234068	682.20	2.60	15.25
滁州市	481954	1199.76	3.69	15.93
六安市	692054	1459.66	6.81	19.10
马鞍山市	323886	1431.73	2.37	15.94
芜湖市	577511	1580.27	2.35	14.67
宣城市	363476	1402.08	3.74	14.95

（续表）

地区	教育总投资（万元）	人均教育支出（元）	教育支出占 GDP 比重（%）	教育投资占财政支出比重（%）
铜陵市	155222	974.89	1.70	14.01
池州市	197459	1374.78	3.62	13.38
安庆市	628321	1370.06	4.43	18.63
黄山市	157823	1148.89	2.97	9.88

数据来源：根据安徽省统计局网站相关数据整理计算。

（三）教育经费的使用规制效果不明显

在我国经济发展过程中，我国政府对教育投资的管理也进行了相关改革。中共十八大三中全会提出了“深化教育领域综合改革”“推进考生制度改革”“推进管办评分离，扩大省级政府教育统筹权和学校办学自主权，完善学校内部治理结构”等教育改革措施。虽然，安徽省在教育经费的使用上有较为严格的规制，但是还存在教育经费没有用到实处的现象。2016 年安徽省教育厅“三公”经费预算高达 916.7 万元，其中公务接待费就占了近 400 万元，这严重影响了安徽省教育经费发挥提升劳动力质量、提高经济效益的作用。具体数据详见表 7-10 所列。

表 7-10 安徽省教育厅 2016 年“三公”经费预算情况

项目	预算数（万元）
合计	916.7
因公出国（境）费	51.9
公务接待费	362.8
公务用车购置及运行费	502.0
其中：公务用车运行费	502.0
公务用车购置费	0

三、完善安徽省教育投资的政策建议

中华民族的伟大复兴，中国未来的发展，关键靠人才，基础在教育。教育的发展提高了全民素质，推进了科技创新、文化繁荣，更加快了经济发展、社会进步的步伐。所以，完善教育投资，刻不容缓。根据安徽省教育投资现状，针对安徽省教育投资存在的问题，提出如下对策建议。

（一）用法律法规的强制力保障各项教育投入

随着我国教育投资渠道的不断拓展，社会向教育投资的方式已经向多元化发展。但多元化教育投资过程中，不同程度地出现了投资随意性、权责不分明、缺乏科学管理等现象。

国家要加快立法，由国家建立完善教育投入法制体系，用法律手段来保障我国教育投入，并以法律的强制力保障各项教育投入的依法兑现。这部法律还要合理确定各级政府对教育投入的责任，规定各类教育的投资标准，并对各级政府的教育投入建立考核问责机制。安徽省政府则要严格贯彻国家相关法律法规，尤其是要落实国务院建立的相关法律法规，遵照相关管理办法，建立教育经费保障机制，确保国家财政性教育经费、社会捐赠教育经费等，足额、及时地使用到“刀刃”上，努力实现国家财政性教育经费支出占国内生产总值的比例达到 4%的目标。同时采取更加有效的教育经费核算方案和教育经费具体去向审核方案，改善教育经费浪费、滥用的不良影响。各级人大、纪检监察部门要加大教育执法检查力度，督促各级政府把教育的法律、法规落到实处。

（二）增加家庭和个人教育投资比重，适当征收教育税

科学技术的发展使人们认识到掌握科学技术在劳动生产中的重要性，人们对教育，尤其是高等教育的需要日益增长。安徽省要加大对高等教育的重视程度。高等教育已不再属于义务教育阶段，提高教育经费在 GDP 中的比重是国家优化发展教育战略地位的必然，也是顺应社会发展规律之使然。但高等教育最大的受益者是教育接受者个人或家庭，通过接受高等教育是其收入增加、就业机会增大、社会地位提高的重要途径。从这个意义上讲，国家在强化政府教育投资职能的同时，更要加大家庭和接受教育者本人对教育成本的承担力度，这符合共同受益的经济原则。开征教育税是增加高等教育投资的重要方式，但开征教育税要根据家庭和个人收入、家庭状况有所区别，而征教育

税收入要侧重投资于高等教育基础薄弱的地区和院校。

（三）多渠道筹措资金，形成办学主体多元化的格局

长期以来安徽省教育投资主要依靠国家财政拨款，社会资本投入匮乏，资金来源渠道单一，教育质量不高，必须对融资渠道进行创新，加强教育资金融资环境的报账，完善教育融资体系，多渠道筹措教育资金。我们更要看到，其他社会资金也是教育经费来源的重要组成部分，尤其是在大办教育的国情下，吸收和利用社会资金更是必然之路。如今的企事业单位、社会团体和个人并未注意到将大量闲散资金投资于教育事业发挥其应有的价值潜力，这与当前我国的公共政策宣传不足和人们对于教育的潜力价值认识薄弱分不开。所以，首先，通过政府宣传鼓励民间资本向高等教育投资。其次，从政策导向上，给予投资于教育的民间组织、团体或个人更大的自主权，在教育经费投入和管理上民主化、公开化、科学化，建立一套行之有效的自我监督和社会监督体制，给民间教育投资创造一个宽松、有序、和谐的投资环境。这有利于更快地解决中职教育经费不足的"瓶颈"，也是学校开放办学、博采众长的关键步骤。

安徽省政府应普遍重视通过公共财政政策和财政手段的运用，引导社会性投资进入教育行业，从而建立起教育发展的多元投入渠道。

（四）调整教育投资支出结构，合理分配教育经费

教育支出要有合理的用途，首先要发挥安徽省政府的政策和资金导向功能，在教育方面，政府是当仁不让的教育支出主体，如何完善教育财政体制，政府负有不可推卸的责任。如低息为困难家庭的孩子办理助学贷款、在发展职业教育时，通过政府投入调动了企业投入的积极性，为国家培养了一大批专业人才。同时为了保证教育水平，还应当提高教师待遇水平，保证教育质量。当前，各国为了保证教育水平，对教师待遇都作了明确规定，并通过财政拨款予以保证，以吸引优秀人才加入教师队伍中。此外，还需要调整各类学校教育投资支出比例。安徽省各类学校教育投资支出中高等教育和义务教育仍占据较大的比重，中职教育关注度仍显不足，因此，要在普及高中教育，推动义务教育均衡发展的同时，以中职教育改革为切入点，加大中职教

育的投资比例，提高安徽省教育投资效益。

目前，安徽省的经济发展水平是客观事实，地区间差异大，对教育的投入力度也存在很大差距，为了缩小教育水平和发展水平的差距，就需要政府做好平衡和协调工作。缩小地区间教育支出差距还要地方政府努力加大教育力度，提高财政教育支出水平，充分发挥政府在教育财政投入上的主体地位和主导作用，稳定教育经费来源。教育经费支出要坚持“资源分配均等”的原则，做到教育经费支出的“横向公平”，使每个学生都获得均等的教育资源分配。政府还应当继续完善促并进地区间教育法律的公平，对教育投入进行法律调控，从法律层次上保证、规范教育投入，通过法律保证教育投入责任化，公开透明各级政府的教育经费投入和支出问题，使安徽省教育向着更加公平的方向发展，使各地区教育发展更加协调。

第二节　安徽文化产业投资分析

文化产业是以生产和提供精神产品为主要活动，以满足人们的文化需要为目标，是指文化意义本身的创作与销售，狭义上包括文学艺术创作、音乐创作、摄影、舞蹈、工业设计与建筑设计。面对当今文化越来越成为综合国力竞争重要因素的新形势，我们必须以高度的文化自觉和文化自信，着眼于提高民族素质和塑造高尚人格，以更大的力度推进文化改革发展，在中国特色社会主义伟大实践中进行文化创造，让人民共享文化发展成果。近年来，安徽省大力实施文化产业结构战略性调整，积极推进文化产业体制改革。本节分析了安徽省文化产业投资发展的现状，研究发现阻碍安徽省文化产业投资的原因，并对此提出针对性的建议。

一、安徽省文化产业投资状况

（一）安徽省文化产业产值分析

安徽省委省政府高度重视文化建设，把文化产业作为重点扶持的八大支柱性产业之一，是加快调结构、转方式、促升级的重要抓手，是满足人民群众多样化文化需求的重要举措。2015 年，安徽文化产业增加值 833.71 亿元，增速相对减少 14%；主营业务收入前 3 名均为文化企业；全年新增主板上市文化企业 1 家、新三板挂牌企业 12 家，文化产业已成为安徽经济增长的新引擎和转型升级发展的新亮点。这反映出安徽文化企业产业结构呈现出良好的新局面，新兴业态和服务业规模快速上升，传统制造比重大幅下降，同时也表现出安徽文化产业结构加快转型升级的新气象。文化产业增加值占 GDP 的比重，从 2007 年的占比 2.7% 一直处于持续上升趋势，到 2014 年的占比 4.65%，2015 年略有下降，为 3.79%，2016 年为“十三五”开局之年，文化产业发展态势良好，2016 年的占比为 4%。具体数据详见表 7-11 所列。

安徽省文化产业发展迅速，原因在于近年来安徽省出台一系列优惠政策措施，不断完善市场体系，大力实施文化产业重大项目和龙头企业带动战略，做大做强徽字号文化“航母”，发展一批专、精、特、新的中小型文化企业，形成特色鲜明的文化产业集群，提升文化产业规模化、集约化、专业化水平。

表 7-11 2007—2015 年安徽省文化产业发展状况

年份	文化产业增加值（亿）	全省 GDP（亿）	文化产业增加值占全省 GDP 的比重（%）	文化产业增加值增速	安徽省 GDP 增速
2007	198	7345.70	2.7	——	——
2008	260	8874.20	2.93	0.31	0.21
2009	364	10052.90	3.62	0.40	0.13
2010	454	12263.40	3.7	0.25	0.22
2011	562.96	15300.65	3.7	0.24	0.25
2012	713.57	17212.10	4.15	0.27	0.12
2013	844.95	19038.90	4.44	0.18	0.11
2014	970	20848.75	4.65	0.15	0.10
2015	833.71	22005.63	3.79	−0.14	0.06

数据来源：根据安徽省统计年鉴等相关资料整理而得。

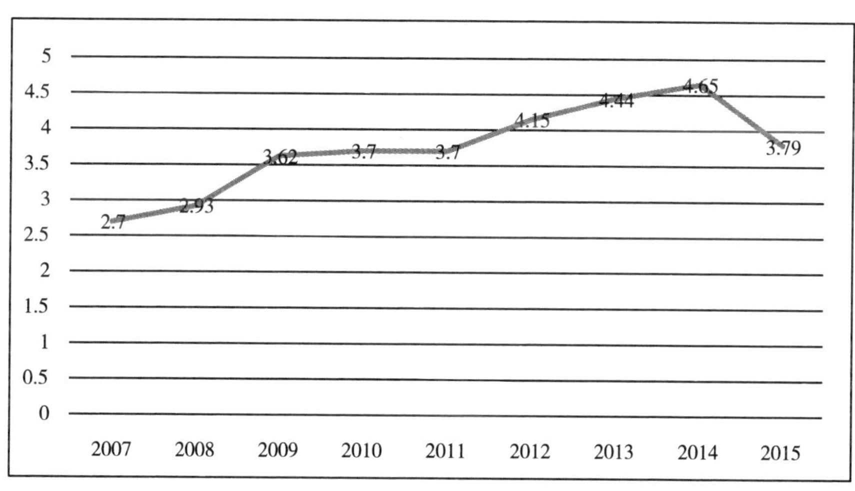

图 7-2　2007—2015 年安徽省文化产业增加值占 GDP 比重变化趋势

(二) 安徽省文化产业投资分析

1. 投资规模不断扩大，但总量偏小

安徽省文化资源禀赋优越，政府一直以来都重视在文化产业方面的投资，所以，从 2007 年到 2015 年，文化产业规模不断扩大。根据统计数据显示，安徽省财政对文化产业方面的政府支出从 2007 年的 262580 万元增加到 881900 万元。但文化产业支出占财政支出的比重，却在上下波动中逐年递减，从 2007 年到 2009 年，占比从 2.11%下降至 1.97%，2010 年稍有增加后，持续下降至 2015 年的 1.68%。文化产业对经济发展的贡献不断增加，已成为安徽省经济增长的新亮点，但从 2007 年到 2015 年文化产业支出占财政支出的比重可以看出，安徽省文化产业投资虽然呈现持续增长的趋势，但总量依然占比不多。截止到 2016 年 4 月，安徽省正式推出文化产业重点招商项目 323 个，投资总额 3574.54 亿元，引进资金 3229.67 亿元，文化产业支出占财政支出总比的整体下降趋势不变，但幅度不大。具体数据详见表 7-12 所列。

表 7-12 2007 年到 2015 年安徽省财政支出和文化产业支出

年份	财政支出合计（万元）	文化产业支出（万元）	占比（%）
2007	12438342	262580	2.11
2008	16471253	327465	1.99
2009	21419217	421390	1.97
2010	25876135	516833	2.00
2011	33029911	623451	1.89
2012	39610080	714343	1.80
2013	43496871	795016	1.83
2014	46640973	822536	1.76
2015	52390076	881900	1.68

数据来源：根据安徽省统计年鉴等相关资料整理而得。

2. 与中部地区其他省份的对比分析

安徽省作为中部地区的重要组成部分，应该将其与中部地区六省进行比较，观察安徽省的特殊性和一般性。

山西省文化产业支出占财政支出的比重的变化趋势是先降后升的，2008 年占比为 2.07%，2009 年降为 1.80%，2010 年为 1.62%，2011 年开始回升为 2.04%，2012 年为 2.18%，2013 年为 2.20%，2014 年恢复到与 2008 年同一水平的 2.07%，2015 年持续增长至 2.13%。与安徽省相比，山西省变动趋势十分明显。

江西省文化产业支出占财政支出比重的变化趋势是呈现“W”形的，2008 年占比为 1.55%，2009 年降为 1.47%，2010 年上升为 1.48%，2011 年为 1.56%，2012 年下降为 1.48%，2013 年上升为 1.52%，2014 年为 1.53%，2015 年为 1.56%。与安徽省相比，江西省对文化产业的财政支出较少。

河南省文化产业支出占财政支出比重的变化趋势是波动下降的，2008 年占比为 1.82%，2009 年上升为 2.02%，2010 年急剧下降为

1.61%，2011 年为 1.35%，2012 年上升为 1.39%，2013 年略上升为 1.45%，2014 年上升为 1.50%；2015 年，河南省文化产业支出 105.38 亿元，占财政支出的比重达到 1.55%，多年居中部地区末位。

湖北省文化产业支出占财政支出的比重的变化趋势是“M”形的，2008 年占比为 1.53%，2009 年上升为 1.72%，2010 年降为 1.47%，2011 年为 1.466%，2012 年上升为 1.666%，2013 年为 1.66%，2014 年为 2.50%，2015 年又下降至 1.37%，说明文化产业的支出一直处于波动状态。

湖南省文化产业支出占财政支出的比重的变化趋势是逐渐上升的，2008 年占比为 1.44%，2009 年上升为 1.50%，2010 年支出下降为 1.47%，2011 年为 1.27%，2012 年回升为 1.32%，2013 年上升为 1.47%，2014 年上升为 1.60%，2015 年又继续向好，上升至 1.95%。

具体数据详见表 7 - 13 所列。

表 7 - 13　2008—2015 年中部六省文化产业支出占财政支出的比重

年份	山西	安徽	江西	河南	湖北	湖南
2008	2.07	1.99	1.55	1.82	1.53	1.44
2009	1.80	1.97	1.47	2.02	1.72	1.50
2010	1.62	2.00	1.48	1.61	1.47	1.47
2011	2.04	1.89	1.56	1.35	1.466	1.27
2012	2.18	1.80	1.48	1.39	1.666	1.32
2013	2.20	1.83	1.52	1.45	1.66	1.47
2014	2.07	1.76	1.53	1.50	2.50	1.60
2015	2.13	1.68	1.56	1.55	1.37	1.95

数据来源：根据各省统计年鉴等相关资料整理而得。

图 7 - 3 反映了不同年份中部六省文化产业支出占财政支出的比重的变动比例和变动幅度，从中可以看出，安徽省财政对文化产业的支出变动最小，与山西省财政对文化产业支出的变动比例相比，少了将近一半。这也表明安徽省财政支出对文化产业的支持力度相对其他中部省份具有持续性和一致性。

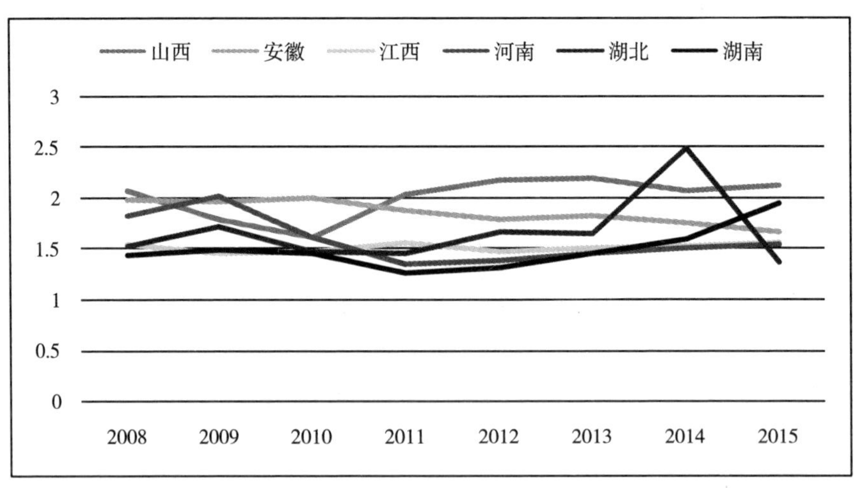

图 7－3 2008—2015 年中部六省文化产业支出占财政支出的比重变化趋势

3. 安徽省重点招商项目

文化项目是文化产业投资的重要形式和促进文化产业发展的重要手段。2015 年，通过省级平台对外推出的安徽省文化产业重点项目有 330 个，投资总额 3308.09 亿元，引进资金 2809.63 亿元。截至 2015 年底，签订投资总额 1500 万元以上的文化产业合同项目累计达 168 个，投资总额 1024.27 亿元，协议引进资金 984.273 亿元，同比分别增长 22.63%、32.27%和 29.14%。2016 年安徽省正式推出文化产业重点招商项目 323 个，投资总额 3574.54 亿元，引进资金 3229.67 亿元。其中，投资额超过 10 亿元的项目 101 个，投资额 100 亿元以上的项目 7 个。2016 年安徽省文化产业重点招商项目投资规模大、资本聚集度高，项目平均投资额 11.07 亿元，其中芜湖市龙湖影视文化产业园项目、安庆市中国戏曲城项目等 7 个项目投资额在 100 亿元以上。这批项目文化特色鲜明、内容优势突出，以安徽省文化资源进行深度开发的项目有 111 个，总投资 1290.07 亿元，如亳州市曹操故居修复及综合开发项目、蚌埠市垓下遗址旅游资源开发项目、淮南市“梦回淮南国”实景演艺项目、滁州市明中都遗址公园项目等。

4. 文化产业固定资产投资的状况

固定资产投资是经济增长的重要引擎，是一个国家经济增长的前提和保证，是提高人民物质文化生活水平的条件，也是促进相关产业发展的重要推动力。2007—2015 年，安徽省对文化产业的固定资产投资呈现逐年上升的趋势，从 2007 年的 55.16 亿增加到 2015 年的 224.7 亿元。而文化产业的固定资产的年增长率的波动幅度相对较大，2008 年达到最低值－4.64％，2009 年达到最大值 75.68％，在上下波动中，2015 年达到 15.2％。文化产业投资占固定资产投资的比重相对波动幅度不大，基本保持在 1％上下，2008 年占比最低为 0.78％，2015 年为 0.94％，2016 年减少了 0.04 个百分点。具体数据详见表 7－14 所列。

表 7－14　2007—2016 年安徽省文化产业固定资产投资状况

年份	固定资产投资总值（亿）	文化产业固定资产投资（亿）	比重（％）	固定资产投资增长率（％）	文化产业固定资产投资增长率（％）
2007	5087.53	55.16	1.08	——	——
2008	6747.00	52.60	0.78	32.62	－4.64
2009	8990.73	92.41	1.03	33.26	75.68
2010	11542.94	108.85	0.94	28.39	17.79
2011	12147.78	109.73	0.90	5.24	0.81
2012	15425.83	158.01	1.02	26.98	44.00
2013	18251.12	187.81	1.03	18.32	18.86
2014	21256.29	195.06	0.92	16.47	3.86
2015	23965.55	224.7	0.94	14.08	15.20
2016	26758.10	241.4	0.90	11.70	19.8

数据来源：根据安徽省统计年鉴等相关资料整理而得。

二、安徽省文化产业投资存在的主要问题

（一）文化产业结构不均衡

安徽省依托项目带动，积极推动文化与科技融合，大力推动传统产业升级，积极探索新型文化业态，经过多年的发展，文化产业门类基本齐全，并初具规模。2016 年，安徽省文化产业重点招商项目投资规模大、资本聚集度高，项目平均投资额 11.07 亿元，但安徽省文化产业结构不均衡。首先，安徽省依托区位优势和政策优势，在稳步发

展第一产业的同时，着力发展第二产业，第三产业发展总体不够强劲，文化产业发展相对滞后，文化产业增加值占 GDP 比重相对偏小；其次，安徽省文化产业内部结构比例不协调，安徽省文化相关产品的生产发展迅速，但拥有较高科技含量的文化产品的生产相对滞后，特别是在文化信息传输服务、文化创意和设计服务等新兴文化产业方面还远未能满足广大人民群众日益增长的多层次文化需求，因此，安徽省文化产业的内部结构亟待优化。

（二）公共文化基础薄弱

公共文化是相对经营文化而言，是为满足社会的共同需要而形成的文化形态，是指由政府主导、社会参与形成的普及文化知识、传播先进文化、提供精神食粮，满足人民群众文化需求，保障人民群众基本文化权益的各种公益性文化机构和服务的总和。因此，公共文化基础是文化产业的重要组成部分，但是，安徽省的公共文化基础不是十分理想。2016 年，全省 113 个公共图书馆、120 个文化馆、17 个美术馆、1437 个乡镇综合文化站，其他公共文化基础服务如运动场、文化设施以及公共广播娱乐场所等供给总量严重不足，甚至在农村地区或经济发展水平不高的城市，公共文化教育产品供给不足的情况十分常见。而且安徽省皖北、皖中、皖南三大地区发展差别极大，皖南、皖中地区的文化产业基础和实力相对强于皖北。

（三）文化产业内部结构不合理，相关人才缺乏

文化产业对安徽省经济发展的贡献不断增大，对经济结构的调整和经济增长方式的转变发挥了积极作用。但是，文化产业内部结构不合理是目前的一大问题，从文化产业行业分布来看，知识密集型、人才密集型、技术创新型等具有高附加值的行业占文化产业增加值的比重总体水平仍然较低，发展还不成熟。同时，从事文化产业的高学历、高职称的人才比重偏低，从业人员的总量不足、素质不高，这对安徽省文化产业后续发展和做大做强具有一定影响。人才资源对投资环境的影响除了表现在产业投资方向选择上，还表现在投资效益上。为营造安徽省文化产业快速发展的良好环境，促进安徽省文化产业的长远发展，必须培养相关人才。但是，安徽省文化相关专业人才规模不大，

2016 年底，全省文化从业人员占全省人才总量刚超过 1%，且文化产业的人才队伍规模小，在总人口比例中呈现下降趋势。

（四）文化产业区域发展水平不均衡

文化产业综合发展水平不断提升，在文化自然环境、人文环境指标、文化国内影响力和文化国际影响力方面都有迅猛提升。但安徽省区域文化产业发展水平不均衡，合肥属于安徽省文化产业综合发展水平最高型城市，位居第一层次；芜湖市、安庆市、黄山市属于安徽省文化产业综合发展水平较高型城市，排在第二层次；其他地市属于安徽省文化产业综合发展水平的第三层次。省会和经济发达的市占文化产业的较大比重，而欠发达市以及县及县以下地区，文化产业尚未发展起来。政府为了增加文化产业在经济发展中的比重，可能会无意中强行合并、扶持一些文化产业，放大文化产业在促进经济发展过程中的作用，并投入过多的财力与精力发展文化产业。这导致经济发达、人力资源丰富、政治文化处于重要地位的地区获得过多的政府资源，从而导致文化产业区域失衡。文化产业是一个非常广泛的领域，由于不同的区域拥有不同的地理区位、投资实力、文化传统、人力资源和制度体系，所以不同的区域就适合发展不同的文化产业。因此，政府在进行投入时，要更多地考虑地区差异性，发展特色产业。

（五）财政对文化产业的支持与中部地区其他省份仍存在一定的差距

从中部六省财政在文化产业上的支出来看，除 2009－2010 年安徽省文化产业支出占财政支出的比重比山西省高之外，其余年份安徽省政府财政在文化产业上的投资支出所占的比例都要低于山西省，而且在总量上要比河南省少。2015 年，安徽省文化产业占财政支出的比重达到 1.68%，仅排在山西、湖南之后。众所周知，政府投资是进行宏观经济调控的必要手段，在社会投资和资源配置中起重要宏观导向作用。政府投资可以弥补市场失灵，协调全社会的重大投资比例关系，进而推动文化产业投资发展和投资结构的优化。安徽省财政对文化产业的支持自 2008 年以来一直保持在 1%～2%之间，与中部其他省份占财政支出的比重仍存在一定差距。

三、安徽省文化产业投资发展的对策建议

基于前文的分析，安徽省文化产业近年来发展迅速，但仍有阻碍文化产业投资的因素存在，所以提出如下针对性对策建议。

（一）转变政府职能，强化政府部门的引导作用

在经济全球化的大环境下，为文化产业的蓬勃发展奠定了良好的外部基础，同时国内外文化需求的持续扩大、国家级省级试验区及示范区的相继建立等，也为安徽省文化产业发展带来了新的契机。因此，需要政府转变职能，把创造公平竞争的文化市场环境作为首要任务，促进各要素合理组合，加快基础设施建设，加强政策的引导扶持，创造良好的政策环境，推动行业健康发展，提高教育及培训水平等。政府相关部门应该科学决策，在决策前制定有效的规划，针对年度投资环境得分波动的现实情况，进行科学的分析，从中找出影响投资环境得分变动的关键因素。

（二）充分挖掘现有生产要素潜能，科学规划全省文化投资

安徽省拥有丰富的文化要素资源，为文化产业的发展提供了一定的支持，但仍存在保护不当、利用不完全等现象。因此，资源优势的充分发挥需要做到以下几点：加强资金要素市场建设，建立多元化的投融资体系，扩大文化产业发展的资金来源，如加大政府的财政投入、鼓励和支持非公有资本和海外资本的进入、构建文化产业银企融资平台、以贷款贴息等优惠政策形式支持文化项目发展等。

（三）强化人才支撑，培养文化专门类和投资专门类人才

文化产业发展的关键在人才，人才是影响一个地区文化产业投资环境好坏的重要因素，针对文化人才队伍建设落后，文化创新人才匮乏的现状，安徽省要加大对文化人才的重视力度，积极引进高素质文化创新人才。第一，要为文化人才创造舒适的发展空间和发展环境，政府要加大资金投入，提高文化人才的经济待遇，同时要加大文化人才的培养力度，发展复合型文化人才。第二，要积极加强高校和文化企业间交流与合作，拓宽文化人才引进渠道。

（四）加强文化产业基础设施建设

安徽省要加快文化事业和文化产业的发展，打造全国一流的文化品牌，助推本省经济社会全面进步，首先要明白文化设施建设水平反映着城市精神风貌和文化品位，加强文化基础设施建设是关键，所以要加大对文化产业的投入，建立和健全创新机制，以建设体现安徽省文化底蕴和时代要求的徽州文化产业群为目标，加强政策引导和扶持力度，鼓励文化产业发展，营造全社会支持文化事业和文化产业发展的浓厚氛围，在巩固中提高的目标，造福民众。加大文化基础产业投资力度，加快农家书屋、公共图书馆等设施建设，缩小文化基础产业的地区差距。

（五）加大对文化投资落后地区的政策扶持，保障公平

为了支持安徽省文化产业投资环境落后地区的发展，安徽省文化产业相关公司企业和部门单位要以省委省政府颁布实施的《安徽省文化市场管理条例》《安徽省农民文化乐园建设试点工作方案》《安徽省文化产业示范基地评选命名管理办法》等政策为契机，重点向文化投资环境落后地区投放文化产业投资项目和进行专业的指导规划。毫无疑问，政府政策的支持是推进文化投资环境落后地区文化产业继续发展的助推器，也是引导文化产业转型升级的重要保障。所以，安徽省要加强相关的政策出台，无疑是及时且正确的。省委省政府有力的政策支持和措施才能为安徽省文化产业投资环境落后地区的继续良性发展营造了良好的发展氛围。

（六）加强对安徽旅游文化的投资，广泛宣传安徽特色文化

安徽省是中华文明的发祥地之一，皖北黄淮海文化、皖中将相文化、沿江皖江文化、皖南徽文化等都是安徽不可多得的、丰富的、多样性的历史文化资源。安徽有世界闻名的黄山、佛教圣地九华山、道教圣地齐云山、“中天一柱”的天柱山等丰富的旅游文化资源，但安徽省博大精深的传统文化和丰富的旅游文化资源还远未被海内外广泛知晓，因此应加大对安徽省旅游文化的投资，广泛宣传安徽省特色文化，以经济发展促文化发展、以生态建设促旅游强省，打造文化旅游强省。

（七）优化安徽文化产业内部结构，加强区域协同发展

安徽省文化产业市场主体呈现区域集聚的特点。全省从事雕塑工艺品制造的个体户主要集聚在蚌埠、阜阳、合肥、黄山 4 市；文艺创作与表演的个体户主要集聚在黄山、阜阳、亳州、宿州 4 市；玩具制造的个体户主要集聚在滁州市。“十三五”期间，安徽省在继续支持游览景区等文化休闲娱乐服务业投资建设的同时，应立足盘活现有资源，加大特色文化产业投资力度，引导其走集团化、规模化发展之路，不断发展壮大全省文化产业市场主体规模。

参考文献

[1] 华小全．安徽省产业结构演进对经济增长贡献的实证分析［J］．安徽农业大学学报，2016（4）．

[2] 安徽省财政科学研究所课题组．安徽经济发展方式转变研究［J］．公共财政研究，2016（2）．

[3] 吴波．安徽在长江经济带中的地位、定位及进位发展研究［J］．长江大学学报，2016（09）．

[4] 王成周．推进安徽生态文明建设体系研究［J］．辽宁行政学院学报，2016（8）．

[5] 潘和平．安徽省产业结构合理化和高度化实证研究［J］．安徽建筑大学学报，2016（5）．

[6] 许坤．“供给侧改革”背景下地方政府财政投资的经济效应分析：以安徽省为例［J］．兰州财经大学学报，2016（4）．

[7] 邵爱春．安徽省公共投资效率评价研究［J］．江淮论坛，2016（2）．

[8] 徐松林．安徽经济：总体平稳稳中趋好［N］．中国产经新闻，2016-1-16（005）．

[9] 胡旭．安徽经济新动能［N］．安徽日报，2016-12-26（001）．

[10] 宋宏．安徽经济提升开放发展水平的思路［N］．安徽日报，2017-1-4（007）．

[11] 桂运安．加快推进质量安徽建设推动经济提质增效升级［N］．安徽日报，2017-2-11（001）．

[12] 常子豪，方俊森，栾敬东．农业生产经营主体投资行为的实证分析——以安徽省5个区县为例［J］．华东经济管理，2014（7）．

[13] 张正斌等．安徽省粮食安全及现代农业发展战略［J］．中国生态农业学报，2016（9）．

[14] 管琳，翟光红．安徽北部农业发展中的问题及可持续发展对策［J］．华东经济管理，2012（3）．

[15] 陈池波，潘泽，江杜辉．湖北现代农业投资的优先序与政策调整——基于农户意愿的视角［J］．中南财经政法大学学报，2009（6）．

[16] 谢琼，方爱国，陈进，刘海虹．农业投资融资平台、信贷与保险“共振”——构建武汉现代都市农业发展的融资支撑体系［J］．武汉金融，2012（10）．

[17] 熊娜，陈池波．现代农业的投资悖论：投资力度与发展速度［J］．统计与决策，2012（5）．

[18] 吴石磊，王学真．创业投资引导基金与现代农业发展对接机制研究［J］．求是学刊，2016（6）．

[19] 邱正文．“十二五”发展期的农村金融服务体系构思——基于长沙市现代农业发展模式的分析［J］．当代世界与社会主义，2012（1）．

[20] 严瑾．工商资本投资现代农业的问题与对策分析［J］．安徽农业科学，2014（4）．

[21] 罗浩轩．中国农业资本深化对农业经济影响的实证研究［J］．农业经济问题，2013（9）．

[22] 吴喜梅．论我国农业投资法律体系的构建［J］．江西社会科学，2012（5）．

[23] 白雪娜，黄修杰，崔建勋，储霞玲，张辉玲．广东省农业现代化发展水平比较研究[J]．南方农业学报，2016（8）．

[24] 刘应元，冯中朝，李鹏，丁玉梅．中国生态农业绩效评价与区域差异［J］．经济地理，2014（3）．

[25] 刘涓，谢谦，倪九派，魏朝富，吕家恪．基于农业面源污染分区的三峡库区生态农业园建设研究［J］．生态学报，2014（9）．

[26] 曹志平．生态农业未来的发展方向［J］．中国生态农业学报，2013（1）．

[27] 陈工，唐飞鹏．公共政策对工业投资的效应分析——基才动态面板数据模型的经验分析［J］．财政研究，2011（5）．

[28] 韩国高，胡文明．去产能对中国工业投资效率的效应分析［J］．管理现代化，2015（6）．

[29] 余治国．安徽工业化进程的迟滞与原因考察——以芜湖为例［J］．重庆交通大学学报（社会科学版），2015（6）．

[30] 方旖旎．“一带一路”战略下中国企业对沿线国家工业投资特征与风险［J］．宁夏社会科学，2016（03）．

[31] 高丽，峰赵晓，龙李丹．工业产业内升级与“一带一路”战略互动研究［J］．沈阳工业大学学报（社会科学版），2017（01）．

[32] 李祺，孙钰，崔寅．基于DEA方法的京津冀城市基础设施投资效率评价［J］．干旱区资源与环境，2016（2）．

[33] 黄群慧．论中国工业的供给侧结构性改革［J］．中国工业经济，2016（09）．

[34] 张斌，茅锐．工业赶超与经济结构失衡［J］．中国社会科学，2016（03）．

[35] 程尔聪．安徽省财政科技投入对经济增长影响的研究［D］．合肥：安徽大学，2012.

[36] 张骏、石研研．“十二五”期间江苏省科技创新效率分析［J］．中国农机化学报，2016（1）．

[37] 蔡元成、赵敏．基于主成分分析的中部六省科技创新效率研究［J］．当代经济管理，2011（5）．

[38] 简红江、裴晓敏．1985－2014年安徽省科技创新能力探究——基于专利视角的解读[J]．安徽农业科学，2015（30）．

[39] 陈文俊等．湖南省R&D投入产出效率研究［J］．经济数学，2015（04）．

[40] 郁鸿元．我国住房建设的库存化问题及供给侧改革［J］．上海城市管理，2016（06）．

[41] 向为民，王霜．房地产“去库存”与对应取向［J］．改革，2016（06）．

[42] 牛犁，胡祖铨．我国房地产库存现状及去库存政策建议［J］．发展研究，2016（04）．

[43] 易宪容．房地产去库存化的难点与重点［J］．浙江经济，2016（03）．

[44] 易宪容．楼市去库存并非只是“卖房”那么简单［J］．中国经济周刊，2016（02）．

[45] 冯青．我国房地产开发项目可行性研究［J］．时代金融，2015（15）．

[46] 黄燕芬，张磊．2016年中国房地产业主基调：去库存、稳市场［J］．价格理论与实践，2015（12）．

[47] 韩国高．房地产库存对我国房地产市场与经济增长的影响——基于PVAR模型的实证分析［J］．管理现代化，2015（01）．

[48] 金碚．中国经济发展新常态研究［J］．中国工业经济，2015（01）．

[49] 贺锋．房地产市场与城镇居民收入相关性的实证分析［J］．统计与决策，2014（08）．

[50] 王奇超，刘玉平．借鉴国际经验完善我国房地产税税基评估体系［J］．国际税收，2014（04）．

[51] 陈利锋，范红忠．房价波动、货币政策与中国社会福利损失［J］．中国管理科学，2014（05）．

[52] 张伟，沈涛．房价结构调整与经济结构转型［J］．经济与管理，2014（02）．